anglistik & englischunterricht

Fantasy in Film und Literatur

Manfred Beyer · Hans-Jürgen Diller · Joachim Kornelius · Erwin Otto
Gerd Stratmann (Hrsg.)

anglistik & englischunterricht

Band 59

Fantasy in Film und Literatur

UNIVERSITÄTSVERLAG C. WINTER

HEIDELBERG

Fantasy in Film und Literatur

Verantwortlicher Herausgeber für den thematischen Teil dieses Bandes:

Dieter Petzold

UNIVERSITÄTSVERLAG C. WINTER

HEIDELBERG

Die Deutsche Bibliothek – CIP-Einheitsaufnahme

Anglistik & Englischunterricht: A & E. – Heidelberg: Winter.

Früher Schriftenreihe
ISSN 0014-2328

NE: A & E; Anglistik und Englischunterricht

Bd. 59. Fantasy in Film und Literatur. – 1996

Fantasy in Film und Literatur / verantw. Hrsg. dieses Bd.: Dieter Petzold. – Heidelberg: Winter, 1966

(Anglistik & Englischunterricht; Bd. 59)
ISBN 3-8253-0414-0

NE: Petzold, Dieter [Hrsg.]

ISBN 3-8253-0414-0
ISSN 0344-8266

Anschrift der Redaktion:
Sandra Graßhoff, Ruhr-Universität Bochum, Englisches Seminar
Universitätsstraße 150 · 44801 Bochum
Verlag: Universitätsverlag C. Winter Heidelberg GmbH
Gesamtherstellung: Universitätsverlag C. Winter, Hans-Bunte-Str. 18, 69123 Heidelberg

Printed in Germany · Imprimé en Allemagne

anglistik & englischunterricht erscheint in drei Bänden pro Jahrgang. Der Gesamtumfang beträgt ca. 540 Seiten
Preis des Einzelbandes DM 35,–, des Doppelbandes DM 60,–
Jahresabonnement DM 80,–. Studentenabonnement DM 60,–, zuzüglich Versandspesen.
In diesen Preisen sind 7% Mehrwertsteuer enthalten
Für unverlangte Einsendungen von Manuskripten wird nicht gehaftet
Mitarbeiter erhalten von ihren Beiträgen 30 Sonderdrucke und 2 Freiexemplare. Honorar wird nicht bezahlt
Der Verlag trägt die Kosten für die von der Druckerei nicht verschuldeten Korrekturen nur in beschränktem Maße und behält sich vor, den Verfassern die Mehrkosten für Autorkorrekturen zu belasten

Inhalt

RUBRIKEN

Dieter Petzold, Erlangen

Einleitung

„Die Phantasie an die Macht!" - so lautete einer der Schlachtrufe der 1968er Rebellen-Generation. Daß er heute selten mehr zu hören ist - liegt das daran, daß das Ziel mittlerweile nicht mehr erstrebenswert scheint, oder daß es inzwischen erreicht ist? Sieht man sich in unserer Gesellschaft um, so könnte man meinen, das letztere treffe zu. Sind nicht die Buchläden voll von knallbunten Bänden mit so phantasievollen Titeln wie *Das Schwert von Shannara*, *Conan und der Spinnengott* oder *Die Welt der eßbaren Gehirne*? Locken nicht Streifen wie *Jurassic Park*, *Beauty and the Beast* oder *Blade Runner* Millionen in die Kinos, bannten nicht noch vor kurzem Serien wie *Star Trek* oder *Alf* Jung und Alt vor den Bildschirm? Sehen wir nicht - ohne uns zu wundern - bei jedem Titel und Abspann im Fernsehen die zauberhaftesten Verformungen und Metamorphosen? Sind wir nicht von früh bis spät von Fiktionen umgeben, werden wir nicht bald immer perfekter inszenierten „virtuellen Welten" ausgesetzt sein? Und ist es nicht ein Sieg der Phantasie, wenn selbst eine so seriöse Zeitschrift wie *a&e* einen Band über „Fantasy in Film und Literatur" herausbringt?

Na gut - die Urheber des zitierten Schlachtrufs hatten wohl etwas anderes im Sinn. Und 'Phantasie' und 'Fantasy' meint ja auch nicht dasselbe. Die Begriffe sind zwar etymologische Zwillinge, aber doch zugleich nur *false friends*. Jeder Versuch, ihre Bedeutung genau zu bestimmen, führt sehr schnell an einen Abgrund von babylonischer Sprachverwirrung. Schon das griechische Ursprungswort trägt mehrere Bedeutungen. Im modernen Deutsch bezeichnet 'Phantasie' zum einen eine geistige Fähigkeit des Menschen (neben der Sprache vielleicht diejenige, die ihn am deutlichsten vom Tier unterscheidet); zum anderen aber auch ein Produkt dieser Fähigkeit: der Mensch, das phantasiebegabte Wesen, produziert Phantasien. 'Fantasy' meint im modernen Englisch 'Phantasie' nur in dieser zweiten Bedeutung; aber da Phantasien vielerlei Formen und Gestalten annehmen können, ist das Wort 'fantasy' seinerseits mehrdeutig. Die heute geläufige Bedeutung "a genre of literary compositions" erscheint im *Oxford English Dictionary* (New Edition) als eine von sechzehn Bedeutungen - erstmals belegt nicht früher als 1949. Geht es dann gar darum, wie dieses Genre zu definieren sei, ist die Verwirrung perfekt.

Die gewundenen und dornigen Wege der Forschung durch die weiten, noch weithin unvermessenen Gefilde der nicht-mimetischen Literatur zu verfolgen ist hier nicht der Platz.[1] Von einer generellen terminologischen Übereinkunft, so viel ist klar, kann weiterhin keine Rede sein. Die Diskussion ist so komplex, daß sie auf dem zur Verfügung stehenden Raum nur unter Inkaufnahme der gröbsten Vereinfachung zusammengefaßt werden kann. Doch lassen sich immerhin einige Grundgedanken ausmachen, die in Varianten immer wieder auftauchen und von denem mir die folgenden am wichtigsten erscheinen:

1. Ausgangspunkt der definitorischen Bemühungen ist häufig eine grundlegende Unterscheidung zwischen Literaturformen, welche Sekundärwelten entwerfen, die mit den jeweils allgemein anerkannten Gesetzmäßigkeiten der realen Welt konform gehen (gemeinhin als „realistische" oder auch - etwas genauer - als „mimetische" Literatur bezeichnet) und solchen, welche sich diesen Einschränkungen nicht unterwerfen und bewußt auch Elemente enthalten, die nicht mit der in einem gegebenen Kulturkreis gängigen Vorstellung von Wirklichkeit im Einklang stehen („phantastische" bzw. „nicht-mimetische" Literatur). Diese Unterscheidung wird meist als eine historisch determinierte erkannt und mit der neuzeitlichen Wirklichkeitsauffassung im allgemeinen und der Herausbildung des Realismus als dominierende Kunstauffassung im besonderen in Verbindung gebracht.

Zugleich wird auf die Unmöglichkeit einer sauberen Trennung der beiden Bereiche hingewiesen. Fiktion kann sich auch dann, wenn sie keine Naturgesetze verletzt, in den unwahrscheinlichsten Tagträumen ergehen. (Macht die Tatsache, daß in einem Karl-May-Roman keine Hexen, Riesen oder fliegenden Untertassen vorkommen, diesen schon zu einem realistischen Roman?) Umgekehrt kann natürlich 'Phantastisches' in Gestalt von Träumen und Halluzinationen einzelner Charaktere auch in 'realistische' Texte Eingang finden. Außerdem widersetzt sich die Sprache selbst, also das Grundmaterial aller Texte, der obigen Klassifizierung, da sie einerseits immer von der Erfahrungswirklichkeit ausgeht und selbst im phantastischsten Text auf sie bezogen bleibt; und da sie sich andererseits selbst im realistischsten Text - kraft ihrer Bildlichkeit - nicht im bloßen Benennen des Realen erschöpft.[2]

2. Konzediert man, daß die Unterscheidung zwischen 'mimetischer' und 'nicht-mimetischer' Literatur nicht grundsätzlicher Natur ist, sondern eher eine Frage der Schwerpunktbildung, so bleibt doch der Befund, daß es ein großes Korpus von Texten gibt, bei denen ein nicht-mimetisches Element so prominent ist, daß es den Charakter des ganzen Textes bestimmt. Ebenso ist klar, daß dieses nicht-mimetische Element ganz unterschiedliche Formen und Funktionen annehmen kann. Dem trägt die Existenz zahlreicher Gattungsbezeichnungen wie zum Beispiel Märchen, Sage, Mythos, Science

Fiction, Allegorie, Schauerroman, Gespenstergeschichte usw. Rechnung. Es erscheint sinnvoll, all diese Gattungen mit einem Sammelbegriff von den Formen 'realistischen' Erzählens abzugrenzen. Häufig wird 'phantastische Literatur' oder auch 'Fantasy' als ein solcher Sammelbegriff verwendet, obwohl es nicht an Versuchen gefehlt hat, weniger traditionsbelastete Begriffe einzuführen.[3]

3. Diese nicht-mimetischen Gattungen voneinander zu unterscheiden hat sich als besonders problematisch erwiesen; Überlappungen sind gerade hier häufig.[4] Nicht wenig zur Verwirrung trägt die Tatsache bei, daß 'Fantasy' oft (aber eben längst nicht immer) als Bezeichnung für *eine* dieser nicht-mimetischen Gattungen verwendet wird. Nach diesem Sprachgebrauch ist 'Fantasy' also eine Gattung, die neben ähnlichen Gattungen wie 'Märchen', 'Sage', 'Kunstmärchen', 'Science Fiction' usw. existiert und sich von ihnen mehr oder weniger klar trennen läßt. Als Musterbeispiele dieser Gattung werden oft die Werke J.R.R. Tolkiens angesehen.[5]

4. Häufig wird versucht, innerhalb der nicht-mimetischen Gattungen zwei Gruppen herzustellen: Die eine besteht aus solchen Texten bzw. Gattungen, in denen das Übernatürliche als ein irritierender, oft Angst erregender Fremdkörper in einer prinzipiell vertraut erscheinenden Welt dargestellt wird; die andere aus solchen, in der das Übernatürliche als ein integraler Bestandteil der fiktiven Welt aufgefaßt wird. Besonders einflußreich für diese Unterscheidung war der Essay von T. Todorov, *Introduction à la littérature fantastique* (1970, dt. 1972), der seinerseits auf früheren Arbeiten französischer Forscher fußt. Todorovs Idee, das Fantastische als eine Art 'Kipp-Phänomen' aufzufassen, basierend auf der Unschlüssigkeit des Lesers, ob er den fraglichen Text als mimetischen oder als nicht-mimetischen auffassen soll, wurde vor allem von strukturalistisch orientierten Forschern wie R. Jackson (1981), Ch. Brooke-Rose (1983) oder N. Cornwell (1990) ausgebaut, modifiziert und mit historischen und sozialpsychologischen Aspekten angereichert. In ähnliche Richtung gehen die Überlegungen F. Marzins, der die Existenz von „zwei gänzlich verschiedene[n] Handlungskreise[n]“ als gattungsbestimmendes Merkmal der phantastischen Literatur ansieht.[6]

Der Versuch, in dieser Weise zwischen 'phantastischer Literatur' und 'Fantasy-Literatur' zu unterscheiden, wird freilich in der Praxis durch den faktischen Sprachgebrauch immer wieder unterlaufen.[7] Daß es über viele Jahre hinweg nicht gelungen ist, einen einheitlichen Sprachgebrauch herzustellen, mag an der mangelnden Disziplin innerhalb der internationalen Literaturwissenschaftler-Zunft liegen; es könnte aber auch mit der Tatsache zusammenhängen, daß die Unterscheidung im Prinzip zwar plausibel erscheint, in der praktischen Auseinandersetzung mit einzelnen Texten aber Schwierigkeiten bereitet. („Schneewittchen" ist offensichtlich eine andere Sorte Text als *The Turn of the Screw*; aber wie paßt man „Das Märchen vom Ritter Blaubart" in das obige Schema ein, wie *Gulliver´s Travels*?)

5. Angesichts dieser gattungsterminologischen Schwierigkeiten scheint sich in jüngster Zeit die Ansicht durchzusetzen, daß die Frage der Gattungsbestimmung eine 'akademische' (im pejorativen Sinne des Wortes) ist. Die wenigsten Texte lassen sich problemlos in Schubladen einordnen; weite und mehrfache Überlappungen sind die Regel, egal, ob man sich an inhaltlichen oder strukturellen Kriterien orientiert. So kommen z. B. S. Becker und G. Hallenberger zu dem Ergebnis, „daß nicht nur der oberflächliche Eindruck, sondern auch gattungstheoretische und gattungsgeschichtliche Überlegungen dafür sprechen, Science Fiction, Fantasy, Märchen sowie verwandte Formen gemeinsam als Erscheinungsweisen eines populärkulturellen 'Feldes des Phantastischen' zu begreifen."[8] Andere Kritiker und Herausgeber von Aufsatzsammlungen weigern sich in ähnlicher Weise zu differenzieren, wählen jedoch 'Fantasy' als handlichen Oberbegriff.[9]

Obschon keineswegs glücklich mit dieser terminologischen Konfusion, hat sich der Herausgeber dieses Bandes entschlossen, sich dem allgemeinen Trend anzuschließen und 'Fantasy', unter Verzicht auf eine stringente Definition, als einen weitgefaßten Oberbegriff zu gebrauchen. Die daraus resultierende Diffusheit schien mir ein akzeptabler Preis für die dadurch gewonnene Flexibilität und die Chance, in einer Art Momentaufnahme einen Eindruck von der Vielfalt der nicht-mimetischen Kunstformen in unserer Gesellschaft zu bieten. Angesichts der ungeheuren Stoffmenge war damit freilich nicht nur auf Vollständigkeit, sondern auch auf jeglichen Anspruch auf Repräsentativität zu verzichten. Ein eher schmaler Band von Einzelaufsätzen kann nur schlaglichtartig beleuchten, nicht etwa die Produktion nicht-mimetischer Werke in Print- und kinematografischen Medien in ihrer ganzen Bandbreite darstellen; auch dann nicht, wenn (wie hier) das Schwergewicht auf der zeitgenössischen Produktion liegt und historische Aspekte stark zurückgedrängt bleiben.

Immerhin enthält unsere Sammlung einen Essay, der für die einschlägige Filmproduktion so etwas wie eine Bestandsaufnahme versucht. J. P. Beckers temperamentvolle Abrechnung mit der Fantasy-Filmszene der letzten zwanzig Jahre ruft uns in Erinnerung, daß in unserer Zeit (wie wohl auch früher schon) die große Masse der Produkte kulturellen Schaffens bestenfalls Mittelmaß ist – eine Binsenweisheit, die allzu leicht bei akademischen Kritikern in Vergessenheit gerät, die sich im allgemeinen lieber mit Höhenkamm-Erzeugnissen beschäftigen. Andererseits sind aber Artikel wie die übrigen in diesem Band versammelten (die sich ganz vorwiegend auf herausragende Einzelprodukte beziehen) berechtigt und notwendig, schon, um den bei einer flüchtigen Lektüre von Beckers Aufsatz möglicherweise entstehenden Eindruck zu relativieren, auf dem Gebiet der Fantasie sei in den letzten beiden Jahrzehnten nichts Nennenswertes produziert worden.

Für die Buchproduktion liegt ein ähnlicher Lagebericht wie der Beckers leider nicht vor. Einige Gründe für die geringe Bereitschaft der Literaturwissenschaftler, in die Niederungen des 'Trivialen' abzusteigen und sich der populären Massenprodukte anzunehmen, liegen auf der Hand. Die einschlägigen Texte sind zwar zugänglich (ihre grellbunten Einbände leuchten uns in jeder Buchhandlung entgegen), aber sie sind ephemer. Man muß schon Fan und Sammler sein, um die Kosten und Zeit nicht zu scheuen, die allein dafür aufzuwenden sind, auf dem laufenden zu bleiben. Überdies versagen hier die klassischen Methoden der Textinterpretation; genuin literatursoziologische Untersuchungsmethoden aber sind aufwendig und nur in Ansätzen entwickelt.[10]

Wie die akademische Diskussion insgesamt, beschäftigt sich also auch dieser Band überwiegend mit Einzeltexten, bevorzugt solchen, die als 'Klassiker' angesehen werden können oder die gattungstheoretisch interessante Grenzfälle darstellen. Der Verfassern wurde in methodischer Hinsicht jegliche Freiheit gelassen. Trotz der daraus resultierende Vielfalt der Erkenntnisinteressen und methodischen Ansätzen lassen sich einige Schwerpunkte ausmachen, um die die Beiträge gleichsam kreisen. Sie ergeben sich beinahe zwangsläufig aus dem Wesen nicht-mimetischen Erzählens.

Zum einen geht es in den Beiträgen immer wieder um das Verhältnis von Phantasie und Realität, genauer: um die Art und Weise, wie künstlerisch gestaltete Phantasien als Antworten auf zeitspezifische Probleme verstanden und als Teil eines historisch determinierten ideologischen Gesamtkomplexes aufgefaßt werden können. So zeigt D. Feldmann in ihrem Beitrag, in welcher Weise die beiden klassischen viktorianischen Fantasy-Geschichten, Dickens' *A Christmas Carol* und Carrolls *Alice in Wonderland*, sowie einige andere von ihnen beeinflußte Texte die soziale Wirklichkeit der viktorianischen Gesellschaft samt ihrer bürgerlich-kapitalistischen Ideologie widerspiegeln und sie zugleich satirisch und/oder utopisch transzendieren. Eine noch deutlichere Ideologiebestimmtheit weist M. Reif-Hülser in einem populären Produkt der zeitgenössischen 'Fantasy-Szene' nach. Obgleich der Walt-Disney-Film *Aladdin und die Wunderlampe* in oberflächlichen Orientalismen geradezu schwelgt, nimmt er den Märchenstoff doch aus dem ursprünglichen Kontext der islamischen Kultur heraus und verwandelt ihn dem westlichen Wertesystem an: in ironischer Brechung zwar, doch ohne kritische Absicht transportiert der Film als zentrale Botschaft den Individualismus und Optimismus des *American Dream.*

Einen direkten, wenn auch ganz anderen Bezug zur Realität stellen die Texte her, die E. Schenkel untersucht. Alternative Geschichtsentwürfe in Romanform sind eine faszinierende Spielart der Science Fiction. Die extrapolierende 'Was-wäre-wenn'-Haltung der Science Fiction ist hier besonders klar ausgeprägt; zugleich spiegelt sich in diesen Geschichten (und, in trivialisierter Form, sogar noch in einschlägigen Computerspielen) die Problematisierung des modernen Geschichts- und Zeitverständnisses.

Der zweite Schwerpunkt der Beiträge - nicht alternativ, sondern eher komplementär zu denken - ist mit den Begriffen 'Intertextualität', 'Postmoderne' und 'Subversivität' zwar nicht beschrieben, aber doch vage umrissen. Angesprochen ist damit der andere der beiden Pole, in deren Spannungsfeld die nicht-mimetischen Gattungen stehen. Unsere Tagträume - und erst recht die künstlerisch geformten, mit literarischen oder filmischen Mitteln erzählten Tagträume der Autoren und Filmemacher - mögen von der Erfahrungswirklichkeit ausgehen und von ihr geprägt sein; sie bedienen sich aber vorwiegend einer vorgegebenen Bilder- und Motivsprache. Fantasy ist immer sowohl inter- als auch transtextuell. Zauberschwert und Wunderlampe, Märchenfee und Ungeheuer, Doppelgänger und Vampir - der Motivschatz der nicht-mimetischen Erzählgattungen ist groß, aber doch vertraut und überschaubar, unendlich sind nur die Variations- und Kombinationsmöglichkeiten.

Aus diesem Blickwinkel betrachtet, gleicht das Schreiben (und Lesen) von Fantasy dem Bau von Spielzeugtürmen aus vorgefertigten Bausteinen - ein Spiel, das (wie jedes Spiel) zugleich unverbindlich und ernsthaft ist, frei und doch auf die Erfahrungswirklichkeit bezogen. Liegen in der mimetischen Kunst die Bezüge zwischen Phantasiewelt und Realität vorwiegend auf der Ebene der intellektuellen Wirklichkeits*erfassung*, so ist die Bezugsebene der nicht-mimetischen Kunst eher die intuitive und unbewußte Wirklichkeits*erfahrung*. Auf dieser Ebene färben - viel stärker als auf jener - Wünsche und Ängste die Wahrnehmungs- und Schöpfungsprozesse und erzeugen - je nach Mischung - eine wundersame oder auch groteske, anarchische Gegenwelt, welche der vertrauten Ordnung der Dinge radikale Alternativen gegenüberstellt.

Ein Beispiel für die Faszinationskraft mancher dieser 'Bausteine' ist der Frankenstein-Stoff. R. Borgmeier geht in seinem Beitrag der Geschichte der filmischen Umsetzungen und produktiven Weiterverarbeitungen von Mary Shelleys Klassiker aus dem Jahre 1818 nach - eine Chronik, die das gesamte 20. Jahrhundert umfaßt.

Es ist sicherlich ein Kennzeichen der modernen Fantasy-Texte, daß sie intertextuelle Bezüge in den Vordergrund rücken. Dies kann in parodistischer Weise die etablierten Konventionen ad absurdum führen (ein bekanntes Beispiel wäre etwa Polanskis *Tanz der Vampire*); der ironische Umgang mit den Konventionen kann jedoch auch - um einiges subtiler - dazu verwendet werden, etablierte Ideologeme in Frage zu stellen. A. Koenen zeigt, wie die britische Autorin Angela Carter in ihren Fantasy-Romanen und Kurzgeschichten durch einen ironischen Umgang mit Gattungskonventionen, zum Beispiel der Sexualsymbolik des Vampir-Stoffes, überkommene geschlechtsspezifische Rollenmuster mit subversiv-utopischen Gegenentwürfen kontrastiert.

Ähnlich subversive Intentionen vermag B. Puschmann-Nalenz in ihrer Analyse einiger Bücher einer anderen feministischen Autorin, Fay Weldon, aufzuzeigen. Weldons Bücher markieren einen Grenzfall, denn die Autorin ist weit entfernt von dem Habitus einer raunenden Mythenschöpferin; sie ist ganz entschieden Satirikerin, und als solche eher der Aufklärung als der Romantik verpflichtet. Ihre gelegentliche Verwendung phantastischer Motive ist daher wohl eher als ein ironischer Flirt mit einigen Formen der phantastischen Literatur anzusehen. Das Beispiel ist jedoch aufschlußreich, da es auf die enge Affinität von Fantasy und Postmoderne hinweist, die von modernen Kritikern immer wieder hervorgehoben wird.[11]

Daß diese Affinität auch im Medium des Films existiert, demonstriert E. Voigts-Virchow in seiner Auseinandersetzung mit den Filmen Peter Greenaways, insbesondere *Prospero's Books*, sehr eindruckvoll. Durch Abstraktion, Selbstreflexivität und eine exzessive Bilderflut entsteht der Eindruck einer extremen Artifizialität, der Greenaways Markenzeichen ist und zugleich ein Charakteristikum des postmodernen Diskurses.

Man könnte freilich argumentieren, daß Greenaway mit seinem sinnenverwirrenden Zauberspiel nur Tendenzen weiterführt, die in seiner Vorlage, Shakespeare´s *Tempest*, bereits angelegt sind. Argumentationshilfe könnte W. Karrers stärker strukturalistisch ausgerichteter Beitrag leisten, der die Reflexivität und Vieldeutigkeit der Shakespeare-Romanze hervorhebt. Gleichzeitig erweist aber Karrers Vergleich mit einem auf *The Tempest* basierenden Science-Fiction-Film aus den fünfziger Jahren einmal mehr, daß die konkrete Ausformung des phantastischen Stoffes zeitspezifisch ist -

womit wir wieder bei dem Pol 'Historizität' angelangt wären, welcher dem Pol 'Intertextualität' gegenübersteht.

Eine Aufsatzsammlung wie die vorliegende demonstriert nicht nur die Vielfalt der Möglichkeiten, mit Fantasy umzugehen, sondern auch die Unmöglichkeit, das Reservoir an Fragen und methodischen Ansätzen auszuschöpfen. In einer Liste der Bereiche, die hier nur gestreift werden, wäre neben der schon erwähnten soziologischen Betrachtungsweise zum Beispiel auch ein leser- bzw. zuschauerorientierter Ansatz zu erwähnen. Daß hieran wenig Interesse besteht, kann vielleicht als typisch für unsere Zeit angesehen werden; der in den siebziger Jahren eifrig diskutierte Vorwurf, Fantasy Fiction sei „eskapistisch“, scheint z.B. heute kein Thema mehr zu sein. Die Zurückhaltung der Kritiker auf diesem Gebiet ist bemerkenswert; schließlich richtet sich ein Großteil der Fantasy-Produktion, mit den entsprechenden Appellstrategien, an ein spezifisches Publikum. Unter anderem ist das Ziel- bzw. das faktische Publikum oft durch sein Alter definiert: Fantasy wird - nicht einmal ganz zu Unrecht - häufig mit Kinder- und Jugendliteratur assoziiert.

Immerhin bleibt der kinderliterarische Blickwinkel (der häufig, wenn auch nicht notwendigerweise, ein didaktischer ist) in diesem Band nicht gänzlich ausgeklammert. R. Tabberts Beitrag zu den „Unterrichtsreihen Englisch“ zeigt eine Möglichkeit auf, Fantasy in der praktischen Unterrichtsarbeit nutzbringend einzusetzen. Zugleich ruft er in heilsame Erinnerung, daß die Verbindung von Wort und Bild nicht nur im Medium Film gegeben ist. Die Fülle phantastischer Bilderbücher von hoher künstlerischer Qualität, die Tabbert ausbreitet, belegt einmal mehr, daß es nicht angeht, Fantasy pauschal in die Ecke des 'Trivialen' zu stellen. 'Trivial' sind keine der in diesem Band ausführlicher behandelten Bücher und Filme zu nennen; 'unterhaltsam' wohl. Bleibt zu hoffen, daß ähnliches von den hier versammelten Aufsätzen gesagt werden kann.

Anmerkungen

1 Schriften, die sich ausführlicher mit dem Begriffsfeld 'Fantasy/Phantastik' auseinandersetzen, bieten häufig nützliche Forschungsberichte. Bis nahe an die Gegenwart führen z. B. L. Hunter: *Modern Allegory and Fantasy* (1989), N. Cornwell: *The Literary Fantastic* (1990) und S. Becker/ G. Hallenberger: „Konjunkturen des Phantastischen“ (1993).

2 Die Verschränkung von mimetischen und phantastischen Elementen in der Literatur generell wird vor allem betont in K. Hume: *Fantasy and Mimesis*. Vgl. Humes "working definition": "*Fantasy is any departure from consensus reality*, an impulse native to literature and manifested in innumerable variations, from monster to metaphor" (S. 21).

3 Vgl. D. Clayton: "On Realistic and Fantastic Discourse", sowie D. Petzold: "Fantasy Fiction and Related Genres".

4 Die lange Reihe der Versuche z.B., das Märchen und die Sage voneinander zu unterscheiden, geht bis auf Jakob Grimms Vorrede zu *Deutsche Sagen* (1816) zurück und hat doch keinen gänzlich überzeugenden Entwurf hervorgebracht. Vgl. M. Lüthi: *Märchen*, S. 6–9.

5 Man sollte, um Mißverständnisse zu vermeiden, in diesem Zusammenhang besser von 'Fantasy Fiction' sprechen, da 'Fantasy' von den meisten Kritikern nicht als Gattung, sondern als ein Modus angesehen wird. Vgl. dazu meinen eigenen Versuch einer Gattungssystematik (D. Petzold: "Fantasy Fiction and Related Genres") sowie Kap. 2.2 ("Theories of Fantasy as a Genre") in L. Hunter: *Modern Allegory and Fantasy.*

6 F. Marzin: *Die phantastische Literatur*, S. 140.

7 Ein markantes Beispiel ist das einflußreiche Buch von R. Jackson, welches sich – seinem Titel *Fantasy* zum Trotz – fast ausschließlich mit phantastischer Literatur (im oben umrissenen Sinne) befaßt. Auch L. Olsens *Ellipse of Uncertainty. An Introduction to Postmodern Fantasy* untersucht tatsächlich prominente Vertreter der phantastischen Literatur wie Kafka, Borges, Pynchon, Marquez usw.

8 S. Becker, G. Hallenberger: „Konjunkturen des Phantastischen", S. 48.

9 Dieser terminologische Synkretismus ist keine neue Erscheinung. Schon F. Rottensteiners *Fantasy Book* (1978) z.B. führt querbeet durch alle Formen der nichtmimetischen Literatur; *Formations of Fantasy* (Hg. V. Burgin et al., 1986) enthält Aufsätze zu so disparaten Themen wie dem Androgyn in der Literatur und Kunst, Blake, Barrett-Browning und *The Thorn Birds*; K. Kroebers *Romantic Fantasy and Science Fiction* (1988) behandelt Werke von Mary Shelley, S.T. Coleridge, J. Keats, H.v. Kleist, H.G. Wells und García Márquez; K. Filmer zählt zu den "Fantasists", welche "Mythopoeic Literature" (der Begriff zeugt von einem weiteren vergeblichen Versuch, die Terminologie zu vereinheitlichen) produziert haben, H.G. Wells, U. LeGuin, C.S. Lewis, G.K. Chesterton, W.S. Burroughs, A. Carter, M. Atwood und andere (*Twentieth-Century Fantasists*, 1992).

10 Zu den Problemen der Erforschung von Unterhaltungsliteratur vgl. D. Petzold, E. Späth (Eds.): *Unterhaltungsliteratur*. Kleine Einblicke in die Probleme des bibliographischen und literatursoziologischen Umgangs mit der Ware 'Fantasy-Buch' bieten der Aufsatz von H. Urbanek: „Freuden und Leiden eines Sammlers" und die Aufzeichnung einer Podiumsdiskussion zur Frage „SF und Fantasy – Wo bleiben die Leser?" in *Dritter Kongreß der Phantasie*.

11 Vgl. z.B. die bereits erwähnten Bücher von Cornwell und Olsen, sowie die Aufsätze von G. Hoffmann: "The Fantastic in Fiction" und von U. Broich: „Die Annäherung von *mainstream literature* und Science Fiction im Zeitalter der Postmoderne".

Literaturverzeichnis

Becker, S., Hallenberger, G.: „Konjunkturen des Phantastischen: Anmerkungen zu den Karrieren von Science Fiction, Fantasy and Märchen sowie verwandter Formen". – In H. Kreuzer (Ed.): *Märchen und Fantasy*. Göttingen, 1993, S. 141–155 [= *LiLi: Zeitschrift für Literaturwissenschaft und Linguistik* 92].

Burgin, V., et al. (Eds.): *Formations of Fantasy*. London, 1986.

Clayton, D.: "On Realistic and Fantastic Discourse". – In G.E. Slusser et al. (Eds.): *Bridges to Fantasy*. Carbondale, 1982, S. 59–77.

Cornwell, N.: *The Literary Fantastic. From Gothic to Postmodernism*. New York, London, Toronto, 1990.

Filmer, K. (Ed.): *Twentieth-Century Fantasists: Essays on Culture, Society and Belief in Twentieth-Century Mythopoeic Literature*. Basinstoke, London, 1992.

Hoffmann, G.: "The Fantastic in Fiction: Its 'Reality' Status, its Historical Development and its Transformation in Postmodern Narration". REAL-*Yearbook of Research in English and American Literature* 1, 1982, 267–364.

Hume, K.: *Fantasy and Mimesis. Responses to Reality in Western Literature*. New York, London, 1984.

Hunter, L.: *Modern Allegory and Fantasy. Rhetorical Stances of Contemporary Writing*. Basingstoke, London, 1989.

Jackson, R.: *Fantasy. The Literature of Subversion*. London, New York, 1981.

Kroeber, K.: *Romantic Fantasy and Science Fiction*. New Haven, 1988.

Lüthi, M.: *Märchen*. Stuttgart, ^{8}1990.

Marzin, F.: *Die phantastische Literatur. Eine Gattungsstudie*. Frankfurt, Bern, 1982.

Petzold, D.: "Fantasy Fiction and Related Genres". *Modern Fiction Studies* 32, 1986, 11–20.

Podiumsdiskussion: „SF und Fantasy – Wo bleiben die Leser?" – In R. G. Gaisbauer (Ed.): *Dritter Kongreß der Phantasie*. Passau, 1993, S. 129–139.

Rottensteiner, F.: *The Fantasy Book. An Illustrated History from Dracula to Tolkien*. New York, 1978.

Todorov, T.: *Einführung in die fantastische Literatur*. Frankfurt, 1992.

Urbanek, H.: „Freuden und Leiden eines Sammlers". – In R. G. Gaisbauer (Ed.): *Dritter Kongreß der Phantasie*. Passau, 1993, S. 141–154.

Jens P. Becker, Kiel

Monster, Replikanten und die Suche nach dem Gral: Die Fantasy-Filme der 80er Jahre

Den Zeitgeist reklamierte in den 80er Jahren jeder gerne für sich, die postmodernen Architekten (die für Prince Charles ein Ärgernis waren), Mrs. Thatcher, Ronald Reagan, die Pariser und Mailänder Modeschöpfer und die Chefredakteure der neuen Zeitgeist-Magazine. *Zeitgeist und Zeitmaschine*, so ein Titel der 80er Jahre, gehörten offensichtlich zusammen, wie schon der Herausgeber von *Galaxy Science Fiction,* H.L. Gold, formuliert hatte: "Few things reveal so sharply as science fiction the wishes, hopes, fears, inner stresses and tensions of an era, or define its limitations with such exactness".[1] Das klingt bestechend, ist aber, auf den Film bezogen, nicht neu. Seit Siegfried Kracauer ist es eine geläufige These, an deren Ende ein so pompöser Titel wie Annette Kuhns *Alien Zone: Cultural Theory and Contemporary Science Fiction Cinema* (1990) steht und die im Bereich des Fantasy-Films schon vorher exemplarische Aufsätze wie z.B. G. Weimbergs "Dragonslayer: Camelot liberalism", F.D. McConnells "Song of innocence: The Creature from the Black Lagoon" oder M. Tarratts "Monsters from the Id" hervorgebracht hat. Man könnte diese These zum Ausgangspunkt machen und erproben, ob wirklich der Fantasy-Film besser als andere filmische Genres den Zeitgeist trifft, den man natürlich auch in ganz anderen Filmen gespiegelt sehen könnte, wie z.B. *Wall Street*, *The Bonfire of the Vanities*, *Riff Raff*, *My Beautiful Laundrette* oder den neuerdings als "Brit Kitsch" ironisierten Merchant-Ivory-Produktionen. Wenn im folgenden die Fantasy-Filme als *das* dominierende Genre der 80er Jahre gesehen werden, so ist das mit Zuschauerzahlen und Einspielergebnissen zu beweisen. Glücklicherweise hat es in den 80er Jahren aber auch noch den ein oder anderen wirklich guten Film gegeben, nicht alles war Fantasy. Dennoch, die Massierung von Science Fiction, Fantasy, Horror, "sword & sorcery"-Filmen, "splatter movies" etc., die seit Ende der 70er Jahre zu beobachten ist, macht betroffen. Zumal man zu den Kinoerfolgen ein Mehrfaches an Titeln zählen muß, die dem normalen Menschen erspart blieben, „97% davon sind belangloser Mist, dem keiner der öffentlichen Meinungsbilder auch nur eine Zeile nachweint", urteilte ein *aficionado* in Heynes *Science Fiction Jahr #6* (1991).[2]

Ich möchte im folgenden die Fantasy-Produkte der 80er Jahre thematisch geordnet, sozusagen in einem "fast forward survey", kurz skizzieren, wobei ich auch auf ihre Rezeption, nicht nur an den Kinokassen, eingehe. Dabei stütze ich mich auf *Halliwell's Film Guide*, den *Fischer Film Almanach*, Zeitgeist-Zeitschriften wie *The Face*, *Arena*, *Tempo* und *Wiener* sowie das *stern magazin*. Für diesen Punkt habe ich bewußt *fanzines* wie *Science Fiction Times* oder Publikationen wie Heynes *Science Fiction Jahr* nicht verwendet, weil mir hier die kritische Distanz zu gering zu sein scheint.

Man könnte das Panorama der Fantasy-Filme mit einer Genre-Diskussion beginnen, die allerdings zu nichts führen würde. Es ist das Kennzeichen des Genre-Films der 80er Jahre, daß das Genre kaum noch in reiner Form auftritt. John G. Cawelti[3] hat gezeigt, daß sich Genres durch verschiedene "modes of generic transformation" erneuern und den "imaginative needs of our time"[4] anpassen. Dazu würden dann auch die immer wieder beobachteten "generic crossovers" gehören, wobei ein Genre ganze Strukturen und ikonographische Versatzstücke aus einem anderen Genre borgt: *Robocop* und *Blade Runner* wären Beispiele für eine Mischung von Science Fiction und "detective story". "Fantasy" ist heute in der Wortverwendung der Kritik zu Filmen, Romanen und Comics ein sehr unscharfer, geradezu globaler Begriff. Dennoch scheint es hier in so diversen Quellen wie der *Science Fiction Times*, Stanley J. Solomons *Beyond Formula: American Film Genres*, der Loccumer Tagung „Verfremdung und Erkenntnis: Phantastik in Literatur, Bild und Film"(1984)[5] und dem Katalog des Fantasy Filmfestes 1994 eine stillschweigende Übereinstimmung darüber zu geben, was "Fantasy" ist. Ich orientiere mich hier aus praktischen Gründen am Katalog *Fantasy Filmfest 94* (München 27.7.-3.8.1994), das sich im Untertitel „Internationales Filmfest für Science Fiction, Horror und Thriller" nannte. Die Einbeziehung der letzten Kategorie "Thriller" (z.B. durch Quentin Tarrantinos *Pulp Fiction*) haben die Rezensenten der deutschen Presse einhellig kritisiert, und so will ich auf diese "crossover" nicht näher eingehen - obgleich man von *Blue Velvet* bis *Pulp Fiction* auch hier phantastische Elemente finden kann.

Seit George Méliès, der vor seiner Karriere als Filmpionier Varietezauberer gewesen war, hat es phantastische und surrealistische Elemente im Film gegeben. Von Méliès' magischem Zauber nicht unberührt sind Filme, die außerhalb klar definierter Genres existieren, wie z.B. Neil Jordans *Company of Wolves* (1984) oder *Edward Scissorhands* (1990) von dem ehemaligen Disney-Zeichner Tim Burton, oder Parodien wie Terry Gilliams *Time Bandits* (1981). Auch diese will ich von der Betrachtung ausnehmen, um mich ganz dem zweifelhaften, masochistischen Vergnügen (?) der Betrachtung von Filmen wie *The Beachmaster* (1982), *The Sword and the Sorcerer* (1982),

American Monster (1982) oder *Split Second* (1992) hinzugeben (um die ästhetisch und inhaltlich zweifelhaftesten oder unfreiwillig komischsten Produktionen zu nennen). Die folgenden Einzelabschnitte sind definitorisch vielleicht nicht ganz überzeugend, weil sie sowohl Genres oder Sub-Genres behandeln, als auch auf Tendenzen einer rein inhaltlichen "generic transformation" im Sinne Caweltis eingehen. Dennoch können sie phänomenologisch zu einer Übersicht und Bestimmung beitragen.

Endzeit

Der *Blade Runner* (1982), nach dem Roman von Philip K. Dick, *Do Androids Dream of Electric Sheep?*, war für Leslie Halliwell in seinem *Film Guide* "little more than an updated Philip Marlowe case"[6], anderen Kritikern bedeutete diese Endzeitvision des Jahres 2019, insbesondere in dem später gezeigten "director's cut" (1993) von Ridley Scott, wesentlich mehr. Wenn die Handlung vielleicht zu vernachlässigen ist, besticht dieser Film doch durch die evozierte Atmosphäre und die Ästhetik der Ausstattung. Vivian Sobchak hat in "Modern New York to Postmodern L.A.: Science Fiction Film and the American Cityscape"[7] den Aspekt des dargestellten Raumes untersucht, der für diese Utopien als ästhetische Fortschreibung gegenwärtiger Tendenzen immer wichtiger wird. In seinem Buch *Zitadellenkultur: Die Schöne Kunst des Untergangs in der Kultur der achtziger Jahre* hat der Kunsthistoriker Otto K. Werckmeister die Endzeit-Comics des Franzosen Enki Bilal, die mit der Welt des *Blade Runner* vergleichbar sind, einer kulturkritischen Würdigung unterzogen. Von der puritanischen "city upon the hill" bis zur postmodernen Version von L.A. ist es ein langer Weg, auf dem H.G. Wells, Franz Kafka, George Orwell und Filme wie *Metropolis* ihre Beiträge zu einer apokalyptischen Architekturgeschichte des Films geliefert haben.

Samuel Fullers glorios-kitschiges *Street of No Return* (1989), das mit einer Film-im-Film Endzeitvision beginnt, verdankt mit seinen schönen, aber leeren Bildern viel den jüngeren Franzosen wie Leo Carax (z.B. *Mauvais Sang*) oder Jean-Jacques Beneix (z.B. *Der Mond in der Gosse*, *Diva*). Hier wird, wie auch im *Blade Runner*, der Film Noir in eine von der Ästhetik des Videoclips dominierte postmoderne Farbwelt versetzt. Aber auch in Amerika finden wir Ende der achtziger Jahre solche Ästhetisierungstendenzen, "films in which the sets are the stars".[8] Klaustrophobische Innenräume, ein Stilmerkmal des Expressionismus und des Film Noir, gewinnen immer größere Bedeutung, man denke an *Barton Fink* der Brüder Coen, Cronenbergs *Naked Lunch* oder David Lynchs *Twin Peaks* (Lynch scheint den Flop von *Dune* ohne Schaden überstanden zu haben). Was in den Dekorationen von Ken Adam für die James-Bond-Filme schon angelegt war, von H.R. Giger für *Alien* (1979) perfektioniert wurde, verselbständigt sich immer mehr bis zum "triumph of art direction over film direction" (Tom Shone). Der *Blade Runner* erhielt denn auch Oscar-Nominierungen für "art direction" und "visual effects", aber Tom Milne brachte das Mißverhältnis von Ausstattung und Filmhandlung auf den Punkt, als er schrieb: "The sets are indeed impressive, but they are no compensation for a narrative so lame that it seems in need of a wheelchair".[9]

Indiana Jones

In den 80er Jahren, der Dekade des „Sein oder Design", waren wir von Designern der postmodernen Welt umgeben. Die Designer, oder vielleicht sollte man besser sagen, Konfektionäre des Mythen-Mix waren George Lucas und Steven Spielberg mit ihren *Indiana Jones*-Filmen (*Raiders of the Lost Ark* 1981, *Indiana Jones and the Temple of Doom* 1984, *Indiana Jones and the Last Crusade* 1989, gefolgt von einer TV-Serie *The Adventures of Young Indiana Jones* 1992). Lucas hatte schon bei *Star Wars* seinen Dank an den Mythenforscher Joseph Campbell bekundet; sein Ziel war es, Filme für eine Generation, die ohne Märchen aufgewachsen war, produzieren zu wollen. Spielberg, "influenced by cartoons and apparently intent upon emulating Disney's humanitarian themes and mainstream appeal"[10], appellierte in all seinen Filmen an das Kind in uns. Für den lakonischen Hauptdarsteller griffen Lucas und Spielberg auf Harrison Ford zurück, erprobt aus *Star Wars* und *The Empire Strikes Back* (eigentlich sollte Tom Selleck die Hauptrolle bekommen, er war aber mit den Dreharbeiten von *Magnum* beschäftigt). Ford wurde zur Fantasy-Ikone der 80er Jahre, neben der *Star Wars*-Trilogie war er in *Blade Runner* (1982) zu sehen, sechs seiner Filme spielten pro Film mehr als 150 Millionen Dollar ein.

Die „galaktische Jugendausgabe von John Wayne"[11] hatte John Waynes Rat an junge Schauspieler, nicht zu viel zu reden, beherzigt. Das Markenzeichen der holzschnittartigen Figur wurde der braune Filzhut, der dem Londoner Hutmacher Herbert Johnson in den folgenden Jahren ungeahnte Umsätze bei seinem Modell "Traveller" bescherte. Weshalb aber Indiana Jones mit Filzhut, Lederjacke, Nilpferdpeitsche und sardonischem Lächeln durch exotische Gegenden streift, bleibt rätselhaft: Spielberg und Lucas konnten sich nicht auf die Konzeption der Rolle einigen. Die *Indiana Jones*-Trilogie ist das Ergebnis von Lucas' Versuch, Märchen, Mythen und Religionen auf den kleinsten gemeinsamen Nenner zu bringen und sie gleichzeitig, getreu der Disney-Ideologie, auf das Rudimentärste zu reduzieren. Eine Melange aus Sir Henry Rider Haggard (der ja in den 80er Jahren Stoff für viele Filme abgab), Edgar Rice Burroughs, James Bond, mittelalterlichen Romanzen, Gralssuche, Slapstick und Comics ist das Ergebnis. Die Filme der Trilogie muten wie eine Geisterbahnfahrt durch die Welt der trivialisierten Romanze an. Man muß wohl so sehr "sophisticated" sein wie Pauline Kael, um das uneingeschränkt witzig zu finden.[12] Von der Indy-Saga gab es weitere Derivate, die zumeist dem Kinopublikum erspart blieben und die nun durch das Nachmittagsprogramm der Privatsender geistern. Von den Persiflagen sind Zemeckis *Romancing the Stone* und Ken Kwapis' *Vibes* stellenweise amüsant.

Mr. Universum

Der fünffache Mr. Universum Arnold Schwarzenegger, der zu einer Pop Ikone der Fantasy-Filme der 80er Jahre werden sollte, begann seine Genre-Karriere mit *Conan the Barbarian* (1981). Dem folgte *Conan the Destroyer* (1984) und ein Part an der Seite des dänischen Silikonbusenwunders Brigitte Nielsen (*Red Sonja* 1985). Diese "sword & sorcery"-Filme auf der Basis von Robert E. Howards (1906-1936) zivilisationsfeindlichen, sozialdarwinistischen Erzählungen waren, ähnlich wie Comics gleicher Machart, in den 80er Jahren erstaunlich erfolgreich. Sie dokumentierten wie so viele Fantasy-Produkte die Sehnsucht nach neuen Mythen, die aber enttäuschenderweise immer die alten Mythen waren. Mit zum Teil ungeheurem Aufwand und riesigem finanziellen Budget gedreht, schaffen die Filme es allerdings nie, aus den Niederungen des schlechten Geschmacks zu entkommen - auch nicht, wenn sie wie *Conan the Barbarian* durch ein Nietzsche-Zitat aufgeputzt wurden. Der prähistorische Schlagetot Schwarzenegger war wohl weniger eine Bestätigung von Nietzsches Übermenschen als eine lebende Werbung für seine Bodybuilding Studios. Im Jahr von Orwells *1984* mutierte Schwarzenegger zum *Terminator*. Während die "sword & sorcery"-Filme für ein intellektuelles Publikum unakzeptabel blieben (sie feierten ihre Erfolge eher in einer Sphäre, die man bösartig als "trash culture" bezeichnet hat), fanden Filme wie *Terminator* und *Total Recall* (1990) doch Gnade bei den Rezensenten. Zwar reichte das kritische Lob nicht an einen anderen Film aus dem Maschinenmenschen-Genre wie *Robocop* (1987) heran, aber so unterschiedliche Quellen wie das Feuilleton der *Frankfurter Rundschau*[13], Ursula von Keitz in der *Enzyklopädie des phantastischen Films*[14] oder Per Schelde in seiner von der Folkloreforschung und Anthropologie bestimmten Studie *Androids, Humanoids, and other Science Fiction Monsters* nehmen den *Terminator* vom Roger Corman-Schüler Cameron durchaus ernst.

Ritter

Die Lektion, die uns Mark Twain mit *A Connecticut Yankee at King Arthur's Court* erteilt hat, hat Hollywood nicht so ganz begriffen, Ritterromanzen waren zu allen Zeiten ein gutgehendes Produkt der Traumfabrik. Die 70er Jahre hatten uns mit Richard Lesters *Robin und Marian* (1976) einen wehmütigen Abgesang von einem Stoff präsentiert, den Hollywood seit 1922 vermarktet hatte, aber die 80er Jahre nahmen die Welt der Ritterromanzen begierig wieder auf, am Ende des Jahrzehnts stehen gleich zwei *Robin Hood*-Verfilmungen. John Irvins *Robin Hood* (1990) lief drei Monate vor Kevin Reynolds *Robin Hood: Prince of Thieves* an, geriet aber trotz aufwendiger Ausstattung schon beim Kinostart des Kevin Costner-Films in Vergessenheit. Der war zwar ein Kassenerfolg, aber die Kritiker waren dem Film gegenüber durchweg unfreundlich und lobten eher Costners Vorgänger Douglas Fairbanks und Errol Flynn. Vielen Kritikern schien Sean Connerys (der Robin Hood in *Robin und Marian*) Kurzauftritt als König Richard am Ende des Films die beste Szene des Spektakels.

Schon zum Anfang des Jahrzehnts hatte sich John Boorman mit *Excalibur* (1981) an den Artusstoff herangewagt, aber niemals die ironische Distanz Lesters (in *Robin und Marian* oder seinen *Three Musketeers*) gegenüber der Historie gefunden. "It tries overhard to be simultaneously critical and credulous, magical and earthy, inspiring and entertaining", urteilte die *Sunday Times*. Künstlerisch und ästhetisch akzeptabel sind da (obwohl Boorman durchaus schöne Bilder bietet) doch die französischen Adaptionen der 70er Jahre, Bressons *Lancelot du Lac* und Rohmers *Perceval*.

Obgleich eine andere Generation von Rittern in *Star Wars* schon mit Laserstäben kämpfte, ließ Hollywood ungern vom Mythos der Schwertkämpfer. 1986 erschien *Highlander*, der eine Brücke zwischen Mittelalter und New York schlug. 1990 gab es *Highlander II*, bei dem das Beste noch, wie schon in *Highlander*, der Auftritt von Sean Connery als spanischer Grande Juan Villa-Lobos Ramirez war. Von Kritikern mit Häme bedacht, waren beide Filme beim Publikum erfolgreich. Eine TV-Serie ließ nicht auf sich warten und ein After Shave-Werbespot zehrt immer noch von der *Highlander*-Popularität.

Invasionen, Star Wars und Star Treks

Auf Invasionen aus dem Weltall sind wir dank TV und Film bestens vorbereitet, in den neurotischen 50er Jahren hatte Jack Arnold ein Genre perfektioniert, bei dem in die Ruhe der Eisenhower-Ära außerirdische Wesen einbrechen. *Invaders from Mars* (1953) und *Invasion of the Body Snatchers* (1956) sind typische Produkte dieser Zeit. *The Thing* erschien als Erbe von Frankensteins Monster am Nordpol (1982 gab es ein Remake), Jack Arnold präsentierte 1954 *The Creature of the Black Lagoon* (schon damals gab es "sequels": *Revenge of the Creature* 1955, *The Creature Walks Among Us* 1957). Glücklicherweise siegen Wissenschaft und US Air Force gegen solche Bedrohungen. Endgültig besiegt werden diese Wesen trotz unserer Wachsamkeit ("famous last words" aus *The Thing*: "watch the skies, watch everywhere, keep looking - watch the skies!") nicht, sonst könnte es für Hollywood keine Remakes geben. *Alien* (plus "sequels") ist davon vielleicht das berühmteste. Die Ausstattung übernahm hier der Künstler des Phantastischen H.R. Giger (dessen Agentur den hübschen Namen Ugly Publishing hat). Giger führt seine Faszination vom Phantastischen darauf zurück, daß er als Vierjähriger Cocteaus *La Belle et la Bête* gesehen hat.

Seit 28 Jahren kreist jetzt der *Star Trek* durch den Weltraum. Fans der TV-Serie haben sich längst organisiert. Wer sich in der Welt von Captain Kirk und Mr. Spock und solch wunderbarer Sätze wie "Beam me up, Scotty!" nicht auskennt, kann mittels des 422-seitigen *Star Trek TV Lexikon* zum Experten werden. Vom Erfolg der TV-Serie, die in Deutschland als *Raumschiff Enterprise* bekannt wurde, angezogen, präsentierte Hollywood 1979 *Star Trek: The Motion Picture*, dem in rascher Folge *Star Trek II* bis *VI* folgten. Leslie Halliwell kommentierte *Star Trek II* mit den Worten: "very silly, empty and unamusing follow-up. Let us hope fervently that the adventure does not continue". 1977 produzierte George Lucas *Star Wars* für eine Generation, die ohne Märchen aufgewachsen war. Es verdient vielleicht besonderer Erwähnung, daß Lucas, der Steven Spielberg an die "Walt Disney version of a mad scientist" erinnerte, den Film auf seine Lektüre von Joseph Campbells *The Hero with a Thousand Faces* zurückführt. Daß sich "mad scientists" in der Politik durchsetzen können und die USA ein aberwitziges Star Wars-Rüstungsprogramm begannen, ist eine Fußnote der Geschichte.

Zeitreisen

Robert Zemeckis hatte sein Talent für aberwitzig schnelle Komödien mit *Used Cars* (1978) und der *Indiana Jones*-Parodie *Romancing the Stone* (1984) unter Beweis gestellt, bevor er *Back to the Future* (1985) drehen durfte. Nach dem riesigen Erfolg des Filmes folgte 1989 Teil II und 1990 *Back to the Future III*. Mit leichter Hand, Ironie und atemberaubendem Tempo wird Hollywoods ewiger Teenie, Michael J. Fox, auf Reisen durch die Zeit geschickt. Halliwell gab dem Film drei (von vier möglichen) Sternen, und Kritiker weltweit fanden diese Form der postmodernen SF auch für den Intellektuellen als leichte Kost akzeptabel. Über den dritten Teil, der witzige Western–Persiflagen enthält, urteilte *Variety*: "has a joyousness seldom seen on the screen these days, a sense of exuberance in the breaking of boundaries of time, space and genre".[15]

Francis Ford Coppolas Zeitreisen–Film *Peggy Sue Got Married* (1986) versetzt Kathleen Turner in die 60er Jahre und beleuchtet ebenso liebevoll und kritisch wie *Back to the Future* diese Epoche der unschuldigen Rock'n Roll-Jahre Amerikas. Filmhistorisch kann man als Basis dieser Filme die TV–Serie *Twilight Zone* (1959–1963, 151 Folgen) von Rod Gerling annehmen. Diese langlebige und qualitativ hochwertige Serie hatte das Genre SF/Fantasy diskussionswürdig gemacht, und viele Produktionen der 80er Jahre sind ihr verpflichtet. Daß auch diese Serie in den 80er Jahren "recycled" wurde (*Twilight Zone: The Movie* plus eine TV–Serie von CBS 1985–1987), kann nicht erstaunen.

Comics

Mit einem zum Teil gigantischen Produktions- und Werbeaufwand vermarktete Hollywood in den 80er Jahren Comics, die ihre große Zeit in den 30er und 50er Jahren gehabt hatten. Kaum hatte man sich von *Batman* (1989) erholt, kam *Dick Tracy* (1990) auf den Markt. *Superman* kam in Folgen (I–IV), und zur Zeit lebt er als postmodern–ironische TV–Serie unter dem Titel *Die Abenteuer von Lois und Clark*. Es gab ein Remake von *Barbarella* und Filmversionen von *Flash Gordon* (von dem sogar eine Porno–Version, *Flesh Gordon*, existiert), *Popeye*, von den *Flintstones* und der *Addams Family*. In den Verfilmungen siegte, wie so oft in der Postmoderne, die Form über den Inhalt. Wenn der "comic strip" noch phantastische, anarchische und subversive Elemente enthielt, so wurden sie hier im besten Stil der Walt Disney–Ideologie so geglättet, daß das Hochglanzprodukt zum "family entertainment" wurde.

Ghosts

Schon die 30er und 40er Jahre hatten die filmische Geisterkomödie perfektioniert, man denke an Filme wie *The Ghost Goes West*, *The Ghost and Mrs Muir*, *Here Comes Mr Jordan* oder *Heaven Can Wait*. Als das Remake von *Heaven Can Wait* Ende der 70er Jahre auf den Markt kam, wirkte es wie die Öffnung einer Schleuse für eine Flut von Geisterkomödien. Nicht nur Shirley MacLaine und 6 Millionen Scientologen glaubten an die Seelenwanderung.

Irgendwo auf dem Weg zwischen Himmel und Erde (oder auf eine andere wundersame Weise) wurden die Identitäten vertauscht: In Glenn Close war plötzlich der Geist einer vor 60 Jahren verstorbenen Filmdiva (*Maxie* 1985), in Steve Martin war Lily Tomlin (*All of Me* 1984), in Ellen Barkin war ein fieser Macho (*Switch* 1991), und in *Vice Versa* (1986) tauschten Vater und Sohn die Körper. Richard Dreyfuss rettete in Spielbergs *Always* als Geist seiner Frau das Leben, Patrick Swayze kommunizierte in *Ghost* mit Demi Moore über das spiritistische Medium Whoopi Goldberg. Glücklicherweise zeigte uns *Ghostbusters*, daß arbeitslose Akademiker auch nützlichen Beschäftigungen nachgehen können, indem sie Geister vertreiben.

China Epics

Daß aus Hongkong mehr kommen kann als Bruce Lee-Filme und schnell und billig produzierte Kung Fu-Filme, bewies 1987 *A Chinese Ghost Story* (der erste Teil einer Trilogie, die 1992 abgeschlossen wurde). Andere Filme wie *Silver Fox* (1992), *Jiang Hu: Between Love and Glory* (1993) oder *Kung Fu: Meister des Schwertes* (1990) variierten diese Formel und machten den Regisseur und Produzenten Tsui Hark zum Spielberg aus Fernost. Diese Filme mit ihren „zirzensisch-magischen Kampfspektakeln“[16] und ihren atemberaubenden Tricks, die sich aus dem Fundus der chinesischen Märchen und Mythen bedienten, setzten neue Maßstäbe für den Fantasy-Film. Eine Pracht von Farben und Bildern sowie choreographisch durchgefeilte Kampfszenen verknüpft mit einer Liebesgeschichte und einer Prise Humor überwältigten optisch und emotional die Zuschauer.

Kleine (+große) Monster

Putzige Wesen machten sich in den 80er Jahren auf Bildschirm und Leinwand breit: Alf, E.T., Gremlins, Teenage Mutant Ninja Turtles, Critters etc. In den 90er Jahren mutierten sie zu Dinosauriern, und bei F.A.O. Schwarz waren alle Steiff-Dinosaurier ausverkauft. *King Kong Lives* hieß es 1986, und alle japanischen *Godzilla*-Filme der 50er und 70er Jahre kamen im TV wieder zu Ehren. Die deutschen Privatsender entdeckten die Monsterwelt von Ray Harryhausen und widmeten ihm ganze Wochenenden. Wenn die possierlichen Tierchen auf Zelluloid durchaus auch für Erwachsene Unterhaltungswert hatten, wurde man manchmal das Gefühl nicht los, daß der Film nur die Basis einer Vermarktungsindustrie war, die sich an das kindliche Gemüt richtete: Von Puppen bis T-Shirts wurde der Markt mit Produkten überschwemmt, die niemand so recht brauchte. Das Verkaufsdatum der

Jurassic Park-Videocassette („das größte Ereignis der Filmgeschichte") lag zeitgleich mit der Bundestagswahl 1994, und die Werbung in den Straßen übertraf die der Wahlwerbung kleiner Parteien. Am 1. November 1994 (Allerheiligen) sendete RTL 24 Stunden lang Dinosaurierfilme.

Viele dieser Filme setzten neue Maßstäbe für filmische Trickaufnahmen und die Computeranimationstechnik sowie die Dolby Surround-Technik. George Lucas hatte sich hier vorausschauend einen großen Teil des Fantasy-Kuchens gesichert, indem er mit seinem Technischen Direktor Tomlinson Holman (nach dem der THX-Standard benannt ist) den Tonstandard des Films neu definierte. Inzwischen dringt der ProLogic Dolby Surround-Sound, der alle Fantasy-Filme der 80er Jahre auszeichnete (und nach Meinung mancher das Beste an diesen Filmen ist), auch in die Wohnzimmer ein.

Horror

Der Horrorfilm ist ein Fantasy-Genre, das Hollywood seit seinen Anfängen gepflegt hat. In den 70er Jahren tritt es massiert auf (z.B. *The Exorcist* 1972, *Carrie* 1976, *Exorcist II* 1977, *Damien: Omen II* 1978, *Halloween* 1978, *The Amityville Horror* 1979, *The Fog* 1980, etc.), aber auch die 80er Jahren wollten auf das Genre nicht verzichten, insbesondere die Spielart des sogenannten Splatter-Films. Stephen Kings Romane haben das Genre etwas verfeinert. Hollywood griff gerne auf sie zurück. Nach dem Erfolg von *The Shining* 1980 sah das Jahr 1983 gleich drei Stephen King-Verfilmungen: *Cujo*, *Christine* und *The Dead Zone*. Da der Horrorfilm ein von der kritischen Literatur gut dokumentiertes Genre ist, verzichte ich auf eine extensive Darstellung und verweise auf Norbert Stresaus Einführung *Der Horror-Film*, auf Andrew Tudors Standardwerk *Monsters and Mad Scientists*, sowie für neuere Tendenzen auf Carol J. Clovers *Men, Women and Chainsaws: Gender in the Modern Horror Film*.

Vampire & Werwölfe

Wenn Dreyers *Vampyr* von 1932, zweifellos ein Glanzstück des Genres, das Fantasy Filmfest 1994 in München eröffnete, dann zeigte das sicher auch den Wunsch der Veranstalter, angesichts des ganzen Schrotts des Genres etwas Respektables zu zeigen. Vampir und Werwolf haben als Stoff sowohl in der Literatur als auch im Film eine Tradition, bei der frühe Klassiker wie *Nosferatu* (1922) und *Vampyr* Maßstäbe gesetzt haben. Dachte man bei Polanskis *Tanz der Vampire* (1967), daß der Stoff nun verbraucht sei, zeigte die postmoderne Recyclings-Maschinerie Hollywoods in den 80er und 90er Jahren (z.B. Neil Jordans *Interview with the Vampire* 1994) doch, daß es immer noch neue Varianten gab: John Badhams *Dracula* (1979) mit Fred Langella und Laurence Olivier, Stan Dragotis amüsantes *Love at First Bite* mit George Hamilton, Tony Scotts *The Hunger* (1983) mit Catherine Deneuve und David Bowie ("one of the most incoherent and foolish pictures of recent months", *Observer*). Tony Scott und John Landis mit *Bloody Marie* (1992) knüpfen an die frühen 70er Jahre an, als Sex und lesbische Vampire schon einmal ein Thema waren (*Vampyres: Daughters of Dracula* 1974, *Lust for a Vampire* 1971). Wobei Landis, der ja mit *An American Werewolf in London* (1981) reüssierte, dem Film auch komische Seiten gibt: da der Vampir Marie am liebsten italienisch ißt, sucht sie sich ihre Opfer in den Reihen der Mafia. Im gleichen Jahr wie Landis produzierte Altmeister Roger Corman *Dracula Rising* (Regie Fred Gallo), allerdings geriet sein Film angesichts des Erfolgs von Coppolas *Bram Stoker's Dracula* etwas ins Abseits. Coppola hat sich auf die literarische Vorlage Bram Stokers besonnen, und sein Film ist eigentlich recht konventionell. Die starbesetzte Orgie des Blutsaugens spielte allerdings schon am ersten Wochenende 32 Millionen Dollar an den Kinokassen ein, und kein Journalist oder Zeitgeistkritiker versäumte es, Parallelen zwischen dem Film und dem AIDS-Zeitalter zu ziehen. Von der "großen Oper einer neuen Blutkultur"[17] war die Rede. Dies könnte man länger ausführen, es würde die Theorie stärken, daß das Fantasy-Genre Parabeln für den Zeitgeist liefert (oder, negativ gesehen, Ängste, Begehren und Neurosen nur geschickt kommerzialisiert).

Diese Tendenz, filmische Fantasy-Produkte intellektuell zu überhöhen, findet sich auch bei der neuesten Werwolf-Variante, Mike Nichols' *Wolf* (1994). Der Regisseur sah als sein Vorbild Kafkas „Die Verwandlung“[18], Rezensenten sahen in Nicholson den modernen Mann jenseits von Männer- und Frauenbewegungen, das Filmplakat warb mit dem Zusatz „Das Tier im Mann“. Die Presse winkte eher müde ab und fragte, ob Nicholson mit seinen gebleckten Zähnen und seinem "over-acting" nicht schon seit Jahren nichts anderes als den Werwolf spiele. Seit Nicholson in *Little Shop of Horrors* (1961) seine Zähne zeigte, ist sein Gesicht zur Maske stereotypisiert. Photos aus *Wolf* könnten auch aus *The Shining* oder aus *The Witches of Eastwick* stammen. Michael J. Fox, der wie Nicholson immer gleich ausieht, wandelte sich in *Teen Wolf* (1985) zum College-Werwolf. Der Film knüpft an *I Was a Teenage Werewolf* von 1957 an, aus beiden Filmen könnte man eine Soziologie der Teenager entwickeln - oder wieder einmal ein Recycling der Themen der 50er Jahre konstatieren.

Vietnamphantasien

Recht und Ordnung in Amerika können nur von einer Ex-Vietnam-Spezialeinheit hergestellt werden, diese Botschaft vermittelt uns die populäre TV-Serie *A Team*. Das sind märchenhafte Tagträume fürs Familienfernsehen, aber als Gewaltphantasien ernstzunehmender sind da sicherlich Filme (die die 80er Jahre massenhaft hervorbrachten), in denen der Vietnamkrieg nachträglich wenigsten teilweise von Chuck Norris oder Sylvester Stallone gewonnen wird. Stallone als *Rambo* mit Patronengurt über der nackten Brust ist zur Ikone dieser Vietnamphantasien geworden. In solchen Filmen liegt sicherlich eine ideologische Gefahr, James William Gibson hat das in *Warrior Dreams: Paramilitary Culture in Post-Vietnam America* behandelt. Die „Vietnamphantasien" können als phantastische Ausformung des Genres Kriegsfilm gesehen werden, können aber auch unter dem Aspekt der in der Fantasy latent oder offen enthaltenen Gewalt betrachtet werden. Glen Burns hat hier auf der Loccumer Phantastik-Tagung 1984 mit seinem Beitrag "Schwert und Laserpistole: Ikonen der Gewalt in bildlichen Darstellungen der Phantastik" interessante Perspektiven aufgezeigt.

Der Schlaf der Vernunft

Wenn die *Sunday Times* 1981 über Ken Russell - dessen erschütternd schlechter Fantasy-Film nach einer Bram Stoker-Vorlage, *The Lair of the White Worm* 1988, vielleicht besser unerwähnt bliebe - urteilte: "His originality these days seems to consist of disguising the banal behind a barrage of garish, distorted, noisy and fleeting images looted from every juvenile fantasy from Rider Haggard to Superman, with nods to Dali and Bosch, and strong tincture of Kubrick"[19], so beschreibt dieses Zitat eigentlich auch recht genau die Fantasy-Filme der 80er Jahre. Geistesgeschichtlich (wenn man das Wort in diesem Zusammenhang gebrauchen darf) gesehen, greift Hollywood in die melodramatische Mottenkiste des 19. Jahrhunderts, um daraus Vampire, Frankensteins Monster (z.B. Kenneth Branaghs *Mary Shelley's Frankenstein* 1994) und den Übermenschen herauszuziehen oder wie ein Vampir aus den Werken von Poe, Haggard, Lewis und Jules Verne das letzte Blut herauszusaugen. Goethe hatte in seinem „Amerika, du hast es besser" die Hoffnung ausgesprochen, daß „ein gut Geschick" die Amerikaner „vor Ritter-, Räuber- und Gespenstergeschichten" bewahren möge. Es ist wohl eine Ironie des Schicksals, daß wir heute aus den USA mit dem überschwemmt werden, vor dem Goethe die Vereinigten Staaten gewarnt hatte.

Filmhistorisch gesehen bietet der Fantasy-Film der 80er Jahre außer ungeahntem Aufwand und neuen Computeranimationen nichts Neues. James Monaco, einer der besten Kenner des amerikanischen Films, sagt in *American Film Now*:

> With great elan, they summarized all of the clichés and much of the fun of the 1930s and 40s Hollywood Saturday morning serials. A whole new generation was exposed to this genre with *Raiders*. If you're in your 50s, you saw the antecedents of *Raiders* in the movies on Saturday mornings. If you're in your 30s, you saw those same films re-run on television in the early 1950s. And if you're in your teens - well, you probably think *Raiders of the Lost Ark* is an invention.[20]

Und Philip French beginnt seinen *Observer*-Artikel "And here's one they made earlier"[21] mit einem Dorothy Parker-Zitat, wonach "the only -ism Hollywood believes in is plagiarism". Postmodernes Zitieren und Selbstreferentialität - für Filmhistoriker ein alter Hut, Genres sind ohne filmische Intertextualität gar nicht möglich - sind Lieblingsgedanken der postmodernen Kulturkritiker, die nicht müde wurden, vom Schöpfungsmythos bis zur Apokalypse alles im Fantasy-Film zu sehen und diese Sicht mit den derzeit angesagten poststrukturalistischen Theorien und deren Terminologie zu untermauern. Bei dieser Art von Film-/Kulturkritik kann man sich des Eindrucks nicht erwehren, daß hier mit Kanonen auf Spatzen geschossen wird und daß Goyas „Der Schlaf der Vernunft gebiert Ungeheuer" nicht nur auf die Produktion der Fantasy-Filme, sondern auch auf die postmodernen Kulturkritiker bezogen werden kann; die Position, die Manfred Nagl auf der Phantastik-Tagung 1984 in Loccum vertrat, hat mittlerweile Seltenheitswert. Philip French äußert in seinem Essay die These, daß Hollywood mit seinen Recycling-Produkten jetzt die Lücke besetzt, die durch verloren gegangene Bezugssysteme der Kultur und des Glaubens entstanden ist. Ähnlich argumentiert auch James B. Twitchell in *Preposterous Violence: Fables of Aggression in Modern Culture* (1989), dem bisher umfangreichsten Versuch einer kulturellen Einordnung dieser "fables of aggression". Eine moralische Bewertung finden wir bei Twitchell nur andeutungsweise, er sieht die "ritualization of violence" eher als eine positive Größe eines Erziehungsprozesses. Die Gefährlichkeit der "fantasy"-Produkte wird heruntergespielt. Gerade dieser Punkt aber scheint in unserer immer aggressiveren Welt von Bedeutung. Wenn schon Kinder den *Power Rangers* (in Kanada, Dänemark und Norwegen abgesetzt, in Neuseeland verboten, aber bei uns dank RTL im Programm) ausgesetzt sind[22], "fantasy-trash" auf allen Videospielen und Computern zu finden ist und die gewalttätigsten Filme auf leicht erreichbaren Videokopien zugänglich sind, wird man sich über die tagtäglichen Meldungen von einer Brutalisierung der Gesellschaft nicht wundern dürfen. Die Verwechslung von Fantasy und Realität wird zum Symptom der postmodernen Gesellschaft.

Die Retro-Dekade der 80er, in der Derrida und Armani die neuen Götter waren, brachte uns die Postmoderne, Poststrukturalismus und Dekonstruktion (auch bei Armani) und das Design. Aber unter der glitzernden Oberfläche brodelten eine Mythos-Diskussion und neue Mythen, Rechtsradikalismus und Faschismus, Hungerkatastrophen und für CNN inszenierte Fernsehkriege. Die Grenzen des guten Geschmacks wurden immer weiter nach unten verlegt. "Carnival Culture" ist ein Begriff, der eigentlich eher verharmlost. Vielleicht sollte sich die Geisteswissenschaft, statt ständig „die Moderne" zu bemühen, einmal einer „Theorie des schlechten Geschmacks" zuwenden, Fantasy-Filme wären da ein wunderbares Betätigungsfeld.

Anmerkungen

1 Zitiert bei K. Amis: *New Maps of Hell,* S. 64.
2 *Das Science Fiction Jahr # 6,* S. 207.
3 J.G. Cawelti: "*Chinatown* and Generic Transformation", S. 183-201.
4 J.G. Cawelti: "*Chinatown* and Generic Transformation", S. 200.
5 S.J. Solomon: *Beyond Formula*, S. 112-128, *Verfremdung und Erkenntnis*, bes. S. 114.
6 Halliwell: *Film Guide*, s.v. "*Blade Runner"*.
7 *Gulliver* 35,1, 1994, 124-135. Vgl. zu diesem Aspekt auch H. Schmid: *Fenster zum Tod: Der Raum im Horrorfilm.* München, 1993.
8 T. Shone: "The great indoors", 26.
9 Halliwell: *Film Guide*, s.v. "*Blade Runner"*.
10 J. Park (Ed.): *Icons*, s.v. „Spielberg".
11 B. Desalm: „Der galaktische Reiter", 51.
12 P. Kael: *State of the Art*, S. 175-182. Vier Jahre später (in *Movie Love* 1991) fand sie allerdings *Indiana Jones and the Last Crusade* nur noch enttäuschend.
13 *Frankfurter Rundschau*, 12.3.1994, ZB 2.
14 *Enzyklopädie des phantastischen Films,* 18. Ergänzungslieferung. Meitingen, 1991, S. 1-7.
15 Zitiert nach Halliwell: *Film Guide*, s.v. "*Back to the Future*".
16 *stern magazin*, 14.7.1994, 217.
17 *Männer Vogue* 3, 1993, 100.
18 *Spiegel*-Interview, 12.9.1994, 202.
19 Halliwell: *Film Guide*, s.v. „Russell".
20 J. Monaco: *American Film Now*, S. 420.
21 *Observer*, 21.8.1994, 6.
22 Vgl. dazu *Die Zeit*, 25.11.1994, 77.

Amis, K.: *New Maps of Hell.* London, 1961.

Burns, G.: „Schwert und Laserpistole: Ikonen der Gewalt in bildlichen Darstellungen der Phantastik“. - In *Verfremdung und Erkenntnis: Phantastik in Literatur, Bild und Film.* Loccum, 1984, S. 42–71.

Cawelti, J.G.: "*Chinatown* and Generic Transformation in Recent American Films". - In B.K. Grant (Ed.): *Film Genre Reader.* Austin, 1986, pp. 183–201.

Clover, C.J.: *Men, Women and Chainsaws: Gender in the Modern Horror Film.* Princeton, 1992.

Desalm, B.: „Der galaktische Reiter“. *steadycam* 15,1, 1990, 46–53.

Dorn, M.: *Vampirfilme und ihre sozialen Funktionen: Ein Beitrag zur Genregeschichte.* Frankfurt, 1994.

Fantasy Filmfest 94 (München 27.7.–3.8.1994): Internationales Filmfest für Science Fiction, Horror und Thriller. (Katalog) München, 1994.

French, P.: "And here's one they made earlier". *Observer,* 21.8.1994, Review 6.

Gibson, J.W.: *Warrior Dreams: Paramilitary Culture in Post-Vietnam America.* New York, 1994.

Grant, B.K. (Ed.): *Film Genre Reader.* Austin, 1986.

Heinzlmeier, A., Menningen, J., Schulz, B.: *Kultfilme.* Hamburg, 1983.

Hellmann, C.: „Flucht in Fabelwelten: Eskapistisches Kino zwischen Mythen und Märchen“. *Science Fiction Times* 11, 1984, 9–14.

Herron, D. (Ed.): *Reign of Fear: The Fiction and Film of Stephen King (1982–1989).* London, 1989.

Kael, P.: *State of the Art.* London, 1987.

-: *Movie Love: Complete Reviews 1988–1991.* New York, 1991.

Keitz, U.v.: "The Terminator". - In *Enzyklopädie des phantastischen Films.* Meitingen, 1991 (18. Ergänzungslieferung März 1991), S. 1–7.

Korte, H., Faulstich, W. (Ed.): *Action und Erzählkunst: Die Filme von Steven Spielberg.* Frankfurt, 1987.

Krichbaum, J., Zondergeld, R.A.: *DuMont's kleines Lexikon der phantastischen Malerei.* Köln, 1977.

Kuhn, A. (Ed.): *Alien Zone: Cultural Theory and Contemporary Science Fiction Cinema.* London, 1990.

Lee, W.: *Reference Guide to Fantastic Films.* Los Angeles, 1972.

McConnell, F.D.: "Song of innocence: The Creature from the Black Lagoon". - In M.T. Marsden et.al. (Eds.): *Movies as Artifacts.* Chicago, 1982, pp. 208–217.

Monaco, J.: *American Film Now.* New York, 1984.

Park, J. (Ed.): *Icons.* London, 1991.

Pollock, D.: *Sternenimperium: Das Leben und die Filme von George Lucas.* München, 1983.

Salewski, M.: *Zeitgeist und Zeitmaschine: Science Fiction und Geschichte.* München, 1986.

Schelde, P.: *Androids, Humanoids, and Other Science Fiction Monsters: Science and Soul in Science Fiction Films*. New York, 1993.

Schmid, H.: *Fenster zum Tod: Der Raum im Horrorfilm*. München, 1993.

Das Science Fiction Jahr #6. München, 1991.

Shone, T.: "The great indoors". *GQ*, January 1993, 26.

Sobchak, V.: "Modern New York to Postmodern L.A.: Science Fiction Film and the American Cityscape". *Gulliver* 35,1, 1994, 124–135.

Solomon, S.J.: *Beyond Formula: American Genres*. New York, 1976.

Stresau, N.: *Der Horror-Film*. München, 1991.

-: „Der Sieg des Wie: Private Anmerkungen zum Niedergang eines Genres". - In *Das Science Fiction Jahr #6*. München, 1991, S. 205–216.

Tarratt, M.: "Monsters from the Id". - In B.K. Grant (Ed.): *Film Genre Reader*. Austin, 1986, S. 258–277.

Thomsen, C.W., Fischer, J.M. (Eds.): *Phantastik in Literatur und Kunst*. Darmstadt, 1980.

Todorov, T.: *The Fantastic: A Structural Approach to a Literary Genre*. London, 1973.

Tudor, A.: *Monsters and Mad Scientists: A Cultural History of the Horror Movie*. Oxford, 1989.

Twitchell, J.B.: *Dreadful Pleasures: An Anatomy of Modern Horror*. New York/Oxford, 1985.

-: *Preposterous Violence: Fables of Aggression in Modern Culture*. New York/Oxford, 1989.

Verfremdung und Erkenntnis: Phantastik in Literatur, Bild und Film. Ed. K. Ermert. Loccum, 1984 (Loccumer Prokolle 66)

Weimberg, G.: "Dragonslayer: Camelot liberalism". *Jump Cut* 26, 1981, 1, 18.

Werckmeister, O.K.: *Zitadellenkultur: Die Schöne Kunst des Untergangs in der Kultur der achtziger Jahre*. München, 1989.

Raimund Borgmeier, Gießen

Frankenstein in Texten und Medien

I

Am Ende von Mary Shelleys Roman *Frankenstein* prophezeit der künstliche Mensch sich und seinem Schöpfer baldiges Vergessen; mit unmißverständlichen Worten erklärt er: "He is dead who called me into being; and when I shall be no more, the very remembrance of us both will speedily vanish."[1] Dies ist, wie jeder weiß, ein großer Irrtum. Verheißungen von unsterblichem Ruhm und ihr Gegenteil sind in der Literatur mit einiger Vorsicht zu nehmen. Tatsächlich gehört Frankenstein, auch wenn die meisten Menschen seit dem 19. Jahrhundert darunter fälschlicherweise das Monster, und nicht seinen Erzeuger verstehen, zu den bekanntesten Mythen der Moderne.

Durch die Nachwirkung ihres Buches hat Mary Shelley zweifellos erreicht, was der Untertitel *The Modern Prometheus* ankündigt: sie hat ein modernes Äquivalent zu den herausragenden Heroen der antiken Mythologie geschaffen. *The Frankenstein Legend* ist der passende Titel einer einschlägigen Studie.[2] Die Geschichte von dem vermessenen Naturwissenschaftler, der in seinem ungehemmten Forscherdrang die von der Natur gesetzten Grenzen mißachtet und durch sein Werk sich selbst, seine Familie und Freunde und letztlich die ganze Menschheit in tödliche Gefahr bringt, regte und regt immer wieder dazu an, sich neu damit auseinanderzusetzen.

Es ist ein großes Korpus von Bearbeitungen entstanden, die den Frankenstein-Stoff aufgreifen, auf unterschiedliche Weise verändern und mit neuen Schwerpunkten gestalten. Dabei bilden auch die Grenzen von Gattungen und Medien für den kühnen Forscher und seine Schöpfung kein Hindernis. Schon zu Lebzeiten der Autorin waren Frankenstein und sein Geschöpf in verschiedenen Bühnenversionen auf den Brettern des Theaters zu sehen, und quantitativ mit Abstand die größte Wirkung entfaltete das phantastische Monster sicherlich im 20. Jahrhundert im Medium des Films. Im vorliegenden Rahmen soll dieses Korpus in seiner Entwicklung verfolgt und anhand bedeutender Beispiele untersucht werden.[3]

Vor allem bieten die Frankenstein-Bearbeitungen ein aufschlußreiches Paradigma für das, was seit einiger Zeit in der Literaturwissenschaft unter dem Stichwort 'Intertextualität' diskutiert wird.[4] Sie zeigen auf interessante Art, wie die einzelnen Texte nicht autonom dastehen, sondern aufeinander Bezug nehmen und in einem vielfältigen Beziehungsgeflecht verstanden werden müssen. Zugleich treten hier auch grundlegende medienspezifische Unterschiede, die verschiedenartigen Wirkmöglichkeiten der unterschiedlichen Medien, deutlich in Erscheinung. Nicht zuletzt kann man an diesem Gegenstand - noch markanter als allgemein bei phantastischer Literatur - beobachten, wie problematisch literarische Wertungen, wie fließend die Übergänge und wie eng die Beziehungen zwischen der sog. hohen Literatur und sog. Trivialliteratur bzw. Gebrauchskunst sind.

II

In dem vielbeachteten Vorwort zur 1831 erschienenen dritten Auflage beschreibt Mary Shelley die Genese ihres Romans und macht damit deutlich, in welchem Kontext *Frankenstein* zu sehen ist. Als im Sommer 1816 Shelley und Mary am Genfer See in der Nachbarschaft von Lord Byron wohnten und mit diesem Kontakt hatten, trat eine längere Schlechtwetterperiode ein, und man vertrieb sich die Zeit mit der Lektüre von Geistergeschichten ("Some volumes of ghost stories translated from the German into French fell into our hands." S. 261). Byron machte den Vorschlag, jeder von ihnen solle eine Geistergeschichte schreiben. Während die edlen Dichter sich nur halbherzig an dem Wettbewerb beteiligten und das Projekt bald aufgaben, verfaßte Mary, nach einigen Anfangsschwierigkeiten, ihren Roman *Frankenstein*.

Nicht nur die Bezeichnung "ghost stories", sondern auch die Einzelheiten, die Mary von der Lektüre berichtet (z.B. ein Geist, der bei Mondlicht in Ritterrüstung die schaurigen Mauern eines Schlosses unsicher macht), weisen auf die Gattung der *Gothic Novel*, des Schauerromans, hin, die 1765 mit Horace Walpoles *The Castle of Otranto* ihren Anfang nahm und in Ann Radcliffes *The Mysteries of Udolpho* (1794) und Lewis´ *The Monk* (1796) wichtige Höhepunkte erlebte.[5] Noch klarer wird diese Beziehung durch die Zielsetzung, von der die Autorin im nachhinein sagt:

> I busied myself *to think of a story* [...] which would speak to the mysterious fears of our nature and awaken thrilling horror - one to make the reader dread to look round, to curdle the blood, and quicken the beatings of the heart. (S. 262)

Die Erregung mächtiger Gefühle ist ein Hauptanliegen des Schauerromans, der sich damit von der rationalen Weltsicht des Romans im frühen 18. Jahrhundert absetzt. Das hier genannte Stichwort "horror", welches auch im Romantext immer wieder an entscheidenden Stellen auftaucht, muß als bezeichnender Schlüsselbegriff gewertet werden.

Doch anders als ihre Vorbilder bewirkt Mary Shelley den Schrecken des Lesers nicht durch Geister. Anstelle von scheinbaren oder echten Elementen des Übernatürlichen setzt sie das zwar nicht reale, aber auf dem Boden des zeitgenössischen Erkenntnisstandes doch als möglich denkbare Produkt der modernen Naturwissenschaft ein. Einigen Zeitgenossen erscheint dies zwar trotzdem nicht annehmbar, und ein früher Rezensent urteilt: "the horror [...] is too grotesque and *bizarre* ever to approach the sublime."[6] Doch erkennt ein anderer Kritiker zur gleichen Zeit: "There never yet was a wilder story imagined, yet [...] it has an air of reality attached to it, by being connected with the favourite projects and passions of the times."[7]

Mary Shelley bezieht sich in der Tat, wie sie in dem Vorwort von 1831 ausführt, auf naturwissenschaftliche Gedanken, die damals diskutiert wurden. Konkrete Anregungen erhielt sie durch Gespräche zwischen Byron und Shelley, denen sie, wie sie sagt, andächtig lauschte. Die Naturwissenschaften gehörten Anfang des 19. Jahrhunderts noch weitgehend zum allgemeinen Kulturgut und wurden dem kulturell interessierten Lesepublikum nicht zuletzt durch die führenden Zeitschriften, wie das *Edinburgh Review* oder das *Quarterly* nahegebracht.[8] Die romantischen Dichter waren für naturwissenschaftliche Fragen aufgeschlossen, und insbesondere von Shelley ist bekannt, daß er während seines Studiums in Oxford seine Zimmer mit chemikalischen Geräten geradezu vollstopfte. Wordsworth, der wegbereitende Pionier der romantischen Bewegung in England, hatte schon 1800 in seinem "Preface to *Lyrical Ballads*" die Naturwissenschaften als mögliches Thema für die Dichtung der Zukunft angesprochen:

> The remotest discoveries of the Chemist, the Botanist, or Mineralogist, will be as proper objects of the Poet's art as any upon which it can be employed, if the time should ever come when these things shall be familiar to us, and the relations under which they are contemplated by the followers of these respective sciences shall be manifestly and palpably material to us as enjoying and suffering beings.[9]

Anders und schneller, als Wordsworth es erwartete, ist diese Option für die Literatur Wirklichkeit geworden. Mary Shelley hat in *Frankenstein* die Möglichkeiten und Grenzen der modernen Naturwissenschaft mit Erfolg zum zentralen Thema für die literarische Gestaltung gemacht.

Die enge Verbindung zur Romantik tritt nicht nur in der Genese und im biographischen Kontext des Buches zutage. Sie wird vielmehr auch im Text des Romans unmittelbar augenfällig. An drei Stellen zitiert die Autorin jeweils acht oder sechs Zeilen aus bedeutenden Gedichten englischer Romantiker und markiert damit signalartig maßgebliche Themen ihres Romans.

Das Thema 'Natur' begegnet in einem (leicht veränderten) Zitat aus Wordsworths "Tintern Abbey"; Frankenstein sagt mit Bezug auf seinen Freund Henry Clerval:

> The sounding cataract
> Haunted him like a passion: the tall rock,
> The mountain, and the deep and gloomy wood,
> Their colours and their forms, were then to him
> An appetite; a feeling, and a love,
> That had no need of a remoter charm,
> By thought supplied, or any interest
> Unborrow'd from the eye. (S. 425)

Wie Wordsworth sich nahe Tintern Abbey durch seine Schwester an seine eigene Beziehung zur Natur erinnert fühlt, sieht auch Frankenstein in dem Freund ein Abbild seines früheren Selbst und bemerkt: "[...] in Clerval I saw the image of my former self"(S. 427).

Die Natur im romantischen Sinne spielt eine entscheidende Rolle in dem Roman. Sie bildet nicht bloß einen eindrucksvollen Hintergrund, wenn etwa die Konfrontation zwischen Frankenstein und seinem Geschöpf in den Alpen oder in der Welt des Polareises stattfindet. Vor allem erhält das Geschehen jedoch durch sie eine zusätzliche symbolische Dimension. Dies wird besonders deutlich, als Frankenstein nach langer Abwesenheit wieder in die heimatlichen Schweizer Berge zurückkehrt. Zunächst ist er von tiefer Freude erfüllt und ruft begeistert aus: "My country, my beloved country!" (S. 336) Wie bei Wordsworth verkörpert für ihn die Natur eine heile und heilbringende Macht. Doch dann erlebt er in dem Gewitter eine Störung der heilen Ordnung und wird mit dem Monster konfrontiert, das er selbst in seinem maßlosen Drang, die Natur zu beherrschen, geschaffen hat. Wie er schon vorher bei der Arbeit an dem verhängnisvollen Projekt erfahren mußte, hat Frankenstein sich der Natur entfremdet und hat selbst die Verbindung zu dieser heilenden Macht zerstört.

Im Gegensatz zur beständigen Natur mit ihrem gleichbleibenden Kreislauf der Jahreszeiten ist das menschliche Leben durch Unbeständigkeit gekennzeichnet. Mary Shelley bringt dies in dem Zitat der Schlußzeilen aus Shelleys Gedicht "Mutability" zum Ausdruck:

> We rest; a dream has power to poisen sleep.
> We rise; one wand'ring thought pollutes the day.
> We feel, conceive, or reason; laugh or weep,
> Embrace fond woe, or cast our cares away;
> It is the same: for, be it joy or sorrow,

The path of its departure still is free.
Man's yesterday may ne'er be like his morrow;
Nought may endure but mutability! (S. 362)

Frankenstein muß die Veränderlichkeit der menschlichen Existenz nachdrücklich erfahren. Seine Glückserlebnisse sind von kurzer Dauer und werden unversehens durch schreckliche Veränderungen abgelöst. Er verliert Menschen, die ihm nahestehen, wie seine Verlobte Elizabeth oder seinen Freund Clerval, indirekt durch eigene Schuld, ohne daß er in der Lage ist, das Verhängnis abzuwenden.

Frankensteins Isolation wird durch das dritte Verszitat unterstrichen, wo er sich implizit mit der Figur von Coleridges Ancient Mariner vergleicht:

Like one, that on a lonesome road
Doth walk in fear and dread,
And having once turned round walks on,
And turns no more his head;
Because he knows, a frightful fiend
Doth close behind him tread. (S. 320)

In der Situation des Ausgestoßenen, der sich von einer teuflischen Bedrohung verfolgt fühlt, findet sich Frankenstein, nachdem er den künstlichen Menschen erschaffen hat. Ähnlich wie der alte Seemann, der den glückbringenden Albatros tötete, hat Frankenstein durch die künstliche Schaffung des Monsters eine schwere Sünde gegen die Natur begangen. Für ihn gibt es jedoch keine Sühne. Mit Walton, dem Frankenstein seelenverwandten Polarforscher, der sich ebenfalls mit dem Ancient Mariner vergleicht (vgl. S. 276), und vor allem mit dem Kunstmenschen selbst, der von allen verfolgt wird, stehen noch zwei andere Außenseiterfiguren im Mittelpunkt des Romangeschehens, die in der Nachfolge von Coleridges romantischem Prototyp gesehen werden können.

Ausgesprochen intertextuell geprägt ist die Bildungsgeschichte des künstlichen Menschen, die dieser zum Teil detailliert erzählt. Er gewinnt seine Vorstellungen über die menschliche Kultur kennzeichnenderweise vor allen Dingen aus Büchern. Zunächst kann er zuhören, als Volneys *Ruins of Empire* [frz. *Les Ruines*, 1791] vorgelesen wird, und erhält dadurch ein Grundverständnis von geschichtlicher Entwicklung und der Vergänglichkeit weltlicher Macht (vgl. S. 385). Dann findet er eine Reisetasche mit drei Büchern, deren Lektüre seine Bildung vervollständigt. Aus Plutarchs *Biographien* lernt er die antike Geschichte und die zivilisatorischen Leistungen der Antike kennen. Goethes Werther erfüllt ihn mit Bewunderung und Mitgefühl. Am bedeutungsvollsten ist für ihn jedoch Miltons *Paradise Lost,* da er dort mythologische Entsprechungen für seine eigene Person und Situation findet. Wie Adam ist er ein völlig neues Geschöpf; doch fühlt er sich noch mehr verwandt mit Satan, der sich voller Haß gegen seinen Schöpfer erhebt (vgl. S. 394ff.).

Selbst in der Struktur von Mary Shelleys Roman läßt sich eine intertextuelle Disposition feststellen. In einem kunstvollen Gefüge sind unterschiedliche Texte und Textebenen aufeinander bezogen. Die Briefe des Polarforschers Walton bilden den äußeren Rahmen, in dem Frankenstein seine Geschichte erzählt. Diese umfaßt auch die mehrere Kapitel lange Erzählung des *homo novus*, der seinerseits u.a. die Geschichte der De Laceys berichtet. Und jeweils gibt der einzelne Erzähler nicht einfach Inhalte wieder, sondern setzt sich zugleich mit dem referierten Text auseinander.

Bei der kommenden, immer wieder neuen und divergenten Auseinandersetzung mit dem Frankenstein-Stoff ist freilich weniger die Form als vielmehr das Potential des unerhörten und provozierenden Inhalts bestimmend.

III

Schon früh wurden die dramatischen Möglichkeiten der Frankenstein-Geschichte erkannt. 1823, ein Jahr nach dem Tode des Dichters Shelley, als Marys Autorschaft inzwischen allgemein bekannt war, entstanden nicht weniger als sechs unterschiedliche Bearbeitungen des Stoffes für die Bühne.[10] Die erste Version, die auch Mary Shelley bei einem London-Besuch im Theatre Royal in Covent Garden sah, war das dreiaktige Stück *Presumption: or, The Fate of Frankenstein* von Richard Brinsley Peake. Dieses Stück ist nicht nur kennzeichnend für die Umsetzung des Sujets in die Gattung Drama, sondern läßt sich, wie die Kritiker erkannt haben, in entscheidenden Aspekten ebenfalls als vorausweisende Parallele zu den späteren Verfilmungen ansprechen.

Die Handlung ist gerafft und vereinfacht. Frankenstein handelt nun nicht mehr aus einem unbestimmten Erkenntnisdrang, sondern wird naheliegender durch enttäuschte Liebe zu seiner unnatürlichen Tat getrieben. Eine Erziehung des Monsters findet nicht statt. Am Ende sorgt eine Lawine, welche Frankenstein und sein Geschöpf unter sich begräbt, für einen klaren Abschluß. Bereits vor der Vorstellung wird der Zuschauer außer durch den Haupttitel auch durch die Programmankündigung unmißverständlich über die Moral des Stückes aufgeklärt: "The striking moral exhibited in this story, is the fatal consequence of that presumption which attempts to penetrate, beyond prescribed depths, into the mysteries of nature."[11]

Als ein neuer Charakter ist Fritz, der Labordiener des Naturwissenschaftlers, eingeführt. Er dient als praktischer Helfer und dramatisches Gegenüber, bietet vor allem auch Anlaß für *comic relief*. Die möglicherweise wichtigste Veränderung im Figurenensemble betrifft jedoch Frankensteins Geschöpf. Durch die konkrete Präsentation auf der Bühne erhält es eine eindeutigere Charakterisierung und zentralere Stellung. Nicht umsonst wurde die Rolle durch T.P. Cooke, einen beliebten Starschauspieler der Zeit, verkörpert. Zwar bleibt der Kunstmensch weiterhin namenlos und wird, wie Mary Shelley bei ihrem Theaterbesuch amüsiert feststellte, im Programm durch einen Strich wiedergegeben ("this nameless mode of naming the unnameable is rather good" - meint sie); aber es erfolgt doch eine deutliche Dämonisierung. Das Geschöpf lernt nicht mehr sprechen und kann sich nur durch grunzende Laute verständlich machen. Es wird im Haupt- und Nebentext als "Demon" bezeichnet. Die prinzipielle Ambivalenz der Figur im Roman ist durch die größere Eindeutigkeit der körperlichen Präsenz auf der Bühne abgelöst. Allerdings kann vielleicht die mimische Kunst des Schauspielers hier ein wenig ausgleichend wirken und eine gewisse Differenzierung beitragen. Darauf deuten jedenfalls Marys Notizen über ihr Theatererlebnis hin, wo sie schreibt:

> The story is not well managed, but Cooke played --------'s part extremely well; his seeking, as it were, for support; his trying to grasp at the sounds he heard; all, indeed, he does was well imagined and executed. I was much amused, and it appeared to excite a breathless eagerness in the audience.[12]

(Ähnliches ließe sich später über die Verfilmungen sagen.) Anstelle der allgemeinen Reflexionen, wie sie sich in der Vorlage finden, beispielsweise zu der Situation des Ausgestoßenen, dominieren nun konkrete Phänomene. Es ist nicht nur kennzeichnend für die Theatergegebenheiten der Zeit, wenn das Programm dem Zuschauer eigens die zu erwartenden spektakulären Aktionen ankündigt:

> Among the many striking effects of this Piece, the following will be displayed: Mysterious and terrific appearance of the Demon from the Laboratory of Frankenstein. *Destruction* of a *Cottage* by *Fire*. And the *Fall* of an *Avalanche*.[13]

Das Theaterspektakel steht im Vordergrund. In diesem Sinne kann es auch nicht verwundern, daß drei der Versionen des Jahres 1823 burleske Stücke waren, darunter *Frankenstitch*, wo der Protagonist ein Schneider ist, der sein Monster mit Nadel und Faden aus neun Leichen herstellt.

Immer wieder entstanden bis in die Gegenwart neue Bearbeitungen des Stoffes, die zum Teil nur noch eine lose Beziehung zu Mary Shelleys Roman aufweisen, darunter etwa die 1965 in Venedig herausgebrachte Inszenierung von *The Living Theatre* oder die *Rocky Horror Picture Show* (1973). Oft läßt sich, wie in der letztgenannten Version, eine Vermischung mit anderen Horror-Stoffen beobachten, wie sie auch etwa der Titel andeutet: *Frankenstein; or, the Vampire's Victim.* In diesem 1849 uraufgeführten Stück weist ein Sprecher zu Anfang die Zuschauer passend auf die Eigengesetzlichkeit der Gattung Drama bzw. des Mediums Theater hin:

> You must excuse a trifling deviation
> From Mrs. Shelley's marvellous narration.
> You know a piece could never hope to go on
> Without Love - Rivals - tyrant pa's and so on.[14]

Eine der erfolgreichsten Theater-Fassungen ist zweifellos das 1927 herausgebrachte und 1930 wiederaufgenommene *Frankenstein*-Stück von Peggy Webling. Indem der Text als wesentliche Grundlage für das Skript von Whales Film von 1931 diente, ergibt sich hier eine wichtige Verbindung zu dem Medium, das für die Bekanntmachung des Namens Frankenstein den erheblichsten Beitrag leistete.

IV

Schon in den Tagen des Stummfilms übte der Frankenstein-Stoff eine große Anziehungskraft auf das neue Medium aus. Die früheste Filmversion ist ein bei der Edison-Company hergestellter Streifen des Regisseurs Searle Dawley aus dem Jahre 1910, der nur eine Spule lang war und etwa 15 Minuten dauerte.[15] Der Film selbst ist nicht erhalten, wohl aber das Skript sowie einige Standphotos. Das bekannteste davon zeigt signifikanterweise den Schauspieler Charles Ogle in der Rolle des ersten Frankenstein-Filmmonsters. Noch entschiedener als auf der Bühne, aber aus ähnlichen Gründen, steht im Medium Film das Monster im Mittelpunkt.[16]

Dies gilt auch für den ersten Tonfilm, James Whales 1931 bei Universal Pictures herausgebrachten Film *Frankenstein*, der zusammen mit seinen Fortsetzungen unter den insgesamt über 120 Filmversionen einen geradezu klassischen Status einnimmt. Zu der dominierenden Bedeutung des Monsters stellt Albert J. Lavelley mit Recht fest:

> Boris Karloff's appearance and portrayal of the Monster [...] remain by far the most memorable feature of James Whale's 1931 *Frankenstein*. It is the image inevitably evoked when we say 'Frankenstein' and the image against which we must work when we read Mary Shelley's book.[17]

Anders als im Roman, wo das Monster - wie jeder Charakter - zum Teil eine Leerstelle bildet, die der Leser mit seiner Phantasie individuell und in unterschiedlicher Weise flexibel füllt, erfolgt im Film eine visuelle Festlegung. Die Mehrdeutigkeit des Phantasiegebildes wird durch die Konkretisierung des sichtbaren Bildes abgelöst. Infolgedessen erhält bei der Filmarbeit nicht zuletzt der Maskenbildner eine maßgebliche Funktion. Whale arbeitete mit Jack Pierce, einem führenden Meister des Faches, zusammen, und dieser entwarf nach eingehenden Überlegungen und langwierigen Vorstudien das Make-up, welches Karloff als Monster berühmt machte. Der Kopf war kantig und oben flach wie ein Deckel, da Pierce gelesen hatte, daß das Öffnen der Schädeldecke die einfachste Form der Kopfoperation darstellt. Metallklammern am Schädel und eine große Narbe, die vom rechten Auge nach oben führte, sowie eine andere Narbe an der linken Wange dienten als sichtbare Operationsspuren. Die hohe Stirn machte das Monster unheimlich, betonte aber zugleich durch den affenartigen Wulst über den Augen seine neandertalhaft niedrige Intelligenz. Am Hals waren zwei Elektroden zum Aufladen angebracht, und die mit mehreren Wachsschichten versehenen, schweren Augenlider erweckten den Eindruck geistiger Schwerfälligkeit. Das Anlegen des Make-up vor den Dreharbeiten und das Ablegen danach nahmen jeweils mehrere Stunden in Anspruch; aber diese Belastung wurde von den Beteiligten wegen der entscheidenden Bedeutung, die das Aussehen des Monsters besitzt, als notwendig in Kauf genommen.

Die Handlung wurde gegenüber dem Bühnenstück von Peggy Webling noch weiter verändert. Robert Florey, der zunächst als Regisseur des Films vorgesehen war, hatte den Einfall, das Monster im Film mit einem Verbrechergehirn auszustatten, welches Frankensteins Gehilfe Fritz herbeibringt, nachdem er in seiner Unbeholfenheit das eigentlich vorgesehene normale Gehirn unbrauchbar gemacht hat. So ist von vornherein die bösartige Natur des Monsters für den Zuschauer klargestellt, und der mediengerechte Konflikt zwischen Gut und Böse kann seinen Lauf nehmen. Aktion, und nicht Reflexion steht im Vordergrund. Am Ende setzt sich das bedrohte Gute, d.h. die etablierte Gesellschaft, gegen die böse Bedrohung von außen durch, und das Monster wird mit vereinten Kräften gejagt und nach spektakulärem Kampf in einer brennenden Windmühle (einstweilen jedenfalls) eliminiert.

Lavelley macht auf die Nähe von Whales Film zu den Filmen des deutschen Expressionismus aufmerksam, insbesondere *Das Cabinet des Dr. Caligari* (1920), *Der Golem* (1914) und *Metropolis* (1926).[18] Zugleich läßt sich auch der Einfluß des Theaters nicht übersehen. Auf jeden Fall geht die Wirkung von der einzelnen Szene aus, und einige Szenen bleiben dem Zuschauer sehr nachhaltig in Erinnerung. Dazu gehört besonders die Schöpfungsszene, in welcher der Körper des künstlichen Menschen in dem unheimlichen Labor Frankensteins auf einer horizontalen Plattform nach oben gehoben wird, um durch die Elektrizität des Gewitters den lebensspendenden Impuls zu empfangen. Hier wird - wenigstens scheinbar - das an technischen Details ausgeführt, was bei Mary Shelley nur in Andeutungen dargestellt war. Ähnlich eindrucksvoll ist die Szene, in der das Monster zum ersten Mal mit seinem schwerfälligen Gang durch die Tür tritt und dann vergeblich versucht, das von oben in den Raum fallende Licht zu greifen. Gerade in dieser Szene bleibt es nicht bei einem Horror-Effekt im vordergründigen Sinne, sondern durch die Kunst des Darstellers und der Filmemacher wird eine komplexe Wirkung erzielt, im Sinne dessen, was Glut in seiner materialreichen Studie als Grundintention bei der Gestaltung des Monsters anspricht: "[...] to keep the Monster's features as simple as possible, allowing the human to show through the inhuman."[19] Ähnlich urteilt Lavelley, indem er konstatiert: "[...] despite the forty-eight pounds of impediments Karloff managed to bring considerable emotional range to the creature."[20] Hutchings registriert in seinem Buch über den britischen Horror-Film zwar die Bindung des Films als Medium an das körperlich Vorhandene und bemerkt dazu: "[...] a fascination with its [the Monster's] physical appearance and especially with its creation and destruction becomes far more important than in Shelley's work."[21] Doch er will diese Verschiedenheit als bloße Differenz, nicht aber als Defizit werten und erklärt:

> This does not mean, however, that it is in the nature of film versions of *Frankenstein* to be less complex or worthwhile than Shelley's novel. Rather, we need to be aware and sensitive to the different ways in which literature and cinema go about the production of meaning and significance.[22]

Angesichts der auch im Film erkennbaren Differenzierungsmöglichkeiten und der nachhaltigen Wirkung, die Whales *Frankenstein* als Filmkunstwerk zweifellos erreicht hat, erscheint ein solcher Standpunkt nicht unbegründet, vielleicht allerdings etwas wohlmeinend. Angemessener wäre es womöglich, auch ohne ein simplifizierendes Schwarz-Weiß-Urteil dem Roman die größere Komplexität und dem Film die größere Unmittelbarkeit des Zugangs und der Wirkung zuzusprechen.

Wie Whales Film selbst durch den vorhergehenden Erfolg des ersten *Dracula*-Tonfilms bei Universum im gleichen Jahr angeregt wurde, führte die gute Aufnahme des Streifens dazu, daß Fortsetzungen entstanden. In *The Bride of Frankenstein* (1935) von dem gleichen Regisseur erfährt der Zuschauer, daß das Monster beim Brand der Windmühle gar nicht umgekommen ist und damit die Handlung weitergehen kann. Wie der Titel andeutet, wird der im ersten Film ausgesparte Wunsch des Monsters nach einer Gefährtin aufgegriffen. Nach dem Urteil der meisten Kritiker liegt hier einmal der seltene Fall vor, daß eine Fortsetzung dem vorausgehenden Werk überlegen ist. Besser genutzt sind u.a. die filmischen Möglichkeiten der Kameraführung. Die Position des verantwortungslosen Naturwissenschaftlers ist verstärkt, Frankenstein selbst wird vergleichsweise ambivalent, indem er als Kollegen Dr. Praetorius erhält, "the maddest of all mad scientists", wie Florescu treffend sagt.[23] Auch komische Elemente finden sich hier stärker ausgeprägt. Das Monster schließlich gewinnt etwas menschlichere Züge, indem es rudimentär sprechen lernt. Wenn Florescu diese Humanisierung des Monsters als einen möglicherweise ernsthaften Mangel von Whales bestem Frankenstein-Film zu werten versucht[24], so macht er sich offenbar zum Sprecher der medienspezifischen Tendenz zur Polarisierung.

Entscheidend für das Medium Film, wo durch den großen Apparat unvermeidlich gewaltige Kosten entstehen, ist natürlich der kommerzielle Aspekt. Dieser sorgt dafür, daß bei Universal mit anderen Regisseuren und meist auch Hauptdarstellern eine Reihe weiterer Fortsetzungen entstanden, die in einem Handbuch nicht unzutreffend als "increasingly awful" bezeichnet werden[25], von *Son of Frankenstein* (1939) über *Ghost of Frankenstein* (1942) und *House of Frankenstein* (1945) und andere Streifen bis zu *Abbott und Costello Meet Frankenstein* (1948). Im Jahre 1957 brachte dann die britische Gesellschaft Hammer Films unter der Regie von Terence Fisher die Frankenstein-Geschichte unter dem Titel *The Curse of Frankenstein* aufs neue, diesmal in Farbe heraus und ließ eine Anzahl von Fortsetzungen folgen, u.a. *The Revenge of Frankenstein* (1958) sowie *Frankenstein Created Woman* (1967) und schließlich *Frankenstein and the Monster from Hell* (1974). Es ist leicht zu sehen, daß diese Streifen sich weit von der Vorlage entfernen, die nur noch die Grundmotive für die sich selbständig entwickelnde Horrordarbietung zu liefern hat.

Der auf die Dauer unausbleibliche Versuch, eine größere Nähe zu Mary Shelleys Roman zu erreichen, erfolgte in dem Film *Frankenstein: The True Story* (1973), bei dem Jack Smight Regie führte und Christopher Isherwood und Don Bachardy das Drehbuch schrieben. Allerdings beschränkt sich auch diesmal die Übereinstimmung letzten Endes doch nur auf größere Linien, und substantielle Abweichungen im Detail und Handlungsverlauf sind nicht zu verkennen. Immerhin gewinnt der künstliche Mensch, der auch hier als Monster tituliert wird, teilweise menschliche Züge. Wie bei Whales *Bride of Frankenstein* wird durch einen Prolog eine Verbindung zur Genese von Mary Shelleys Buch hergestellt, und Victor Frankenstein, wie er nun wieder heißt, wird mit Shelley, Frankensteins Frau Elizabeth mit Mary und sein Freund

und Kollege Clerval mit Byron in Beziehung gebracht. Indem die Frage des Gehirns eine entscheidende Rolle spielt - Frankenstein implantiert dem Kunstmenschen das Hirn des verstorbenen Clerval - macht sich die Tradition des Mediums selbst bemerkbar. Insgesamt erscheint der hier unternommene Versuch wenig gelungen, und es hat einige Berechtigung, wenn das Werk in der Kritik als „ein schwerfälliger, ziemlich trockener Film“ bewertet wird und ein Kritiker meint: „Ich hätte viel lieber noch Boris Karloff mit den großen Elektroden am Hals gesehen.“[26]

Sehr viel interessanter unter den neueren Verfilmungen ist Mel Brooks' Film *Young Frankenstein*, der einen betont intertextuellen Ansatz hat und sich spielerisch mit der Tradition des Mediums auseinandersetzt. Die wichtigsten Szenen der berühmten Bearbeitungen werden regelrecht zitiert. Der mit Whales *Frankenstein* vertraute Zuschauer findet in dem ebenfalls schwarzweiß gedrehten Film beispielsweise die mißglückte Gehirnbeschaffung, das bekannte Frankenstein-Labor mit seiner unheimlichen Apparatur und der Hebeplattform sowie die eindrucksvolle Begegnung zwischen dem Monster und dem kleinen Kind. Aus *Bride* entdeckt man vor allem die Einsiedlerszenen wieder. Freilich ist hier die Kommunikation, genauer gesagt die gastliche Bewirtung, komisch gestört, indem der wohlmeinende alte Blinde dem unbekannten Gast versehentlich die heiße Suppe auf den Schoß löffelt, ihm beim herzlichen Zuprosten, ohne es zu merken, den Bierhumpen in Stücke schlägt, bevor er einen Schluck trinken kann, und ihm schließlich statt der Zigarre den Daumen anzündet. Gerade durch die komischen Elemente verliert das Monster seine Bedrohlichkeit, erhält zum Teil menschliche Züge und kann stellenweise zum Sympathieträger werden.

Wie bei den im Ansatz ähnlichen, um die gleiche Zeit produzierten Filmen *Andy Warhol's Frankenstein* (1974) und *The Rocky Horror Picture Show* (1975) sind auch hier die sexuellen Momente genußvoll ausgeführt. Es ist kein Zufall, wenn in dem komischen Happy-End nicht nur das Monster von seinen verbrecherischen Anlagen geheilt wird, sondern zugleich Frankenstein die vorher bewunderte und bewährte Libido und Potenz des Monsters erhält. Ein solcher Schluß steht in ironischem Kontrast zu dem Schreckensbild der brennenden Windmühle bei Whale und vielleicht auch der unheimlichen Einsamkeit des Polareises, in das Mary Shelley Frankensteins Geschöpf am Ende sich verlieren läßt.

Die Welt des arktischen Eises, die sonst in den filmischen Bearbeitungen aus Gründen der Darstellungsökonomie ausfallen muß, begegnet dem Zuschauer signifikant zu Beginn des einstweilen jüngsten Frankenstein-Films. Auch durch den Titel *Mary Shelley's Frankenstein* (1994) bringt Kenneth Branagh, Regisseur und Darsteller der Titelrolle, zum Ausdruck, wie ernst es ihm um eine größere Annäherung an die Vorlage zu tun ist, eine Aufgabe, der die früheren Filme seiner Meinung nach nicht gerecht geworden sind. Branagh, der sich vor allem mit Shakespeare-Verfilmungen einen Namen gemacht hat, sieht Mary Shelleys Roman in einem ähnlichen Licht: Für ihn ist der Roman nicht bloß eine Horrorgeschichte, sondern "rich and various", "a great tragedy", "Shakespearean in its scope".[27]

Die entschieden größere Nähe des Films zu Mary Shelley kommt neben dem Walton-Rahmen insbesondere in der Gestaltung des *homo novus*, gespielt von Robert De Niro, zur Geltung. Frankensteins Geschöpf ist hier nicht mehr nur Monster, es hat vielmehr wieder eine Entwicklungsgeschichte und kann sprechen. Richard Briers, ein anderer Hauptdarsteller, kennzeichnet die zugrundeliegende Konzeption als "the heartbreaking story about somebody who cannot find love".[28] Auch Branagh kann nicht ganz ohne Raffungen und konkrete Straffungen des *plot* auskommen: Die Reise Frankensteins nach Schottland entfällt, die De-Lacey-Geschichte ist vereinfacht, Frankenstein wird in seinem Erkenntnisdrang konkreter durch den Tod der Mutter motiviert, und das Monster orientiert sich bei der Verfolgung seines säumigen Schöpfers an dessen Tagebuch, in dem wichtige Angaben wie Herkunft und Familienadresse des Wissenschaftlers festgehalten sind. Die Tradition des Mediums tritt ebenfalls zutage, wenn das Monster wie in *Bride of Frankenstein* Elizabeth mit einem Griff das Herz aus der Brust reißt und Frankenstein der Forderung seiner Kreatur nach einer Gefährtin durch eine Wiederbelebung von Elizabeth entspricht. Daneben setzt Branagh, teils inspiriert durch die Vorlage, teils selbständig, eindrucksvoll rekurrierende ikonische Symbole: Eis und Feuer, Tanz als Ausdruck des Lebens, blutige Geburt.

Es erscheint etwas erstaunlich, wie dezidiert negativ die erste Kritik zu Branaghs anspruchsvollem Vorhaben ausfällt, so z. B. der uneingeschränkte Verriß in *Time Out*: "Branagh's film of the Mary Shelley novel can only be deemed a failure, a ragged bundle of clichés which adds nothing of significant interest to the familiar story."[29] Außer dem Problem der Quantität, das Branagh sicher nicht ganz gemeistert hat, wenn er beispielsweise Frankenstein - wie in der Vorlage allein - in seinem Labor herumspringen und hektisch die verschiedenen Apparaturen bedienen läßt, dürfte in erster Linie die Determiniertheit des Bildes für die ablehnende Reaktion bestimmend sein. Der auf der Leinwand gezeigte *homo novus* ist von vornherein eindeutiger und weniger ambivalent als die Figur im Roman, und es ist viel schwerer, dem Zuschauer glaubhaft zu machen, daß dieses Wesen sowohl Bedrohung als auch Opfer ist, zugleich Schrecken und Mitleid erregt. Dementsprechend lautet denn auch die abschließende (sicher nicht ganz berechtigte) Verurteilung in der zitierten Kritik: “The crucial difference is that Branagh’s creation isn’t frightening, just silly.”[30]

V

Nachdem die Frankenstein-Geschichte inhaltlich, besonders in einzelnen Motiven, vielfältig variiert und fortgeführt und ebenfalls die Tradition des filmischen Mediums Anlaß für parodierende Darstellung geworden war, lag es nahe, sich in der künstlerischen Gestaltung auch der Genese von Mary Shelleys Roman zuzuwenden und sich mit dem Kontext des Frankenstein-Stoffes kreativ auseinanderzusetzen. Die Romantik ist ja eine Schlüsselstelle in der Entwicklung der westlichen Literatur und Geistesgeschichte; denn für die Moderne wichtige Themen treten hier mit wegbereitenden Konturen in Erscheinung. Diese Auseinandersetzung erfolgt gleichfalls im Film; noch etwas früher und vielleicht erfolgreicher auch im Drama, welches nach dem Abschied vom Konzept des *well-made play* ein Instrument geworden ist, das sich u.a. für die konkrete Darbietung und Diskussion von konzeptuellen Inhalten und thematischen Problemkomplexen eignet.

In seinem Film *Gothic* (1986) stellt Ken Russell die Vorgänge dar, wie sie sich am Abend und in der Nacht vom 16. auf den 17. Juni 1816 in der Villa Diodati am Genfer See abgespielt haben können. Wir lernen die Lebensumstände kennen, unter denen Mary mit Shelley, ihrer Halbschwester Claire, dem berühmten Poeten Byron, seinem Arzt und Vertrauten Polidori sowie den Bediensteten in einer Hausgemeinschaft zusammen ist und die den Nährboden für die Entstehung des Romans bilden: Man führt intensive Gespräche über unterschiedliche Themen, konsumiert ausgiebig Alkohol und Drogen, veranstaltet eine Séance und vollzieht in diversen Kombinationen sexuelle Handlungen. Durchgehend ist die Atmosphäre durch ein Verwischen der Grenze zwischen Wirklichkeit und Traum gekennzeichnet. Visionen und Traumgebilde treten mit der gleichen farbigen Konkretheit wie Manifestationen der realen Verhältnisse in Erscheinung. Es geht Russell nicht etwa darum, eine Art literarbiographischer Nachhilfe zu liefern, sondern er bietet dem Zuschauer vor allem archetypische Symbole wie Treppen, Gänge und bestimmte Tiere und präsentiert ikonisch menschliche Grundthemen wie Geburt, Tod und Sexualität. In einer dichten Folge von Bildern mit aufdringlich-bedrückender Intensität will der Film ein psychologisches Piktogramm des Romans erstellen. Freilich bleibt das gedankliche Verfolgen der aufgeworfenen Fragenkomplexe weithin dem Zuschauer überlassen, der den Film möglicherweise auch als eine banale Sammlung von Horrorbildern abtun kann.

Stärker konturiert wird die Auseinandersetzung mit den im Kontext der Entstehung von *Frankenstein* manifesten Themen in den beiden Dramen, die sich mit diesem Gegenstand beschäftigen. Liz Lochheads Frankenstein-Stück *Blood and Ice*, dem die Autorin selbst als ihrem dramatischen Erstlingswerk eine Schlüsselbedeutung in ihrem literarischen Schaffen beimißt[31], stellt Mary als liebende Frau, Mutter und Künstlerin dar. Entschieden nutzt die Autorin die Möglichkeiten einer nicht-mimetischen Theaterkonzeption, wie Michelene Wandor in ihrer Einleitung hervorhebt: "[...] the play engages directly with the fictional, 'illusory' nature of theatre, by taking place [...] in the consciousness of Mary herself." (S.8) Der erste Akt führt hin zu Marys Heureka-Erlebnis und ihrer Erkenntnis, daß der eigene Alptraum auch für andere eine aufrüttelnde Erfahrung bedeuten werde. Der zweite Akt spielt drei Jahre später und behandelt u.a. Marys persönliche Reaktion auf den Roman, in dem sie sich zunächst mit Frankenstein, dann mit seinem Geschöpf und schließlich mit dem Entdecker Walton identifiziert. Die mehrdeutige Titelformulierung weist sowohl auf das Romangeschehen als auch auf die Biographie von "Mary Shelley, the myth-maker"[32], die bei einer lebensgefährlichen Blutung im Kindbett durch die Behandlung mit Eis gerettet wird (vgl. S. 112). Bei den behandelten Themen steht neben der Stellung der Frau[33] und der sozialen Frage nicht zuletzt die prägende Bedeutung der Romantik für Mary und ihren Roman im Mittelpunkt. Aus Coleridges "Ancient Mariner" zitiert Mary mehrfach längere Passagen (vgl. S. 98f. und 105).

In Howard Brentons Stück *Bloody Poetry* (1984)[34] werden gleichfalls im ersten Akt die Ereignisse des Sommers 1816 am Genfer See und im zweiten die Folgezeit, bis zum Tode von Shelley 1822, dargestellt. Wie der Titel andeutet, geht es vor allem um die ambivalente Natur der Dichtung. Die romantischen Dichter der jüngeren Generation treten mit all ihren Schwächen in Erscheinung und führen auch ausgiebige Diskussionen über Dichtung. Am Beispiel von Byron wird die Frage erörtert, was ein großer Dichter sei (vgl. S. 19). Polidori als halbwegs neutraler Beobachter stellt entmythologisierend fest:

> [...] look at them. Byron is an overweight alcoholic, Shelley an anorexic, neurotic mess! The planet is bestrewn with their abandoned children, lovers of both sexes and wives! Shelley has tuberculosis, Byron has syphilis, and these are the men whom the intelligent among us worship as angels of freedom. (S. 33)

Dagegen betont Shelley die Pionierfunktion der Dichter für die Menschheit, wenn er über deren Aufgabe sagt: "To find out what we are, what we can be! That is what poets must do!" (S. 45) Dies kommt auch in dem (weniger auf die Philosophen als auf die Dichter bezogenen) Platonischen Höhlengleichnis zum Ausdruck, welches die Bewohner der Villa in der Mitte des Stücks aufführen. Der Gedanke des Schattens an der Höhlenwand gibt Mary die Idee zu ihrem Monster (vgl. S. 40). Im ausführlichen dokumentarischen Einleitungsteil der Leseausgabe heißt es über Mary in bezeichnender Weise: "She was the author of *Frankenstein, or The Modern Prometheus*, a profound parable attacking some basic beliefs of the Romantic Movement, which has been sadly travestied by 20th century horror films." (S. 7) Im Unterschied zu dem Stück von Liz Lochhead steht Mary hier jedoch vergleichsweise im Hintergrund. Auch sie ist freilich eine ambivalente Figur, und Polidori, der seinerseits dubiose Chronist des Dichterkreises, tut in der drittletzten Szene über sie die wenig schmeichelhafte Äußerung:

> [...] oh yes, Shelley's mistress, had her myself, oh yes yes, 'course I was the model for the diabolical, in Mary's novel, oh yes, had her, many-a-time, gave her the plot for the damn book - yes, no, well not quite, but to all intents and purposes [...] (S. 79).

Trotzdem bildet Marys Werk durchgehend eine wichtige Kontrastfolie, was beispielsweise sichtbar wird, wenn Shelley und sie selbst sich als "monster" bezeichnen oder sie ihren Vater, Godwin, mit dem gleichen Attribut belegt (S. 50 und 55). Insgesamt zeigt Brentons Stück sehr markant die Disposition des *New English Drama* für kontroverse Problematisierung, und es hebt sich damit ab von einer dezidiert positiven Würdigung Mary Shelleys, die wiederum auf dem Gebiet des Romans ansetzt.

VI

Brian Aldiss, führender Vertreter der britischen Science Fiction, will in seinem Roman *Frankenstein Unbound* (1973) Mary Shelley und ihrem epochalen Werk die gebührende Anerkennung erweisen.[35] Für Aldiss bildet *Frankenstein* den Anfang der Gattung Science Fiction, und das erste Kapitel seiner Gattungsgeschichte *Billion Year Spree. The History of Science Fiction* trägt die bezeichnende Überschrift "The Origins of the Species: Mary Shelley".[36] Die paradigmatische Bedeutung dieses Werks, "this first great myth of the industrial age"[37], hat nach Aldiss bisher viel zu wenig Beachtung gefunden; in der Einleitung zu der von ihm herausgegebenen Anthologie *The Penguin Science Fiction Omnibus* schreibt er:

> [...] the first true science-fiction novel, Mary Shelleys *Frankenstein; or, the Modern Prometheus* (first published in 1818). It is ironic, the way in which this intelligent, beautiful and complex novel has been, as it were,

> disqualified from English Literature because it contains science-fictional elements, and disqualified from the sf canon because it has given rise to a series of horror films.[38]

In seinem Roman, der in wesentlichen Zügen auch die Struktur der Vorlage nachzeichnet, setzt Aldiss sich zum Ziel, diesen Stoff, der einerseits offensichtlich enorme Appellkraft besitzt, andererseits aber weithin bloß in vager Form oder durch entstellte Nachbildungen bekannt ist, aufzugreifen und differenziert noch einmal zu gestalten. So will er ihn in seinem Wirkpotential für die heutige Zeit freisetzen - *Frankenstein Unbound.*

Joseph Bodenland, der Protagonist von Aldiss' Roman, wird durch eine schwere Störung des Raum-Zeit-Gefüges der Erde, offenbar verursacht durch neuentwickelte Superwaffen, aus dem Amerika des Jahres 2020 in die Schweiz des frühen 19. Jahrhunderts versetzt. Hier wird er gleich doppelt mit der Frankenstein-Geschichte konfrontiert. Zum einen trifft er Mary, die Erfinderin der Geschichte, und er kann - stellvertretend für Aldiss - ihr seine Verehrung bekunden. (Daß diese literarische Liebe ihre körperliche Manifestation im Bett findet, dokumentiert vielleicht u.a. den 'emanzipierten' Entwicklungsstand der Gattung Science Fiction.) Zum anderen wird die Geschichte um den erkenntnisbesessenen Naturforscher und sein Geschöpf auch als fiktionale Wirklichkeit behandelt; Bodenland nimmt daran teil, stellt u.a. den verantwortungslosen Forscher zur Rede und tötet am Ende sowohl ihn als auch seine Geschöpfe (hier setzt sich der *homo novus* mit seinem Wunsch nach einer Gefährtin durch). Wie bei Mary Shelley soll der Roman vor der in Frankenstein wirksamen künstlichen und rücksichtslosen Beherrschung der Welt und der Umwelt und der damit einhergehenden Entfremdung des Menschen von der Natur warnen ("a dire example of the way man becomes isolated from nature when he seeks to control nature", S. 110). Diese Warnung wird auf die prägnante Formel gebracht: "The Conquest of Nature - the loss of man's inner self!" (S. 36)

Indem Bodenland - anders als Mary Shelleys Walton kein Entdecker, sondern eher eine Jedermann-Figur - aus einer späteren Zeit kommt, vermag er die dominierende Wichtigkeit von Naturwissenschaften und Technik, und damit des Frankenstein-Themas, für die Moderne zu erkennen und zu betonen. In diesem Sinne ist die 'Befreiung Frankensteins', die der Romantitel verheißt, eine ironische Anspielung auf Shelleys Lesedrama *Prometheus Unbound* (1820), in dem der Dichter eine neue Zukunft des Menschengeschlechts feiert. Bei Aldiss ist es keineswegs damit getan, einfach die Monster zu erledigen, sondern Bodenland muß einsehen: "The future might be theirs and not ours" (S. 154). Die technologische Entwicklung, die hier freilich durchaus nicht einseitig negativ beurteilt wird, bringt es mit sich, daß das Geschick der Menschen mit den Maschinen, mit den Monstern, verstrickt ist. Der Kampf des Quest-Ritters Bodenland gegen die Produkte der modernen Naturwissenschaft und Technik - die Figur von Frankenstein tritt bei Aldiss dahinter zurück - bleibt deswegen von vornherein aussichtslos.

Trotz unübersehbarer Schwächen bildet Aldiss' Roman eine komplexe und anspruchsvolle Auseinandersetzung mit dem Prätext von Mary Shelley. Von der filmischen Umsetzung, welche das Buch interessanterweise durch *Roger Corman's Frankenstein Unbound* (1990) unlängst erfahren hat, kann man dies nicht in gleichem Maße sagen. Hier läßt sich eine analoge Situation wie bei der Verfilmung von Mary Shelleys Roman beobachten. Konkrete, diesmal farbige Bilder beanspruchen hauptsächlich die Aufmerksamkeit des Zuschauers und bleiben in Erinnerung, darunter das imposante Zukunftsauto mit seinen diversen technischen Raffinessen, die futurische Stadt in der Eislandschaft mit ihrem unterirdischen Schaltzentrum und nicht zuletzt wiederum das Monster mit seinen entstellten Augäpfeln. Bewegte Aktionen, wie beispielsweise die Fahrten mit dem futurischen Mobil und besonders der spektakuläre Schlußkampf, treten hervor und verdrängen die vorher wichtigen Überlegungen des Protagonisten.

VII

So schließt sich hier - vorläufig - der Kreis. Mit Sicherheit darf man erwarten, daß auch in Zukunft der Frankenstein-Mythos für Autoren und Künstler in den unterschiedlichen Gattungen und Medien als Herausforderung wirksam sein wird. Die vorliegende Untersuchung, die sich auf herausragende Beispiele beschränken und den Bereich Dichtung ganz ausklammern mußte[39], wollte neben der differenzierten Bezugnahme der einzelnen Bearbeitungen auf frühere Texte sowie dem Ineinanderwirken von literarischen und populären Konstituenten und Formen vor allem die verschiedenartigen Wirkweisen und -möglichkeiten der unterschiedlichen Bereiche deutlich machen.

Anmerkungen

1 M. Shelley, *Frankenstein*, in: *Three Gothic Novels*, S. 496. - Die Seitenangaben im folgenden beziehen sich auf diese Ausgabe.

2 D. F. Glut, *Frankenstein Legend.*

3 Eine vollständigere Erörterung des behandelten Gegenstandes ist in dem hier gegebenen Rahmen nicht möglich. Vgl. dazu W.H. Lykes, *Mary Shelley* sowie besonders N.J. Brederoo, "Hollywood"; F. Botting, *Making monstrous*; J.-P.

Bouyxou, *Frankenstein*; R. Florescu, *In Search*; S.E. Forry, *Hideous Progenies*; D.F. Glut, *Frankenstein Legend*; A.J. Lavalley, "Stage and Film Children".

4 Vgl. vor allem U. Broich und M. Pfister (Eds.) *Intertextualität,* sowie U. Suerbaum, "Intertextualität".

5 Vgl. beispielsweise D. Punter, *Literature of Terror,* und I. Weber, *Schauerroman*.

6 *British Critic*, April 1818, zit. W.H. Lykes, S. 168.

7 *Edinburgh Magazine*, March 1818, zit. Lykes, ebd.

8 Vgl. M. Butler, "Culture's Medium", S. 132.

9 W. Wordsworth, *Poetical Works*, S. 738.

10 Vgl. D.F. Glut, *Frankenstein Legend*, S. 28ff.; R. Florescu, *In Search*, S.151ff; A.J. Lavelley, "Stage and Film Children", S. 246ff.

11 Zit. R. Florescu, ebd., S. 164.

12 Zit. ebd., S. 165f.

13 Vgl. Anm. 11.

14 Zit. R. Florescu, *In Search*, S. 168.

15 Vgl. etwa R. Florescu, ebd., S. 190 oder A.J. Lavelley, "Stage and Film Children", S. 250.

16 Entsprechend wird das Monster auch in der Darstellerliste zuerst genannt; vgl. beispielsweise R.M. Hahn und V. Jansen, *Lexikon*, s.v. "Frankenstein".

17 S. 262.

18 Vgl. S. 252ff. (*Der Golem* ist dort unrichtig mit "1920" datiert.)

19 D.F. Glut, *In Search*, S. 99.

20 A.J. Lavelley, "Stage and Film Children", S. 263.

21 P. Hutchings, *Hammer and Beyond*, S. 100.

22 Ebd.

23 R. Florescu, *In Search*, S.194.

24 "If there is a serious flaw in this gem, it is in trying to humanize Karloff's characterization." Ebd., S. 194.

25 J. Clute und P. Nicholls, *Encyclopedia*, s.v. „Frankenstein".

26 Zit. R.M. Hahn und V. Jansen, *Lexikon*, s.v. „Frankenstein, wie er wirklich war".

27 Die Zitate stammen aus einem Interview, das die ITV im Herbst 1994 in der Reihe "The Southbank Show" sendete; das Material wurde mir freundlicherweise von Susanne Berding zugänglich gemacht.

28 Ebd.

29 *Time Out* No. 1266, Nov. 23-30, 1994, S. 74.

30 Ebd.

31 L. Lochhead, *Blood and Ice*, in: *Plays By Women*. Vol. 4., S. 117. - Im folgenden angegebene Stellen stammen aus dieser Ausgabe.

32 Nachwort, ebd., S.117.

33 Vgl. zu diesem Thema R. Borgmeier. „Das Monster und *Women's Lib.*"

34 Die folgenden Stellen stammen aus der im Literaturverzeichnis genannten Ausgabe.

35 Stellenangaben im folgenden aus der bezeichneten Ausgabe. - Vgl. dazu weiterhin, R. Borgmeier, "Aldiss, *Frankenstein Unbound*".

36 B. Aldiss, *Billion Year Spree*, S. 7.
37 Ebd., S.23.
38 B. Aldiss (Ed.), *Penguin Science Fiction Omnibus*, S.12.
39 Vgl. etwa Margaret Atwood, "Speeches for Dr Frankenstein", und Liz Lochhead, *Dreaming Frankenstein*.

Literaturverzeichnis

(Aufgeführt sind die im Text oder in den Anmerkungen erwähnten Buchpublikationen; Angaben zu ausgewählten Bühnenfassungen und Filmen siehe Text.)

Texte:

Aldiss, B.: *Frankenstein Unbound*. London, 1973.
Aldiss, B. (Ed.): *The Science Fiction Omnibus*. Harmondsworth, 1973.
Atwood, M.: "Speeches for Dr Frankenstein". *The Animals in that Country*. Boston, 1968, S. 42-47.
Brenton, H.: *Bloody Poetry*. London, New York, 1985.
Lochhead, L.: *Blood and Ice*. - In M. Wandor (Ed.): *Plays By Women. Volume Four*. London, New York, 1985.
-: *Dreaming Frankenstein & Collected Poems*. Edinburgh, 1984.
Shelley, M.: *Frankenstein*. - In P. Fairclough (Ed.): *Three Gothic Novels*. Harmondsworth, 1968, S. 257-497.
Wordsworth, W.: *Poetical Works*. Ed. E. de Selincourt. London, New York, Toron to, 1936 u. ö.

Sekundärliteratur:

Aldiss, B. W.: Billion Year Spree. *The History of Science Fiction*. London, 1973.
Borgmeier, R.: "Brian Aldiss, *Frankenstein Unbound* (1973)". - In H. Heuermann (Ed.): *Der Science-Fiction-Roman in der angloamerikanischen Literatur*. Düsseldorf, 1986, S. 331-345.
-: „Das Monster und *Women's Lib* - Mary Shelleys *Frankenstein* aus feministischer Sicht". - In Th. Fischer-Seidel: *Frauen und Frauendarstellung in der englischen und amerikanischen Literatur*. Tübingen, 1991, S. 45-64.
Botting, F.: *Making monstrous*. Frankenstein, *criticism, theory*. Manchester, New York, 1991.
Bouyxou, J.-P.: *Frankenstein*. Paris, 1969.
Brederoo, N.J.: „Hollywood und die englische Romangattung des 'Gothic Novel'". - In S. Onderdelinden (Ed.): *Interbellum und Exil*. Amsterdam, 1991, S. 107-125.
Broich, U., Pfister, M. (Eds.): *Intertextualität: Formen, Funktionen, anglistische Fallstudien*. Tübingen, 1985.

Butler, M.: "Culture's medium: the role of the review". - In S. Curran (Ed.): *British Romanticism*. Cambridge, 1993, S. 120-147.

Clute, J., Nicholls, P. (Eds.): *The Encyclopedia of Science Fiction*. New York, 1993.

Forry, S. E.: *Hideous Progenies: Dramatizations of Frankenstein from Mary Shelley to the Present*. 1990. [lag nicht vor.]

Glut, D. F.: *The Frankenstein Legend: A Tribute to Mary Shelley and Boris Karloff*. Metuchen, NJ, 1973.

Hahn, R. M., Jansen, V.: *Lexikon des Science Fiction Films. 1000 Filme von 1902 bis 1987*. München, 1987.

Hutchings, P.: *Hammer and Beyond. The British Horror Film*. Manchester, 1993.

Lavelley, A.J.: "The Stage and Film Children of *Frankenstein*: A Survey". - In G. Levine, U.C. Knoepflmacher (Eds.): *The Endurance of* Frankenstein. *Essays on Mary Shelley's Novel*. Berkeley, Los Angeles, London, 1982, S. 243-289.

Lykes, W.H.: *Mary Shelley: An Annotated Bibliography*. New York, London, 1975.

Punter, D.: *The Literature of Terror. A History of Gothic Fictions from 1765 to the present day*. London, New York, 1980.

Suerbaum, U.: „Intertextualität". - In B. Fabian (Ed.): *Ein anglistischer Grundkurs. Einführung in die Literaturwissenschaft*. Berlin, [7]1993, S. 108-121.

Time Out No. 1266, Nov. 23-30, 1994, S. 74.

Weber, I.: *Der englische Schauerroman. Eine Einführung*. München, Zürich, 1983.

Monika Reif-Hülser, Konstanz

Aladdin und die Wunderlampe - oder: Die Magie der Bilder

1. Die literarische Vorlage zum Film

Alâ ed-Dîn und die Wunderlampe ist eine der Geschichten aus jenen „Tausendundein Nächten“[1], in denen Schehrezâd dem König Schehrijâr mit ihrem erzählerischen Einfallsreichtum und ihrer Erfindungsgabe die Zeit vertrieb und ihn schließlich, nachdem sie ihm drei Kinder geboren hatte, davon abbrachte, sie töten zu wollen; ein Schicksal, das vor ihr unzählige nächtliche Gefährtinnen des Königs erleiden mußten. Schehrezâd wurde Königin, und beide lebten „mit dem Volke seines Reiches in Glück und Seligkeit, in Freuden und Fröhlichkeit, bis Der zu ihnen kam, der die Freuden schweigen heißt und die Freundesbande zerreißt“.[2]

„Es ist mir berichtet worden, o größter König unserer Zeit, daß in einer Stadt Chinas ein armer Schneidersmann lebte; der hatte einen Sohn namens Alâ ed-Dîn. Und dieser Knabe war von Jugend auf ein Tunichtgut und Taugenichts“[3], so beginnt Schehrezâd ihre Erzählung von Alâ ed-Dîn, der Wunderlampe, dem großen Zauberer aus Afrika und der wunderschönen Prinzessin Badrel-Budûr.[4] Es ist eine verwickelte Geschichte, in der Zauberer sich verdoppeln, Wünsche unbegrenzt erfüllt werden, und derjenige, der im Besitz der Zauberlampe ist, kann „von keinem Menschen auf der Erde an Reichtum und Macht übertroffen werden, ja nicht einmal der mächtigste König der Welt könne nur einen Teil des Reichtums und der Macht und der Stärke dieser Lampe sein eigen nennen“. Der einzige, dem das Märchen wunderbarerweise erlaubt, den Schatz zu heben, ist ausgerechnet jener „mißratene“ Alâ ed-Dîn, dessen Vater aus Gram um ihn sogar sterben mußte, während sich seine Mutter für fremde Leute abrackerte, um sich und ihren müßiggängerischen Sohn ernähren zu können. Es muß um ihn ein Geheimnis geben, daß die Zaubermächte gerade ihn dazu ausgesucht haben, Herr über die Geister, die Tochter des Königs und dessen gesamtes Königreich zu werden. Im Märchen sind es seine Erfahrungen mit den bösen Kräften der Zauberer, ebenso wie mit der Macht des Wünschens und der Liebe zur Prinzessin, die ihn seiner anfänglichen Rolle des Taugenichts entwachsen lassen, damit er ein ‘wahrer Märchenprinz’ werde:

> Und von nun ab lebte Alâ ed-Dîn mit seiner Gemahlin, der Prinzessin Badrel-Budûr, in eitel Freude und Glück, frei von aller Gefahr. Nach einer Weile aber starb der Sultan; und da bestieg sein Eidam den Königs-

thron, sprach Recht und Gerechtigkeit über die Untertanen und alles Volk liebte ihn.[5]

2. *Wie Alâ ed-Dîn nach Disney-Land kam*

Zu Beginn der 90er Jahre hat ein amerikanisches Autorenkollektiv, darunter Ron Clement und John Musker, *Die Erzählungen aus den Tausendundein Nächten* gelesen und gedacht: „Der Stoff der Alâ ed-Dîn-Geschichte entspricht auf 'fantastische' Weise dem politischen und kulturellen Klima in unserem Land - daraus läßt sich ein Film machen, der sein Publikum finden wird. Und damit auch jeder glauben kann, was er sieht, verwandeln wir die arabische Erzählung 'von einer Stadt Chinas' in eine amerikanische Erzählung vom Märchenland der unbegrenzten Möglichkeiten, und die Gestalten der Fantasie in Zeichentrickfiguren." So ungefähr stelle ich mir vor, daß die Idee zum Film entstand.

Der Stoff der Erzählung und die Figur des Jungen von der Straße, der schließlich König eines Märchenreiches wird, liest sich wie das Originalskript zu einem Film über den 'Amerikanischen Traum'.[6] Die Erfolgsgeschichte mancher amerikanischer Wirtschaftsmagnaten, mancher Schauspieler und mancher Präsidenten könnte danach verfaßt sein.

Durch eine ganze Reihe geschickter Auslassungen, Umschichtungen und Hinzudichtungen wurde aus der Geschichte des armen Straßenjungen Alâ ed-Dîn die Erfolgsstory von Aladdin, dem Star aus Disneys Wunderland, oder auch die von Genie, dem „häufig karikierten, doch niemals kopierten"[7] Geist aus der Flasche, der im Laufe der Filmerzählung nicht nur Aladdins 'guter Geist' in Notsituationen ist, sondern auch sein Freund wird.

Als der Film entstand, ging George Bushs Präsidentschaft zu Ende; die neuen Präsidentenwahlen standen bevor, und es zeichnete sich ab, daß ein ganz anderer Politikertypus den Alt-Präsidenten herausfordern und eventuell ablösen würde. In der letzten Phase von Bushs Präsidentschaft trat Amerikas Politik auf der Stelle; die Wirtschaft sandte immer deutlichere Katastrophensignale aus. Die Arbeitslosen-, die Aids- und die Drogenstatistik nannten verheerende Zahlen für eine Gesellschaft, die sich als intakt und wohlhabend versteht. Amerika war bereit für einen strahlenden Helden, der aus eigener Kraft, mit Selbstbewußtsein und Geschick den Weg aus der Krise weisen sollte. Die Kraft- und Drohgebärden der alten Regierung gegenüber den Schwächeren hatten sich verbraucht; die Zeit forderte einen, der Tradition und amerikanische Werte nicht nur beschwor, sondern dem man auch zutraute, Wunder zu vollbringen. Ein amerikanischer 'Aladdin' war zu Beginn der 90er Jahre weit und breit nicht zu sehen - also mußte man ihn erfinden. In unserer modernen Welt gibt es nicht mehr viele Orte, an denen Wunder geschehen könnten; aber im Märchen sind sie immer noch zu Hause. André Jolles schreibt in seinem Buch *Einfache Formen*, eine Faszination der Märchen liege darin, daß sie immer das Versprechen beinhalteten, Befriedigung zu gewähren. Und diese Befriedigung beruht weniger darauf, daß hier unsre „Neigung zum Wunderbaren“ zugleich mit unsrer „Liebe zum Natürlichen und Wahren“ befriedigt wird, als darauf, daß es in diesen Erzählungen so zugeht, wie es unserem Empfinden nach in der Welt zugehen *müßte*.[8]

Wäre es nicht schön, wenn wir wie Aladdin eine Wunderlampe besäßen, die uns einen Genie[9] schenkt? Oder wenn wir ebenso furchtlos und selbstbewußt dem übermächtigen Bösen entgegentreten könnten? Oder wenn wir dieselbe märchenhafte Mischung von Unschuld, Naivität, Unerschrockenheit, List und Witz in uns vereinten wie der Junge aus dem fernen Osten?

3. Das Medium und das Märchen

Diesen Wünschen trägt der Film nachhaltig Rechnung. Mit ganz verschiedenen Mitteln, erzählerischen und technischen, holt er die Zuschauer in ständigem Wechsel entweder ganz nahe an seine Geschichte heran, oder er katapultiert sie aus der Illusion heraus, indem er sich selbst ironisiert. Wenn beispielsweise Aladdin seine angebetete Prinzessin Badrel-Budûr, die im Film „Jasmin“ heißt, einlädt, mit ihm auf seinem Fliegenden Teppich ins „Land der Märchen“ zu fliegen, dann tut er dies musikalisch mit einem der Titelsongs, für die der Film zwei Oscars bekommen hat: „Komm mit in meine Welt“, singt Aladdin, „in meiner Welt, da hörst Du niemals ‘nein’“. Die Prinzessin reagiert darauf, indem sie ihm singend antwortet: „Ich fühle mich wie im Märchen“. Die Kamera ist bei diesem Duett so geführt, daß der Teppich mit den beiden Verliebten im Rhythmus der Musik nahe an die Kamera heranfliegt, dann in einem schwungvollen Bogen wieder von ihr weg in den blauen Himmel, sich dann wieder nähert, und das Spiel mit dem Zuschauer beginnt von neuem.

Eine andere, recht pfiffige Szene findet sich gleich am Anfang des Films. Ein arabischer Händler kommt auf seinem Kamel in die Szenerie geritten, singt von dem Zauber arabischer Nächte, rutscht von seinem arabischen Reittier, wendet sich frontal zur Kamera und begrüßt sein Publikum auf folgende Weise: „Schönen guten Abend, liebe Freunde, kommt näher“ - bei dem letzten Wort wird er mit einem klatschenden Geräusch blitzschnell zur Kamera gezoomt, so daß sein plattgedrücktes Gesicht für einen kurzen Moment das ganze Bild ausfüllt. Dadurch entsteht der Eindruck, das Gesicht des Barden sei mit der Kamera zusammengestoßen; diese aber hat ihrerseits den Blick der Zuschauer übernommen, mit dem Effekt, daß sich die Einladung „kommt näher“ via Kameralinse an die Filmzuschauer richtet. Den unsanften Zusammenstoß kommentiert der Händler, während er seine Nase zurechtrückt, auch prompt mit „[...] zu nah, etwas zu nah". Daraufhin vergrößert er vorsichtshalber den Sicherheitsabstand zwischen sich und der Kamera wieder.

Derartige Gags durchziehen den gesamten Film. Sie sind geschickt plaziert, meistens in eine schnelle Schnittfolge eingepackt, die den Rhythmus der Filmmusik durch die aufeinanderfolgenden Bilder sichtbar macht. Manchmal läßt der Schnitt die Bilder selbst auch nach der Musik tanzen. Mit diesen Verfahren erreicht der Film stellenweise ein so rasantes Tempo, daß einem fast Hören und Sehen vergehen könnte – aber eben nur fast. Kurz vor der Schwelle, an der man nicht mehr folgen könnte, gibt es eine längere Einstellung, damit der Erinnerung Zeit gegeben wird, das vorher Gesehene zu interpolieren. Aufgrund der Rhythmisierung des Schnitts, der sich diskursiv ohnehin nur andeuten und gar nicht wiedergeben läßt, und durch die gelungene Verquickung von Sehen und Hören werden diese 'Gags' nie penetrant, sondern wirken eher wie Streiche des Mediums, das mit den Fähigkeiten unseres visuellen oder ebenso häufig auch auditiven Wahrnehmungsapparats spielt.

Eine ähnlich wirkungsvolle Einladung des Mediums an die Zuschauer, die Welt der Alltäglichkeiten zu verlassen und dorthin mitzukommen, wo „das Wunderbare nicht wunderbar, sondern selbstverständlich" ist[10], wo wir, sobald wir in die Welt des Märchens eintreten „[...] die als unmoralisch empfundene Wirklichkeit [vernichten]"[11], erfolgt in den beiden Szenen, in denen Aladdin die Prinzessin fragt: „Vertraust Du mir?" – eine Frage, die mit verschiedenen Bezugsebenen spielt, wenn sie im Film gestellt wird; eine Frage, die auch jegliches Begründungs- oder Erklärungsbedürfnis von vornherein eliminiert. Darauf gibt es als Antwort nur „Ja" oder „Nein".

In der ersten Szene fliehen die beiden vor den Soldaten des Sultans, die sie wegen Diebstahls auf dem Markt verfolgen. Das Paar erreicht auf seinem Fluchtweg eine Stelle, die ihm keinen anderen Ausweg läßt, als ins Ungewisse zu springen. Aladdin streckt der Prinzessin seine ausgestreckte Hand entgegen und fragt: „Vertraust Du mir?" Sie zögert, legt dann aber wortlos ihre Hand in die seine, und sie springen. Die symmetrisch angelegte Verdopplung dieser Szene findet sich später im Film, nachdem Aladdin seinen Einzug als Prinz Alî in Akraba gehalten hat. Jasmin schmollt, weil sie ein Gespräch belauscht hatte, in dem ihr Vater, der Sultan, Jafar, der Zauberer und Alî, der vermeintliche Prinz über ihre Ehewünsche verhandelt und sie dabei wie eine „Ware" behandelt hatten, „einen Preis, den man gewinnen kann". Alî möchte sie versöhnlich stimmen und lädt sie zu einem Rundflug auf seinem „blauen Perser" ein. Damit sie aufsteigen kann, streckt er ihr auf die gleiche Weise wie in der vorher beschriebenen Szene die Hand entgegen und fragt: „Vertraust Du mir?“ Die Kamera nimmt diesmal seine Position ein, mit dem Effekt, daß wir als Zuschauer ihr Gesicht in Großaufnahme sehen und mit einem langen Blick beobachten können, wie sie aufgrund der Wiederholungssituation seine Maskerade durchschaut und hinter ‘Alî Ababua’ Aladdin, den Jungen vom Markt, erkennt. In diesen beiden Szenen spielt das Medium mit seinen Präsentationstechniken und seinen Assoziationsangeboten. Die Kameraperspektive verdoppelt die Adressatengruppe für die folgenreiche Frage „Vertraust Du mir?“. Einerseits bleibt sie in der Zweidimensionalität des Filmbilds, wenn wir sie als Frage von Aladdin an Jasmin verstehen. Alî zeigt seiner Schönen mit Hilfe des Zauberteppichs „seine Welt“, die sie als „Märchen“ aufnimmt. Darüber hinaus aber expandiert die Frage als akustische Botschaft in den dreidimensionalen Raum und bezieht auf diese Weise das Publikum mit ein. Es ist dieselbe Einladung, die der Händler am Anfang des Films schon einmal an das Publikum richtete, als er die Lampe zeigte, deren Geschichte er dann zu erzählen begann. Dort war die Lampe für die Zuschauer das Zeichen für den Übergang von einer Welt in die andere; hier ist es der Zauberteppich und die Qualifikation dieser „anderen Welt“ als Märchen.

Aber es ist nicht das Märchen im Märchen, das der Film präsentiert; sondern er arbeitet mit einer fortwährenden Überlagerung von fiktionalen Räumen und einer ständigen Verschiebung der Referenzrahmen. Wie wir noch plastischer bei der Figur des Genie sehen werden, wird die Thematisierung des „Märchens“ oder des „Wunderbaren“ in *Aladdin und die Wunderlampe* eingesetzt, um immer wieder mit den Mitteln des Films auf die Möglichkeiten des Mediums Film und sein Illusionspotential zu verweisen. Der Film spielt mit sich selbst, könnte man mit Blick auf Disneys *Aladdin* sagen; und wir haben unser Vergnügen - „Entertainment“ - daran, einer der Spielbälle zu sein. Es geht uns wie dem netten, rundlichen, leider etwas dümmlichen Sultan, der - wenn der Zauberer Jafar ihm sein Schlangenszepter vor das Gesicht hält - von dem, was er sieht, hypnotisiert ist und keinen eigenen Gedanken mehr fassen kann, dies auch gar nicht will. Wenn wir unter diesen Gesichtspunkten die Funktionen der Frage „Vertraust Du mir?“ noch einmal beleuchten, so wird deutlich, daß sich in dem Werben Aladdins um die Gunst Jasmins auch ein Werben des Mediums um die Gunst der Zuschauer manifestiert. ‘Laß Dich einfangen, frag nicht nach Gründen [...]’

In diesem Zusammenhang denkt man an Rosemary Jacksons bestechende Überlegungen zur subversiven Funktion der fantastischen Literatur. “Literature of the fantastic [...] is a literature of desire, which seeks that which is experienced as absence and loss”.[12] Die Dimension des Begehrens kann in

Walt Disneys *Aladdin* gar nicht subversiv werden, dazu unterliegt sie einer viel zu strengen Kontrolle.

4. Vom Wünschen

Nachdem Aladdin mit seinen Freunden, dem Äffchen Bûbû, der dem Zauberer durch Bûbû wieder abgejagten Lampe und dem Fliegenden Teppich, Perser genannt, in der Wunderhöhle eingeschlossen ist, reibt er neugierig an der Lampe, um zu sehen, was darauf eingraviert ist. Die Lampe und ihre ganze Umgebung beginnt zu beben, Blitze zucken aus ihr heraus; es grollt und dröhnt; ein Lichtwirbel tobt um Aladdin herum, wird greller und blitzender, gewinnt Gestalt, bis 'Genie aus der Wunderlampe' in voller Größe das Filmbild beherrscht. Was nun folgt, ist ein Furioso von Bildern, Musik, Kabarett, Revue, Anspielungen auf Filmgeschichte und Klamauk - ein Feuerwerk tempogeladener technischer Spielereien: Genie freut sich, nach zehntausend Jahren „endlich wieder draußen" zu sein und seinem Meister Wünsche erfüllen zu können. Drei Wünsche, nicht einen mehr. Hier gibt es einen signifikanten Unterschied zur literarischen Vorlage. In den *Tausendundein Nächten* sind Alâ ed-Dîn mehrere Geister dienstbar; der eine erscheint beim Drehen des Rings, den Alâ von seinem angeblichen Onkel, dem Zauberer, geschenkt bekommen hat; der andere kommt aus der Lampe, die er aus der Schatzhöhle geborgen hat. Aber sie sind alle von Allah gesandt, der die verzweifelten Gebete des Jungen erhört, wenn er sich in bedrohlichen Situationen befindet. Oder wenn Alâ sich in einen Prinzen verwandeln 'muß', um ein würdiger Bewerber um die Prinzessin zu werden. Wenn Alâ ed-Dîn an der Lampe reibt, steht sofort der Geist vor ihm und spricht: „'Zu Diensten! Verlange, was du wünschest!' 'Ich wünsche,' erwiderte Alâ ed- Dîn, 'daß du mich in ein Bad bringst, dessengleichen es sonst in der Welt nicht gibt, und daß du mir dann ein so kostbares Königsgewand herbeischaffst, wie es sonst kein König hat.'" „Ich höre und gehorche!" sagt der Geist im arabischen Märchen.[13] Gemessen an Genie sind die Geister der arabischen Vorlage sehr bescheiden; sie begnügen sich damit, ihrem Herrn jederzeit zu Diensten zu sein, ohne von sich selber viel Aufhebens zu machen. Da ist Genie schon von einem anderen Kaliber: der Star des Zeichentrickfilms. Aber: Genie kann seinem Meister 'nur' drei Wünsche erfüllen, und die mit Einschränkungen, die er sofort aufzählt. Die mohamedanischen Geister sind in diesem Punkte weitaus großzügiger; sie erfüllen alle Wünsche. Zwar gibt es unter ihnen ein aufschlußreiches Kompetenzgefälle, weil unter ihnen, wie in der Gesellschaft, der sie entstammen, eine strenge Hierarchie herrscht. So kann beispielsweise der Geist des Ringes Alâ ed-Dîn wohl aus der Höhle befreien; sein Schloß aber kann er nicht wieder an seinen alten Platz gegenüber dem Schloß des

Sultans zurückzaubern. Dafür ist nur der Geist aus der Wunderlampe zuständig.

Wenn wir an dieser Stelle einmal den angehenden Prinzen des fernöstlichen Märchens mit dem der amerikanischen Filmversion vergleichen, so fällt sofort auf, daß sich die beiden völlig unterschiedlich gegenüber dem Unerwarteten verhalten. Alâ ed-Dîn ist beim ersten Auftauchen der Geister erschrocken, aber er gewöhnt sich schnell an die Macht, die im Wünschen liegt; dabei vergißt er aber nie die Achtungsdistanz gegenüber dem Wunderbaren, auch wenn er dann mit orientalischer Opulenz wünscht, wie oben in der Szene mit dem Bad. Aladdin entwickelt sich nach der Begegnung mit dem Wunderbaren ganz anders. Zuerst ist er sprachlos, als Genie ihm seine 'Nummer' in der Höhle vorführt. Aber er merkt sehr schnell, daß auch Geister offensichtlich eitel sein können; und dann haben sie eine verwundbare Stelle. Instinktiv weiß er, daß man da nachsetzen muß, wenn man sie überlisten will; auf diese Weise ertrickst er sich ja auch seinen ersten Wunsch, aus der Höhle wieder herauszukommen. Im Laufe der Geschichte entwickelt sich eine Art Freundschaftsverhältnis zwischen Genie und Aladdin; je intensiver dieses wird, desto weniger „geisterhaft" und „wunderbar" wird Genie. Oder anders gesagt: je 'kumpelhafter' Genie wird, desto selbstbewußter wird Aladdin. Dieser Aspekt der Figur wird immer prominenter bis hin zu dem großen 'Showdown' zwischen Aladdin und Jafar, der sich am Schluß in eine riesenhafte Schlange verwandelt hat und sich in dieser Gestalt einen Spaß daraus macht, mit dem winzig kleinen Aladdin zu spielen wie die Katze mit der Maus. Jasmin eingeschlossen im Stundenglas, dessen Sand immer höher steigt und sie zu ersticken droht; Genie lugt zusammen mit dem verschreckten Bûbû halb ängstlich halb neugierig hinter einer schützenden Wand hervor – in dieser dramatischen Situation des Zweikampfs zwischen den ungleichen Gegnern verläßt Aladdin sich nur noch allein auf sich selbst und seine Fähigkeiten, die nicht in Muskel- oder Zauberkräften liegen, sondern in seiner List, seinem Witz und seiner Geistesgegenwart. Genie sieht mit Besorgnis, welche Auseinandersetzung sich vorbereitet, und fragt Aladdin „Was machst du da? Warum ziehst du mich da mit rein?" Selbstsicher antwortet Aladdin dem mächtigen Genie: „Du weißt, ich komme von der Straße, da wird mir schon was einfallen!" Und es fällt ihm ja auch etwas sehr Wirkungsvolles ein. Ebenso wie in der ersten Szene mit Genie überlistet Aladdin auch den großen Zauberer Jafar, indem er ihn an seiner empfindlichsten Stelle, nämlich seinem machthungrigen Größenwahn packt. Gerade dann, wenn Jafar glaubt, mit den kleinen, aufsässigen Winzlingen abrechnen zu können, indem er sie tötet – gibt er in seinem Machtrausch das Stichwort für Aladdin: Genie. Aladdin greift es sofort auf, erinnert Jafar daran, daß Genies Macht die seine bei weitem übersteige und er doch immer nur die Nummer Zwei bleibe. Jafar hält inne und fordert von Genie seinen dritten Wunsch: er will in den größten und mächtigsten 'Genie' verwandelt werden. Nachdem dies geschehen ist, kann Aladdin seinen rettenden Plan umsetzen und den Genie-Jafar dahin verweisen, wo er als Genie hingehört: zurück in die Lampe.

Hier verdichtet der Film seine Botschaft, die er sonst in seiner Bilderorgie verpackt, in Sprache. Wer bis dahin noch nicht bemerkt haben sollte, worauf es in der ganzen Geschichte eigentlich ankommt, erhält es noch einmal im diskursiven Medium präsentiert: 'Sei du selbst'; 'vertraue auf deine Fähigkeiten'; 'wenn du dich anstrengst, schaffst du es auch'; 'du kannst alles, wenn du nur willst und dich nicht einschüchtern läßt'. Es ist die alte und die neue amerikanische Botschaft für den Weg aus der Krise. Emerson und Whitman hatten sie schon einmal im letzten Jahrhundert formuliert, der eine in seinen *Essays*, der andere in jenem berühmten Gedicht mit dem Titel *Song of Myself*, das vom Individualismus als Kern der nationalen Identität Amerikas erzählt.

Der Unterschied in der Wünschekultur der beiden Märchenwelten aus Ost und West liegt in der Auffassung über den verantwortlichen Umgang mit unbegrenzten Möglichkeiten. Für Alâ ed-Dîn ist eine reglementierende Instanz, eine Zensur des Begehrens offensichtlich nicht nötig. Er wünscht, wenn er wünscht, exzessiv, hält aber das Wünschen selbst in für die Götter akzeptablem Rahmen; jedenfalls nennt das Märchen aus den *Tausendundein Nächten* keine Szene, in der der junge Mann darauf hingewiesen werden müßte, daß seine Wünsche das rechte Maß vergäßen. Im Gegenteil; jede Erfüllung eines seiner Wünsche ist für ihn auch Anlaß, Gott in seiner Weisheit und Güte zu preisen und ihm für die erwiesene Gnade zu danken.

Ganz anders ergeht es seinem westlichen Zwilling. Er wird von vornherein mit okzidentaler Ambivalenz konfrontiert. Obwohl er den mächtigsten Geist als Diener hat, darf er nur mit Einschränkungen wünschen; Genie kann beispielsweise niemanden umbringen; er kann auch niemanden aus dem Reich der Toten zurückbringen. Aladdin bekommt seine Wünsche in aufwendiger Verpackung, aber in sehr engen Grenzen präsentiert. Wünschen darf er, aber nur dreimal. „Das Wünschen weiterer Wünsche ist nicht wünschenswert", gebietet derjenige Genie, der ja eigentlich sein Diener ist. Wenn wir uns die Wünsche, die er im Laufe der Geschichte wirklich erfüllt bekommt, einmal genauer ansehen, dann ist es nur der Wunsch, der zauberhaften Prinzessin wegen ein Prinz zu sein, den er sich tatsächlich wünschen kann und der für ihn auch erfüllt wird. Abgesehen von der Befreiung aus der Wunderhöhle, die er sich ja durch List gewinnt, sind die beiden übrigen Wünsche von etwas anderer Art.

Den zweiten Wunsch *muß* er sich gewissermaßen durch Genie wünschen lassen, weil er sonst ertrinken würde, und dann hätte Jafar, der ihn als verhaßten Nebenbuhler gefesselt und geknebelt ins Meer hat werfen lassen, den Sieg davongetragen. Das wäre mit dem Gerechtigkeitsempfinden des Märchens nicht vereinbar. Der Film löst die prekäre Situation auf spektakuläre Weise. Aladdin ist zum Meeresgrund gesunken und bereits besinnungslos; die Lampe ist ein Stück neben ihm ebenfalls im Meer versunken. Um den Genie herbeirufen zu können, muß er aber an der Lampe reiben. Also rieselt der Sand des Meeresbodens so lange in die durch Aladdins Körper gedrückte Kuhle, bis die Lampe an seinen Rücken mit den gefesselten Händen rutscht. Genie erscheint sofort im Wasser - beschwert sich aber erst noch lauthals, daß er nicht einmal in Ruhe baden könne, wobei er sich mit einer viel zu kleinen Bürste den geisterhaften Rücken zu schrubben versucht. Als er sieht, daß Aladdin kurz davor ist, *seinen* Geist aufzugeben, ruft er ihn an, indem er ihn beschwört, er müsse den Wunsch doch *äußern*, wenn er ihn erfüllt haben wolle. Aladdin kann das aber gar nicht mehr; Genie erkennt das, beschließt daraufhin, daß dann eben das Schaukeln von Aladdins Kopf als *ausgesprochener Wunsch* zu gelten habe - verwandelt sich blitzschnell in ein U-Boot und katapultiert Aladdin an den nächstgelegenen Strand.

Der dritte Wunsch ist der interessanteste. Nachdem Genie Aladdin aus der Wunderhöhle befreit hat und sie sich in einer Oase von den Schrecken des rasenden Teppichflugs durch das wütende Feuer der Höhle erholen, unterhalten sie sich über das Wünschen. Aladdin sinniert darüber, daß er noch drei Wünsche hat; „sie müssen auch gut sein“, sagt er - und fragt Genie, was er sich denn wünschen würde, wenn er wünschen könnte. Genie gerät über die Frage und die Tatsache, daß sie ihm überhaupt gestellt wird, etwas außer Fassung. Als er sich wieder beruhigt hat, bekennt er verlegen, sein größter und einziger Wunsch sei „Freiheit“. Aladdin fragt ihn überrascht: „Du bist ein Gefangener?“ Worauf Genie antwortet: „Ist leider mal fester Bestandteil der ganzen Genie-Nummer. Phänomenale kosmische Kräfte - winzig kleiner Lebensraum“. Genie beendet seine Freiheitsfantasie damit, daß er deutlich macht, er könne aber nur dann befreit werden, wenn einer seiner Meister ihn frei wünsche. Das würde aber ja bedeuten, sein Meister müßte einen seiner drei Wünsche für Genie ‘opfern’. Aladdin ist gerührt und verspricht Genie seinen dritten Wunsch. „Man soll die Hoffnung nie aufgeben“, meint der Geist und sie besiegeln die Abmachung mit Handschlag.

Nicht mehr Sklave irgendeines Meisters sein zu müssen, wählen zu können, seine eigenen Wünsche erfüllen zu können - die gesamte gesellschaftliche Thematik von Sklaverei, Unterdrückung und Ausbeutung wird hier angedeutet. Das Verhältnis zwischen Aladdin und Genie ist nicht frei von einer besonderen Spannung, die aus diesen Andeutungen resultiert. Jafar äußert diese Problematik in seiner großen Schlußszene, wenn er von Genie wünscht, daß die Prinzessin ihn bis an ihr Lebensende lieben solle. Genie erinnert an seine 'Vorbehaltsklauseln' und 'Bedingungen' bezüglich des Themas 'Liebe' - aber Jafar ist davon überhaupt nicht beeindruckt. Er ist ein anderer Gegner als früher Aladdin und setzt einen sprachlichen Bann ein, indem er Genie einen 'Sklaven' nennt, der zu tun habe, was sein Herr befehle. Dadurch wird deutlich gemacht, auf welche Weise Abhängigkeiten durch sich verändernde Machtstrukturen auch ihre Bedeutung wechseln. Im Unterschied zu Jafar ist Aladdin ein akzeptabler Gebieter. Am Anfang des Films war er eingeführt worden als jemand, der selbst nach einer abenteuerlichen Verfolgungsjagd wegen eines gestohlenen Brotes nicht zögert, dieses Brot armen hungernden Kindern zu schenken, die ihr Leben als Bettler fristen, und selbst leer auszugehen. Er besitzt die Gabe des Mitleids, ist aufrichtig und hält die Liebe für das wichtigste im Leben. Er ist zwar listig, aber spielerisch und nicht machtbesessen. Trotzdem bringt ihn seine Macht über Genie dazu, das Versprechen, das er ihm gegeben hat, zu brechen. Als er nicht mehr weiß, wie er seine Rolle als Prinz weiterspielen soll, sagt er klarsichtig zu seinem Flaschengeist, er habe seinen Erfolg bei dem Sultan, bei Jasmin und bei den Bewohnern von Akraba nur Genie zu verdanken. Wenn er ihn jetzt freiließe, wie er es versprochen hatte, würde er all diese Erfolge verlieren und wieder als Straßenjunge leben müssen. Zusätzlich kompliziert wird die Entscheidung für Aladdin dadurch, daß sich zwischen ihm und Genie eine intensive Freundschaft entwickelt hat, die auf Zutrauen und Akzeptanz der Eigenheiten beider Partner beruht.

In ein derartiges Dilemma könnte der Alâ ed-Dîn aus den *Tausendundein Nächten* nicht kommen; seine Geister gewähren ihm alle Wünsche und sind auf keine Weise in die Probleme der Menschen involviert. Sie kommen von außen, erfüllen ihre Funktion und sind wieder verschwunden. Aladdin dagegen muß wählen; er muß zwischen verschiedenen Werten entscheiden und er muß lernen, daß jede Entscheidung Gewinn und Verzicht gleichzeitig bedeutet. Als es am Ende darum geht, was Aladdin als seinen dritten Wunsch formuliert - wieder Prinz zu sein und die Prinzessin heiraten zu können, oder sein Versprechen einzulösen und Genie freizulassen, bietet ihm Genie eine Interpretationshilfe an, indem er einen deutlichen Werteunterschied setzt zwischen 'Genie bleibt in der Flasche' und Erfüllung der Liebe. Er kalauert: „Was ist das schon; das sind zehntausend Jahre im Dienstleistungsgewerbe", womit er sich im Zustand der Sklaverei meint. „Das hier ist Liebe", fährt er fort und schiebt mit seinen riesigen Händen Jasmin und Aladdin zusammen. In dieser Szene ist das Bild so komponiert, daß Genie riesig groß neben dem Schloß des Sultans schwebt, wogegen die beiden Liebenden auf dem Balkon wie Schachfiguren wirken. Würde Aladdin das Angebot, sich wieder in einen Prinzen verwandeln zu lassen, annehmen, wäre er kein Märchenprinz. Der Makel des aus persönlicher Profitsucht gebrochenen Versprechens würde an ihm haften.

In der Filmversion der Aladdin-Geschichte erscheint die Begrenzung der Wünsche auf die magische Zahl 'drei' willkürlich. Genie ist mächtiger als der größte Zauberer und trotzdem soll er solchen Gesetzen gehorchen? Seine Macht ist nicht legitimiert; anders als im arabischen Märchen, wo die Geister im Grunde Beauftragte Allahs sind und damit Teil des Erhabenen, gibt es im Film keine erkennbare Instanz, die als Referenzrahmen für Macht dienen könnte. Das hat zur Folge, daß die etablierte Grenze 'drei Wünsche' nicht als etwas Einhaltgebietendes anerkannt, sondern vielmehr als Herausforderung für die individuellen Fähigkeiten verstanden wird. Aladdins Reaktion auf Genies 'Vorbehaltsklauseln' erfolgt in diesem Sinne. Er will die Grenze testen – und er überschreitet sie auch; allerdings ohne sie zu verletzen, wie Jafar das tut, wenn er den Genie zwingen will, die Liebe der Prinzessin herbeizuzaubern. Der Genie des Films ist ein amüsanter, liebenswerter Komödiant, der über „Spezialistenkenntnisse" im Zaubern verfügt; von dem Geheimnisvollen jenseits der Grenze, oder gar dem Erhabenen ist er freilich durch Welten getrennt. Gerade das, was ihn als Filmfigur sympathisch macht, nimmt ihm seine Glaubwürdigkeit als Märcheninstanz.

5. Anspielungen

Trotzdem ist 'Genie aus der Wunderlampe' der unbestrittene Star des Films. Seine Revuenummern sind mitreißend und rufen die große Zeit des amerikanischen Revuefilms in Erinnerung: Anklänge an Fred Astaire in den vierziger Jahren und an Gene Kelly fast eine Generation danach. Revuen waren sowohl in Amerika als auch in Europa ein Genre, das sich besonderer Beliebtheit erfreute, wenn die Zeiten in politischer oder wirtschaftlicher Hinsicht nicht gerade rosig waren. Der Traum vom Erfolg, das Versprechen, es trotz widriger Umstände schließlich doch noch „zu schaffen", der Glanz und Glamour einer Welt, in der Musik alles beschwichtigt – diese zentralen inhaltlichen und formalen Kennzeichen des Genres sind gleichzeitig das Angebot, sich in eine Welt entführen zu lassen, die die Sorgen des Alltags vergessen läßt. Damit diese Kompensation aber funktioniert, muß es einzelne Figuren geben, die ein Identifikationsangebot für den Zuschauer bereithalten. „In meiner Welt / da hörst du niemals 'nein'/ da kann dir keiner / deine Träume nehmen", singt Aladdin, als er Jasmin zu einem kleinen musikalischen Ausflug auf dem blauen Teppich entführt hat. Sie fliegen vorbei an griechischen Tempeln, an ägyptischen Pyramiden, werden von weißen Schwänen begleitet, begegnen feenhaften Schimmeln, die sich im Flug liebkosen lassen – die sexuelle Symbolik ist geschickt eingesetzt. Wie schon bei den Gags des Films, so sind es auch bei den Anspielungen das Tempo und die schnelle Schnittfolge, die die Rezeptionshaltung auf hohe Erkennungsrate einstellen. Die Prämie für das Erkennen einer Anspielung ist dann das Vergnügen am Erkennen. Das Vergnügen am Film wird bei vielen Treffern um eine Ebene erweitert, weil jeder Treffer eine Gedächtnis- und Zuordnungsleistung darstellt, die das Gefühl vermittelt, dazuzugehören, im Milieu 'zu Hause' zu sein.

Wenn beispielsweise Genie seinem Publikum die Plätze anweist, bevor er sich in der Wunderhöhle zum erstenmal mit seinen Fähigkeiten vorstellt, nennt er Aladdins Äffchen „Cheetah“; so hieß die Schimpansin, die Tarzan auf seinen Urwaldstreifzügen begleitete. Blitzlichtartig überlagert die Erinnerung an all die Schauspieler und Comicfiguren, die in der langen Geschichte des Films Tarzan dargestellt haben, die Szene in der Wunderhöhle.

Jeder zentralen Figur in *Aladdin* ist ein Tier zugeordnet. Aladdin hat das Äffchen Abu, das dem Zauberer die Lampe wieder stibitzt, das seinem Herrn auch aus verschiedenen prekären Situationen hilft; das aber seinen Freund auch verspottet, ihn nach-äfft, wenn es signalisieren will, Aladdin verhalte sich nicht wie ein ordentlicher Mensch. Der Zauberer Jafar will sich den Namen des Prinzen Alî Ababua nicht merken und nennt ihn immer „Abûbû“. Damit überträgt er den Namen des Affen auf den Prinzen und macht deutlich, daß er ihn nicht ernst nimmt. Jafars ständiger Begleiter ist ein Papagei und hört auf den aus der klassischen Literatur wohlbekannten Namen 'Iago'. In Shakespeares Tragödie *Othello* ist Iago der Einflüsterer, derjenige, der Othellos Stolz zu untergraben sucht, indem er Desdemona verleumdet. „Divinity of Hell! / When devils will their blackest sins put on / They do suggest at first with heavenly shows“[14], sagt Iago zu Roderigo und entwickelt seine Strategie, Othello dadurch zu vernichten, daß er ihm den tödlichen Zweifel einpflanzt. „Heavenly shows“ zeigt ja auch der Film. Prinzessin Jasmins Freund aus dem Tierreich heißt 'Raja'. Als Tiger ist er natürlich gefährlich, aber wer wahrhaft gut ist, muß auch ein Raubtier nicht fürchten. Dem einen Bewerber um die Prinzessin zerreißt Raja den Hosenboden, aber von Aladdin läßt er sich kraulen - obwohl Aladdin ja ein Schwindler ist. Er ist eben ein „Diamant“, wenn auch ein noch „ungeschliffener“. Generell kann man sagen, daß die Tiere den Menschen-Figuren beigeordnet sind, um über den Kontrast deren Menschsein zu unterstreichen; gezeichnete Trickfiguren sind sie ja alle.

Gleich zu Beginn des Films bei der Einführung des Zauberers spielen zwei Hälften eines in der Mitte durchgetrennten Goldkäfers eine wichtige Rolle für den Fortgang der Geschichte. Jafar besitzt schon eine Hälfte, daher trifft er sich tief in einer Nacht mit einer zwielichtigen Gestalt, die ihm die andere Hälfte des Käfers aushändigt. In Großaufnahme fügen Jafars Hände die beiden Hälften zusammen; kaum ist das geschehen, beginnt der ganze Käfer zu glühen wie heißes Metall und rast dann wie ein Komet durch die dunkle Nacht, bis er weit entfernt in den Wüstensand einschlägt und dort zwei glühende Punkte hinterläßt. Um diese Punkte herum erhebt sich der Kopf der Wunderhöhle mit aufgerissenem Rachen aus dem Sand, bereit, auf Aladdin zu warten. Der wunderbare Goldkäfer scheint direkt aus einer Geschichte von Edgar Allen Poe zu kommen, in der ein Skarabäus das wichtigste Zeichen für einen verborgenen Schatz ist. Der 'Gold-Bug' in der Geschichte gleichen Titels wird folgendermaßen beschrieben: "It is of a brilliant gold colour [...] You never saw a more brilliant metallic lustre than the scales emit [...] a death's-head! [...] The two upper black spots look like eyes, eh?"[15]

An einer anderen Stelle, als Aladdin mit einer gestohlenen Stange Brot in einer wilden Verfolgungsjagd vor seinen Häschern flieht, steht ihm plötzlich eine riesige Herde wolliger Schafe im Weg. Aladdin kann seine Flucht selbstverständlich nicht unterbrechen, deshalb setzt er sie auf dem Rücken der Schafe fort. Die Sequenz erscheint wie die lustige Umkehrung der Flucht des Odysseus aus der Höhle des Polyphem. Nur hatte Odysseus sich und seine Gefährten *unter* die Bäuche der Riesenschafe des Kyklopen gebunden und war nicht wie Aladdin *über* die Rücken der Schafe getanzt.

Der Film *Aladdin* hat ein arabisches Märchen als Vorlage genommen; aber alle Anspielungen, die darin um des Spielens willen inszeniert werden, kommen aus dem westlichen Kulturgut. Wie an vielen anderen Stellen, von denen vorher schon die Rede war, so wird auch bei genauerer Sicht auf die Anspielungstechnik deutlich, daß es nicht um die Übertragung des Märchens *Alâ ed-Dîn und die Wunderlampe* von einem Kulturkreis in einen anderen geht, sondern daß die Vorlage als Vehikel dient, eine ganz andere Geschichte zu erzählen.

6. *Perspektiven*

Der orientalische Alâ ed-Dîn bewegt sich als Märchenfigur in einem eng geknüpften sozialen Netz. Er lebt nach dem Tod seines Vaters mit seiner Mutter zusammen, hat Freunde, mit denen er sich tagtäglich trifft. Auch das Unerwartete, das Wunderbare begegnet ihm zunächst in familiärem Gewand: Derjenige, der sich später als Zauberer entpuppen wird, tritt zuerst als sein Onkel auf und wird als solcher zu Beginn auch akzeptiert. Alâ ed-Dîn ist von gesellschaftlichen Instanzen umgeben, die sein Verhalten unausgesetzt zensieren oder sanktionieren. Er lebt in Relation zu den anderen.

Aladdin repräsentiert den von der Gesellschaft an den Rand Gedrängten. Im amerikanischen Kontext sind dies die Gestalten der "Loners", der "Outcasts", der "American Adams", etc. Er ist arm, d.h. er hat keine gesellschaftliche Bewegungsfreiheit; er ist jung, d.h. er hat die Zukunft noch vor sich und kann sie gestalten; er hat keine Familie, d.h. er hat keinerlei Verpflichtungen und kann sich seine Vorbilder selber schaffen; er hat kein Zuhause, d.h. er ist nirgendwo verwurzelt. Aber er hat Träume! Die hat sein arabischer Zwilling zunächst nicht. Ihm wird erst durch den falschen Onkel ein Bereich eröffnet, an den er selbst nie gedacht hätte. Aladdin dagegen hat seinen Unterschlupf so ausgewählt, daß er den Palast des Sultans, d.h. das 'andere Leben', ständig vor Augen hat. Er wird bereits zu Beginn der Erzählung als einer charakterisiert, dessen 'wahre Werte' noch tief verborgen sind; und Aladdin selbst sieht sich auch so. Er singt, noch ehe er durch die Liebe zur Prinzessin unter Leistungsdruck gerät: „Arm zu sein ist wirklich kein Vergehen / ich bin mehr / die Welt will's bloß nicht sehen". Seine persönlichen Zukunftspläne beinhalten durchaus, daß er mit Abû eines Tages auch in einem Palast leben wird. Das ist Gatsby aus *The Great Gatsby*, der hier spricht; der Junge, der von dem Mädchen, das er bewunderte und liebte, zurückgewiesen wurde, weil er arm war, weil sie ihrer Familie gegenüber nicht den Mut besaß, sich zu ihm zu bekennen. F. Scott Fitzgerald, der Schöpfer von Gatsby und Daisy, läßt seine Geschichte im Amerika der zwanziger Jahre spielen, zu einer Zeit, in der das Wünschen nicht viel half. Gatsby wartete auch nicht auf ein Wunder, sondern erwarb sich einen sagenhaften Reichtum, häufig mit wenig legalen Mitteln. Wie Aladdin zu seiner Prinzessin, so kam Gatsby zu Daisy zurück, um ihr all den Reichtum zu Füßen zu legen und ihr zu zeigen: 'Ich war mehr, du wolltest es bloß nicht sehen'. Gatsby und Daisy können die Kluft der gesellschaftlichen Unterschiede nicht überwinden; aber *The Great Gatsby* ist ja auch kein Märchen. Ist denn *Aladdin* ein Märchen?

Aladdin aus der Walt-Disney-Produktion ist ohne Zweifel ein vergnüglicher Film; die Botschaft allerdings, die er so aufwendig und ideenreich verkündet, die stimmt mich eher traurig. Trotz Jafar und Genie, die so viel zaubern, gibt es keinen Zauber und kein Wunder in dem Film. „Al, mal Spaß beiseite, sei einfach du selbst", rät der praktische Genie. Und Jafar belehrt uns: „Du kennst doch die 'Goldene Regel' - wer das Gold hat, bestimmt die Regel". Das ist auch die Botschaft des Films.

Schade, daß es keine Geheimnisse mehr gibt - oder gibt es sie doch? Nur nicht in Märchen aus Disney-Land?

Anmerkungen

1 Die Textgeschichte der *Erzählungen aus den Tausendundein Nächten* ergäbe eine eigene kulturgeschichtliche Studie. Die Beobachtung nämlich, zu welchem Zeitpunkt in Frankreich, England oder Deutschland z.B. welche von den zahlreichen arabischen Textsammlungen für eine jeweilige Bearbeitung und Übersetzung zugrundegelegt wurde, wäre ein Indikator für das kulturelle Interesse, das sich in einem solchen Unternehmen manifestiert. Die deutschen Herausgeber bezogen sich am Ende des 19. Jahrhunderts auf die von Richard F. Burton besorgte Sammlung der Erzählungen aus dem Jahre 1885 mit dem Titel *The Book of the Thousand Nights and a Night*. Der Untertitel, liest man ihn als leserlenkenden Kommentar, erzählt eine Geschichte für sich, denn er versteht sich als "Introduction, Explanatory Notes on the Manners and Customs of Moslem Men": der voyeuristische Blick des Imperialismus auf den geheimnisvollen Orient ist dabei kaum zu übersehen. Gedruckt wurde die Ausgabe vom "Burton Club for Private Subscribers Only". Die Welt des Wunderbaren und des Fantastischen der "Arabian Nights Entertainments" ist aus imperialistischer Perspektive das „Andere" der "dull and commonplace and 'respectable' surroundings", die Europa zu bieten hat. (*The Book of the Thousand Nights and a Night*. Vol. 1, Shammar Edition 1885, p. VII). Es ist dasselbe Versprechen, dasselbe Begehren, das Schehrezâd und ihren König in den Geschichten vereint, das auch die Sammler, Übersetzer und Herausgeber der Arabischen Nächte bis jetzt angetrieben hat: "[...] the Jinn bore me at once to the land of my predilection, Arabia, a region so familiar to my mind that even at first sight, it seemed a reminiscence of some by-gone metempsychic life in the distant Past", schreibt Burton in seinem Vorwort. Es ist die Magie der Bilder, die Imagination des Anderen der eigenen Kultur, das der Faszination am Fremden immer neue Impulse verleiht. Für unseren Zusammenhang hier ist von Interesse, daß die Insel-Ausgabe gegenüber der Calcuttaer Ausgabe von 1839, nach der sie sich richtet, einige signifikante Ergänzungen vorgenommen hat. Manche der bekanntesten und beliebtesten Geschichten von Tausendundeiner Nacht sind weder in den arabischen Ausgaben noch bei Burton enthalten. So geht der Text des bei Insel erstmals in einer Sammlung enthaltenen *Alâ ed-Din und die Wunderlampe* zurück auf eine Pariser Handschrift; die Geschichte von *Ali Baba und die vierzig Räuber* wird nach einer Handschrift aus Oxford erzählt. Die Textgeschichte der Tausendundeinen Nächte ist verzweigt und ebenso labyrinthisch wie die einzelnen Geschichten selbst.

2 *Die Erzählung aus den Tausendundein Nächten*. Vollständige deutsche Ausgabe in sechs Bänden zum ersten Mal nach dem arabischen Urtext der Calcuttaer Ausgabe aus dem Jahre 1839. Übertragen von Enno Littmann. Frankfurt: Insel Verlag. Im folgenden abgekürzt: *Tausendundeine Nacht*. Alle weiteren Zitate, die den literarischen Text betreffen, sind dieser Ausgabe entnommen. – Zitat: *Tausendundeine Nacht*, Bd. VI, S. 646.

3 *Tausendundeine Nacht*, Bd. II, S. 659.

4 Die Bedeutung der arabischen Namen fügt der Geschichte noch eine weitere spielerische Bedeutungsebene hinzu, die später beim Film einen interessanten Akzent setzen wird. Alâ ed-Dîn bedeutet etwa „Die Höhe der Religion"; Alî ist „der Hohe", der „Erhabene". Baba heißt „Vater", was im Film, wenn der Zauberer Jafar und der als Prinz verkleidete Aladdin sich über dessen neuen Namen als Prinz unterhalten, ein kleines Spiel mit Namen, Aussprachen und Bedeutungen in Gang setzt. Aladdin nennt sich mit Hilfe Genies, dem Geist aus der Flasche, Alî Ababua, während Jafar ihn immer mit 'Abûbû' anspricht. Badrel-Budûr bedeutet „Vollmond der Vollmonde".

5 *Tausendundeine Nacht*, Bd. II, S. 790-791.

6 Die kulturelle Metaphorik für den 'American Dream', die für diesen Gesichtspunkt relevant ist, heißt beispielsweise: "from rags to riches"; oder im Deutschen „Vom Tellerwäscher zum Millionär", „Das Land der unbegrenzten Möglichkeiten", etc. Romane, die sich kritisch mit dem 'American Dream' auseinandersetzen, sind beispielsweise John Steinbeck, *Grapes of Wrath*; F. Scott Fitzgerald, *The Great Gatsby*; John Dos Passos, *U.S.A.-Trilogy*, um nur einige zu nennen. Auch der Hollywood-Film, von den 30er Jahren bis heute, wird immer wieder von dieser im besonderen Sinne amerikanischen Thematik angezogen, wenn er zum Beispiel die Kultfunktion von Film-Stars reflektiert, oder die Rolle des Films selbst als Medium der Star-Produktion entlarvt. Paradigmatisch für dieses Filmgenre ist sicher George Cukor's *A Star is Born* aus dem Jahre 1954, dessen Titel beinahe sprichwörtlich geworden ist. Auch von Genie in Disneys *Aladdin* hören wir "A Star is born", als er Aladdin für dessen Rolle als Prinz Alî Ababua, den angemessenen Bewerber um die Prinzessin, fürstlich ausstattet.

7 Dieser Text, wie die folgenden aus dem Film, ist nach der deutschen Synchronfassung von Walt Disneys *Aladdin* zitiert.

8 A. Jolles: *Einfache Formen. Legende - Sage - Mythe - Rätsel - Spruch - Kasus - Memorabile - Märchen - Witz*. Tübingen, 1982, S. 239.

9 Der Name des Geistes aus der Lampe spielt mit verschiedenen Bedeutungen des englischen "genius", wobei zu bemerken ist, daß in der literarischen Vorlage mehrere Geister auftauchen. Im Englischen gehört in diesen Umkreis auch noch das Wort "Jinn", das einen sich in der Form ständig verändernden, durchsichtigen Geist bezeichnet. Aufgrund der verschiedenen Ursprungsbedeutungen des Namens finden sich in den verschiedenen Film-Versionen auch verschiedene Bezeichnungen: Genie, Jinny, Dschinny zum Beispiel.

10 Vgl. A. Jolles: *Einfache Formen*, S. 244.

11 Ebd. S. 243.

12 R. Jackson: *Fantasy. The Literature of Subversion*. London, New York, 1981, S. 33.

13 *Tausendundeine Nacht*, Bd. II, S. 734.

14 Shakespeare: *Othello*, Akt II, Szene 3.

15 E.A. Poe: *Tales of Mystery and Imagination*. London, 1976, darin "The Gold-Bug", S. 71-72.

Wolfgang Karrer, Osnabrück

Fantasy-Elemente in Shakespeares *The Tempest* (1611) und MGMs *Forbidden Planet* (1956)

The Tempest und seine Bearbeitung als Science-Fiction-Film sind beide leicht zugänglich, als Buch und als Videofilm. Ein Vergleich zwischen beiden ermöglicht einige Thesen zur Theorie und geschichtlichen Entwicklung von Fantasy.

Die Theorie zur Phantastik hat seit Todorov gewisse Fortschritte zu verzeichnen. Die Entwicklung vom Wunderbaren über die Phantastik (Fantasy) zum Unheimlichen und der damit einhergehende Schwund des Glaubens ans Übernatürliche scheinen gesichert ebenso wie die Grenzlinie der Phantastik zwischen Wunderbarem und Unheimlichem. Die psychologische Grundlegung der Phantastik durch Freud und Lacan im Unbewußten und im Wunsch (*desire*) bleibt ausbaubar, aber nicht mehr hintergehbar.[1]

Eine wichtige Revision, die wir mit Jameson und Jackson an Todorov vornehmen, ist die Neubestimmung der Phantastik nicht mehr als Gattung sondern als Modus. Nicht etwa in dem Sinne einer überhistorischen Instanz, die dann zu bestimmten Zeiten in Märchen, Mythen, Geistergeschichten usw. aktualisiert wird, sondern im Sinne einer spezifischen Rhetorik, oder Diskursivierung, denen eine Geschichte unterworfen werden kann oder auch nicht.[2] Wenn das Phantastische sich über das Wunderbare aus der Religion herausbildet und zum Unheimlichen führt, dann heißt das für einen Modus, daß, sobald die historische Variante zur Verfügung steht, Schriftsteller einen Text variabel zwischen Wunderbarem, Phantastischem und Unheimlichem modulieren, ihre Leser entsprechend demodulieren können. Der phantastische Text ist ein Modem.

Schließlich scheint es mir sinnvoll, wie Jackson und andere[3], den Begriff der Phantastik als Modus, als eine bestimmte Schreibweise, der man Romane, Dramen, Gedichte, Filme, Videospiele usw. unterziehen kann, der realistischen Schreibweise entgegenzusetzen. Damit wird nicht nur beider historische Entwicklung unterstrichen, sondern auch deren gegenseitige Bezogenheit aufeinander.[4] Der realistische Roman ist ja immer wieder neue Bündnisse mit der Phantastik eingegangen, als *romance* im neunzehnten Jahrhundert in den

USA z.B., oder als magischer Realismus in Südamerika im zwanzigsten. Phantastik wie Realismus sind jeweils historisch bestimmte soziale Konstruktionen. Denn die Phantastik setzt ja immer einen jeweils historisch anderen „Realitätsbegriff" voraus[5] und versucht, ihn vor allem seit der Moderne in zwei Richtungen außer Kraft zu setzen: ferne Zeiten, ferne Orte. Ferne Vergangenheit oder Zukunft (gotischer Roman, Utopie, Science Fiction usw.) und ferne Orte (z.B. die phantastische Reise) lockern den Realitätsbegriff, erlauben dessen phantastische Erweiterung.

Damit sind wir bereits bei *The Tempest* und *Forbidden Planet.*[6] Shakespeare verlegt das Geschehen auf eine ferne Insel, die Züge des Mittelmeers mit der Karibik vereint, MGM konstruiert Kulissen eines Planeten Altaire, Lichtjahre entfernt. Die Menschheit erreicht ihn erst im 23. Jahrhundert. *Forbidden Planet*, eine MGM-Produktion aus dem Jahre 1956, wurde zu einem Markstein auf dem Weg der Science Fiction hin zu Ausstattungsfilmen wie *2001* und *Star Wars*. Der Film übersetzt die Handlung und die Figurenkonstellation von *The Tempest* ziemlich eng: Prospero wird zum Philologen Dr. Morbius, Miranda dessen Tochter Altaira, Ferdinand zu Commander Adams des Raumschiffs C 57 D, Ariel wird zum freundlichen Roboter Robby und Caliban zum unsichtbaren Monster vom Id, einer Projektion des Unbewußten von Dr. Morbius. Weitere, z.T. bis in einzelne Szenen gehende Anlehnungen lassen sich nachweisen.[7] Prosperos Magie wird durch eine der Menschheit weit überlegene Technologie ersetzt, die Dr. Morbius ebenso häufig vorführt wie Prospero seine „Tricks". Es sind zwei historisch verschiedene Modulationen derselben Geschichte.

Man macht es sich nun bei weitem zu einfach, wenn man Shakespeares Stück dem Wunderbaren, den Film dem Unheimlichen zuschlagen wollte. Zwar glaubte ein Teil des Publikums um 1611 noch an Geister und Magie, und diese Bereitschaft war 1956 selbst bei einem vorwiegend kindlichen und jugendlichen Publikum geringer. Das schränkt die Annahme einer einfachen Abfolge der Art Wunderbares / Phantastisches / Unheimliches ein: Spätestens seit dem Ende des Mittelalters muß ein Publikum angenommen werden, das Unrealistisches unterschiedlich demoduliert. Das Wunderbare (Kindermärchen, *sword and sorcery*, Esoterik), das Phantastische (Science Fiction, Pynchon), das Unheimliche (Kafka, Psycho-Thriller) finden heute ihre speziellen Publika, die nicht nur nach Alter und Ausbildung differenziert sind.

Zum anderen ist es ja auch nicht so, daß Shakespeare einfach mit Wunderbarem moduliert und MGM ganz auf Science Fiction setzt. Im Unterschied zur phantastischen Erzählung, die oft auf den Ich-Erzähler baut und dessen Verwirrung, kennt das phantastische Drama keine einheitliche Perspektive. Drama und Film sind multiperspektivisch: Was für die eine Figur wunderbar ist, scheint anderen eher phantastisch oder unheimlich. Die Modulierung kann von Szene zu Szene schwanken, nicht nur umkippen, wie z.B. in der „Erklärung" des Übernatürlichen zum Schluß.

Damit rückt die Figurenkonstellation in den Mittelpunkt des Interesses: wie wird das Phantastische dramatisiert? Wer weiß was? Shakespeare greift auf eine der gebräuchlichsten Konfigurationen der Komödie zurück. Frye nennt sie in seiner Analyse der Literaturkritik[8] *alazon*, *eiron*, *agroikos* und *buffo*. Prospero als Spielleiter nimmt mit dem Liebespaar und seinem Helfer die wissende *eiron*-Position ein, seine Gegenspieler sind Antonio, Alonso und die Hofpartie, die Partei der Selbstüberschätzung und Usurpatoren. Caliban spielt den *agroikos*, den griesgrämigen Tölpel vom Lande, Trinculo und Stephano übernehmen die Narrenrollen des *buffo*. Shakespeare verändert die Komödienkonfiguration, die sich ja eigentlich um das junge Liebespaar und dessen verzögertes Zusammenkommen dreht, durch eine phantastische Romanzenmodulation. In dieser treten die Naturgeister an die Stelle der Narren, und der *agroikos* wird zum realistischen Fremdkörper und Spaßverderber oder Narr. Prospero wird zum Magier und Antonio zum Verräter. Die Romanzenhandlung überlagert die realistischere Komödienstruktur und macht so nicht nur die Gattungszuordnung des Stückes zu einem oft diskutierten Problem, sondern zieht auch die Charaktere in eine seltsame Ambivalenz.[9]

Forbidden Planet besetzt die vier Aktanten-(Handlungs-)Rollen etwas anders. Das Verhältnis Prospero-Caliban bleibt gleich, aber Commander Adam vereint die Heldenrolle mit der von Antonio, Alonso und der Hofpartie (seiner Crew), und Ariel übernimmt die Bufforolle des Narren zusammen mit dem Koch. Auch hier überlagern phantastische und tragische Modulationen die ursprüngliche Komödienstruktur. Dr. Morbius hat etwas vom bösen Zauberer und tragischen Helden (beides *alazon*-Rollen), Robby etwas vom treuen Riesen der Romanze, und das Id spielt die Rolle des tragischen Schicksals. Im Diagramm sähen die mehrfachen Modulationen und ihre Transformation so aus:

eiron		*azalon*
PROSPERO	--	ANTONIO
agroikos		*buffo*
CALIBAN	--	TRINCULO (ARIEL)

⇒

alazon		*eiron*
MORBIUS	--	ADAM (Id)
agroikos		*buffo*
MONSTER	--	ROBBY

Während bei Shakespeare die romantische Rolle des Prospero als klugem, überlegenem Spielführer gelegentlich vom *senex iratus* der Komödie durchbrochen wird, kehrt *Forbidden Planet* also die Rollen der Selbstüberschätzung (des *alazon*) und der unterspielten Überlegenheit des *eiron* um: Dr. Morbius wird als sich maßlos überschätzender Wissenschaftler von Commander Adam auf seine eigene Unwissenheit hingewiesen. Damit schlägt natürlich auch die bipolare Wertung von Gut und Böse, die für das Phantastische charakteristisches und ideologisches Erbe bleibt[10], um. Die Hybris von Prospero/Morbius steigert sich zu Selbstopferung und Anerkennung traditioneller Ordnung: "[...] it will remind us that we're after all, not God." Prospero hingegen entsagt freiwillig seiner "rough magic" (5.1.50) und gibt das Illusionsspiel an die Zuschauer weiter.

Nun ist für die Rezeption des Stückes wie des Films auffallend, daß die Gegenpositionen zu Prospero und Morbius, die Hofpartie und die Raumschiffbesatzung einschließlich ihrer Führer, seltsam blaß bleiben. Das Interesse der Zuschauer hat sich zunehmend weg von ihnen und hin zu den Dienern entwickelt: Ariel und Caliban, Robby und das Monster haben sich als die wahren Attraktionen von Stück und Film herausgebildet. Damit haben sich die Phantasieelemente aus beiden gegen den Rest durchgesetzt. Für Ariel und Caliban ist das durch die breite Rezeptionsstudie von Vaughan / Vaughan, für Robby durch die Vermarktungsstudie von Clarke / Rubin nachgewiesen.[11]

Nun modulieren beide, Stück und Film, die Reaktionen auf die beiden Diener, *agroikos* und *buffo*, besonders reichhaltig. Caliban wird im Personenverzeichnis zu *The Tempest* als "a savage and deformed slave" bezeichnet, Ariel als "an airy spirit". Beide scheinen zunächst das bipolare Denken der Phantasie zu verdeutlichen und auf mittelalterliche Psychomachien zurückzugehen. Die meisten moralischen Bewertungen kommen jedoch von Prospero, der zudem oft im Zorne gegen seine Diener spricht. So entstammen fast alle Bewertungen von Caliban als Ding, Tier, Teufel oder Schmutz dem Munde Prosperos. Auch der Vergewaltigungsversuch an Miranda wird durch nichts anderes im Stücke bestätigt. Trinculo und Stephano nennen Caliban zwar Monster, aber ihre Wahrnehmungskraft ist durch andere Faktoren getrübt. Caliban ist ein deformierter Sklave, der durch seine Betrachter phantastisch verzerrt wird. Ariel gegenüber verhält sich Prospero respektvoller, obwohl er sich auch hier bei Widerrede zu Beschimpfungen hinreißen läßt (1.2.257). Der Grund für die Zurückhaltung ist nicht weit zu suchen: Ariel ist ein Diener, auf Zeit verpflichtet, ein "indentured servant", der eine Schuld abarbeitet, Caliban ist ein Sklave. So bleiben Ariel Gelegenheiten zu Verhandlungen über Umfang und zeitliche Begrenzungen seiner Arbeiten - eine Art früher Tarifverhandlung - Caliban bleibt nur die Rebellion und Ermordung seines Herrn: er ist auf einer Insel.

Shakespeare stellt also zwei zur Kolonisierung Amerikas gebräuchliche Arbeitsverhältnisse vor: Sklaverei und Zeit-Knechtschaft. Die phantastische Modulation maskiert diese Verhältnisse nur zum Teil. Beide Diener wollen ihre Freiheit und erhalten sie zum Schluß auch. Aber das Herr-Knecht-Verhältnis unterscheidet sich: Den einen belegt der Herr mit allen erniedrigenden Ausdrücken des Rassismus, Ariel bleibt ein "spirit".

Dies ist das eigentliche Schlüsselwort des Dramas und führt uns zur Phantastik zurück. Shakespeare nutzt die zu seiner Zeit noch geläufigen Geisterlehren, ein Amalgam aus Klassischem, Christlichem und Volkstümlichem.[12] Aber "spirit(s)" nimmt neben der Bedeutung Alkohol auch noch psychologische Bedeutungen an: Ariel und selbst Caliban lassen sich als Seelenkräfte Prosperos lesen. Und diese *spirits*, in allen drei Bedeutungen, tragen zur phantastischen Modulation des Stückes bei. "Imagination" und "fancy" werden jeweils zweimal im Stück genannt. Im zweiten Akt sagt Antonio, nachdem Alonso von Ariel in Schlaf versetzt wurde: "My spirits are nimble / [...] and / My strong imagination sees a crown / Dropping upon thy head" (2.1.202ff.) Mirandas Imagination hingegen kann sich keinen anderen als Ferdinand vorstellen (3.1.56). Im vierten Akt antwortet Prospero auf Ferdinands Frage zur Hochzeits-*masque*:

> Fer. This is a most majestic vision, and
> Harmonious charmingly. May I be bold
> to think these spirits?
>
> Pros. Spirits, which by mine Art
> I have from their confines call'd to enact
> My present fancies. (4.1.117-22)

Die ganze Stelle, wie auch die Antonio-Stelle, läßt sich doppeldeutig lesen: die eingesperrten Diener können als Allegorien jener Geisteskräfte aufgefaßt werden, welche die Phantastik hervorrufen. Gegen Schluß wird Shakespeare noch deutlicher. Ariel tritt mit der Hofpartie zu feierlicher Musik (air-airy ist ein zweites leitmotivartiges Wortspiel) in Prosperos magischen Kreis.

> A solemn air, and the best comforter
> To an unsettled fancy, cure thy brains,
> Now useless, boil'd within thy skull! [...]
> The charm dissolves apace;
> And as the morning steals upon the night,
> Melting the darkness, so their rising senses
> Begin to chase the ignorant fumes that mantle
> Their clearer reason. (5.1.58ff.)

Dann ruft Prospero Ariel auf ("quickly, spirit; Thou shalt ere long be free", 87), die Entzauberung vorzubereiten.

In der Tat hat das ganze Stück phantastische Szenen vorgeführt, die den "spirits" in ihrer dreifachen Bedeutung zu verdanken sind: den Geistern, dem Alkohol, den unbewußten Seelenkräften. Diese produzieren - wie das Theater und seine Tricks - Sinnestäuschungen, die der Verstand, wenn er Zugang zu den Sinnesorganen hat, auflösen kann.

Prosperos theatralische Illusions-Kunst hängt also ganz wesentlich von seinen Dienern ab, Ariel für die geistige Arbeit, Caliban für die körperliche Arbeit. *The Tempest* ist aber nicht nur eine „inszenierte Inszenierung"[13], eine Parabel aufs Theatermachen. Es geht auch um Kolonisation, und dies nicht nur in Bezug auf die dort vorherrschenden Arbeitsverhältnisse. Shakespeare zeigt die europäischen Mächte in Konkurrenz um Nordafrika und Usurpation als einen Teil dieses Kampfes. *The Tempest* zeigt gleich zweifach, wie Herrschaft und Theater zusammenhängen. Entthronter Prospero und „unsettled fancy" entsprechen sich, denn Prospero rächt sich an seinen Gegnern durch die Beherrschung ihrer Sinne. Theater ist ein Teil dieser Herrschaftsstrategie: durch die Manipulation ihrer Wahrnehmung (Prospero und Ariel nennen sie "tricks", die *lazzi* der Commedia dell'arte) fängt sie die Opfer, um sie schließlich wieder freizusetzen. Damit wird das Sehen zur zentralen Praktik im Stück. Prospero steuert das Betrachten von Spektakeln im Stück und überträgt dies zum Schluß im Epilog an die Zuschauer von *The Tempest*. Die dem Blick Unterworfenen werden zu seinen Subjekten. Dies wirft auch ein Licht auf Miranda, deren Name bereits Programm ist. Die zu Betrachtende wird dem männlichen Blick ausgesetzt, Miranda wird zum Subjekt durch diesen Blick, nicht nur in der Schachszene. *The Tempest* handelt nicht nur vom Theater und Kolonisieren, es stellt auch das Patriarchat mit seiner Verfügung und Weitergabe von Frauen dar.

Das Sichtbare in *The Tempest* ist insofern mehrdeutig. Es wird durch Prospero ins Wunderbare moduliert, von anderen als phantastisch oder unheimlich bis zum Wahnsinn empfunden und zudem durch Mehrdeutigkeiten z. T. allegorischen Deutungen (die Geister personifizieren Geisteskräfte) ausgesetzt. Shakespeare glaubt nicht mehr an Geister, aber er stellt sein Theater als magische Praktik dar, die über Geisteskräfte auf die Phantasie der Zuschauer wirkt. Daß diese Magie harte Arbeit ist, voll politischer und ökonomischer Aspekte, läßt er Trinculo sagen: "in England [...] they will lay out ten to see a dead Indian." (2.2.27ff.). Das koloniale Subjekt wird zum Schaustück Europas. Shakespeares Caliban ist teilweise eine Gegenstrategie gegen diese Schaustellungen.

Auch *Forbidden Planet* stellt sich in seinem Vorspann klar in einen kolonialen Zusammenhang: die Mission des Raumschiffs C 57 D ist "the conquest and colonization of deep space". Auch in ihm wird das Betrachten, das Schauen zur zentralen Praktik gemacht. Die patriarchalische Struktur ist vor allem bei Altaira völlig ungebrochen. Dr. Morbius versteckt sie zunächst vor der Raumschiffbesatzung. Nach ihrer Entdeckung beginnt ein ausgiebiges Spiel um das Sehen / Verbergen von Altaira: ihre Kleidung zeigt zu viel, es wird umgeschneidert, sie badet nackt vor Commander Adam (eine Szene, auf der der Produzent bestanden hatte, weil er den Phantasiewert solcher Szenen hoch einschätzte)[14], Zuschauer und Mannschaft geben ein dankbares Publikum für solche Zurschaustellung ab.[15] Selbst im Labor noch projiziert der eifersüchtige Vater ihr dreidimensionales Bild verkleinert auf den Tisch.

Aber das Schauen beschränkt sich nicht auf das junge Mädchen. Dr. Morbius demonstriert - in enger Anlehnung an Prosperos Maskenspiele - die wunderbare Welt der neuen Techniken, die er den Krell, einer der Menschheit weit überlegenen, ausgestorbenen Rasse, abgeschaut hat. Nach Wohnzimmer und Labor führt Dr. Morbius ganz unaufgefordert seine Gäste in die unterirdischen Energieanlagen der Krell-Kernkraftwerke. Hier wird dann auch die Utopie der Krells erklärt (in enger Anlehnung an Gonzagos Utopie von "No occupation; all men idle, all" (2.1.150)).

> [This energy] might somehow and once and for all free from any dependence from physical instrumentality. - Civilization without instrumentalities? Incredible!

Commander Adams' Reaktion ist nur eine der zahlreichen Modulationen, die die Figuren des Film als eine Reaktion auf das Neue in dieser Welt entwikkeln. Dr. Morbius nennt seine Technik "parlor magic", er bietet die Besichtigung der "Krell wonders" an, warnt dann vor einem direkten Blick in die Brennkammern: "Man does not look in the face of the Gorgon and live!" Commander Adams und seine Leute, die eingangs alles Fremde als "something funny" bezeichnen, steigern sich zu "unnatural", "heaven," "dream" und - bei der Untersuchung der Spuren des Monsters - zu:

> It's fantastic! Doc, I don't understand. This thing runs counter to every law of adapted evolution [...] It just doesn't fit into normal nature. Anywhere in the galaxy this is a nightmare!

Zum Schluß löst sich alles in eine von Freud abgeleitete psychologische Erklärung auf: Das aggressive Unbewußte von Dr. Morbius hat sich mit Hilfe der Krell-Technologie in ein Energiemonster verwandelt und seiner Kontrolle entzogen. Freud und Atomphysik stellen in etwa das moderne

Gegenstück zu Shakespeares Geisterwelt, den z. Zt. akzeptablen Grenzbereich des Realen dar. Die Phantastik wird ödipalisiert.

Prosperos Erklärung zum Zusammenhang zwischen Verstand, Phantasie, Sinnen und Geisteskräften verbildlicht im Film die Schulungsmaschine der Krells. Diese kann Intelligenzquotienten vervielfachen, birgt aber auch tödliche Gefahren. Mit ihrer Hilfe entschlüsselt Dr. Ostrow zwar das Geheimnis von Dr. Morbius, das diesem verborgen geblieben war, zahlt aber dafür mit seinem Leben. Die Erklärung lokalisiert Phantastik im „Unterbewußtsein", in dem tierische und primitive Vorstellungsreste erhalten bleiben. Commander Adams erklärt:

> We are all part monsters in our subconscious, so we have laws [..] Even in you, the loving father, there still exists the mindless primitive, more enraged, more inflamed with each new frustration.

Doch Phantasie ist nicht nur erotisch oder ödipal in *Forbidden Planet.* Sie führt in Verbindung mit Intelligenz zur Entschlüsselung der Krell-Hieroglyphen, deren wunderbaren Maschinen und nicht zuletzt zu Robby. Phantasie ist vor allem technologisch. Robby, das Geschöpf von Dr. Morbius, wird ebenso reich moduliert wie die Krell-Technologie oder das Monster. "Absolute selfless obedience, simply a tool, tremendously strong, a useful enough toy" sind einige von Dr. Morbius' Anpreisungen. Auf Adams' besorgte Frage, ob er nicht auch eine tödliche Waffe sei, demonstriert Dr. Morbius dessen eingebaute Sicherheitsregeln. Robby wie das Krell-Energiezentrum reparieren und warten sich selbst. Seine Nützlichkeit bei der Whisky- und Diamantenproduktion wird komisch unter Beweis gestellt. Er kehrt als gehorsamer "Astrogator" mit dem Raumschiff zur Erde zurück.

Wo Shakespeare also die Kolonisierungsarbeit in geistige und körperliche, in Knechtschaft und Sklaverei spaltet, stellt *Forbidden Planet* Kolonisierung mittels neuer Technologien, teils kontrollierbar, teils nicht, dar. Hand- und Kopfarbeit werden in mechanische und nukleare Wunschmaschinen gespalten, die Gonzagos Utopie einer Gesellschaft ohne menschliche Arbeit zu verwirklichen scheinen. Aber "creation by mere thought", wie Commander Adams uns belehrt, setzt außer viel kreativer Intelligenz auch Kräfte des Unbewußten frei: der Mensch und die Krells sind ihrer Technologie nicht gewachsen.

"Creation by mere thought" ist zwar auch das treibende Prinzip der Phantasie, wird aber nicht auf den Film selbst gewendet. Wo Shakespeare die Voraussetzungen seines Stückes offenlegt - Phantasieproduktion als Arbeitsteilung - verschleiert *Forbidden Planet* diesen geradezu. Ein teures Billigprodukt, "an expensive B picture", in dem die Trick- und Kulissenbau-Abteilungen bei MGM auf sich aufmerksam machen wollten, ein Freudsches Drama mit

Shakespeare-Vorlage, das schließlich für den Kindermarkt ausgerichtet wurde, ein Science-Fiction-Film, in dem die karnevalistischen Modulierungen des Produzenten im Widerspruch zum Drehbuch standen (auf Nicolas Nayfack gehen die Koch-, Kuß- und Badeszenen zurück) - all diese Widersprüche und Konflikte zwischen den an der Verfilmung Beteiligten bleiben unreflektiert.

So scheint *The Tempest* in vielem moderner als *Forbidden Planet*. Nicht nur verwendet das Stück bereits filmische Techniken des schnellen Schnittes, Shakespeare und Hollywood hätten sich auch sonst gut verstanden.[16] Prospero scheint eine Vorwegnahme des Filmproduzenten, Ariel sein Regisseur. Die Macht der Illusionsbildung durch Medien, durch geschicktes Ansprechen der Geisteskräfte, all das ist in *The Tempest* schon angesprochen. Die Abhängigkeit der geistigen Arbeit von körperlicher, die Problematik der Arbeitsteilung und die Schwierigkeiten ihrer Überwindung stehen im Zentrum des Stückes. Beide, Drama und Film, lassen nicht nur über Arbeit(slosigkeit) phantasieren, sie dramatisieren auch Phantasie als Arbeitskraft und Technik.

Diese Gemeinsamkeiten sollen aber die historischen Unterschiede nicht überdecken. Shakespeares Stück steht noch in handwerklichen Zusammenhängen, seine Illusionstechnik bleibt an die Bühne gebunden. Der Film entstammt einer hochindustrialisierten Welt voller Arbeitskämpfe, in der die Phantasien über Robby einen anderen Stellenwert haben als die über Caliban zur Zeit einer europäischen Rückkehr zur Sklaverei. England in Konkurrenz mit Spanien und Frankreich um das amerikanische Kolonialreich und die USA im Kalten Krieg sowie die höfischen und militärischen Versatzstücke sprechen deutlich andere Zusammenhänge an: Phantasie als Arbeitskraft hat zwischen 1611 und 1956 deutliche Entwicklungen durchgemacht.[17] Bei Shakespeare spielt die Freisetzung der Arbeitskräfte der Phantasie noch eine entscheidende Rolle, in *Forbidden Planet* wird sie zur Bedrohung (Monster), und der Wunsch nach ihr existiert erst gar nicht: Dr. Morbius schätzt an Robby "absolute selfless obedience". Ältere Formen der Phantastik wie das Mythische und Wunderbare werden zu frei verfügbaren Modulationen in späteren Werken, wo sie aktuelle Konflikte maskieren helfen. So überführt Shakespeare Kolonisierung in die elisabethanische Geisterwelt, diese in Psychologie, und *Forbidden Planet* moduliert Wunderbares, Phantastisches und Unheimliches, um vor Kernkraftwerken zu warnen.

Beide praktizieren, was Burke die Bürokratisierung der Imagination genannt hat:[18] das Strömen der Wünsche, hier von Allmachtsphantasien, ins Bewußtsein und Wahrnehmungssystem wird formelhaft codiert. Historisch überholte Codierungen, etwa das Romanzenmuster, werden allegorisiert oder gleiten ins Triviale ab. Prospero wird zu Frankenstein.

Diese Transformation läßt sich vielleicht abschließend verallgemeinern. Mit dem Umschreiben von Magie in Technologie werden auch die alten Gegensätze von Gut und Böse teilweise umgewichtet, ohne daß die Bürokratisierung der Phantastik dabei abnähme:

I.	Gott	Teufel	(Hiob)
II.	Held	Dämon	(Prospero)
III.	Held(in)	Halbwesen	(Frankenstein)
IV.	Halbheld(in)	Andere	(Morbius)
V.	Psychopath	Opfer	(Moreau)
VI.	Aufhebung der Polarität		(Conchis)

Prosperos Geschichte läßt sich ins Göttliche (I) oder Phantastische (III) modulieren. Aber auch unheimliche (IV) oder offensichtlich pathologische und selbstironische Weiterentwicklungen sind denkbar. Prospero wird dann zu Dr. Moreau in H.G. Wells' Erzählung *The Island of Dr. Moreau* (Filme 1933, 1977), *The Tempest* zum postmodernen Irrgarten (VI) wie in John Fowles' *The Magus* (1966; Film 1968). Aber auch Conchis, der sich bei Fowles als Gott (I) sieht, könnte wieder als Psychopath (V) oder Held (II) zurückmoduliert werden.

Anmerkungen

1 T. Todorov: *The Fantastic*; R. Jackson: *Fantasy*; C. Brooke-Rose: *A Rhetoric of the Unreal,* sind grundlegende theoretische Studien der letzten Jahre. Ausbaubar, schon bei Todorov, S. 115f. angedeutet, bleibt die Theorie mit J. Piaget: *Play, Dreams and Imitation in Childhood*, insb. S. 169-272 zu sekundärer Symbolik und vorbegrifflichem Denken, aber auch mit J. Jaynes: *Der Ursprung des Bewußtseins.*, S. 79-87.

2 Zur Begründung der Unterscheidung von Genre und Modus vgl. neben F. Jameson: "Magical Narratives", 135-138 und R. Jackson, S. 13-60, auch A. Fowler: *Kinds of Literature*, S. 106-111 und N.H. Traill: "Fictional Worlds of the Fantastic".

3 R. Jackson, S. 32ff.; vgl. A. Fowler, S. 243f.

4 Beispielhaft E. Auerbach: *Mimesis*, insbesondere zu Rabelais und Cervantes; eine ähnliche gründlich rekonstruierende Arbeit für die Phantastik fehlt. Zur gegenseitigen Bezogenheit vgl. F. Jameson, "Magical Narratives" und sein Buch *The Political Unconscious*.

5 M. Wünsch: *Die Fantastische Literatur der Frühen Moderne*, S. 17-43.

6 Ich zitiere nach der Arden Edition und der Tonspur des Videobandes *Forbidden Planet* von MGM/UA.

7 A.T. Vaughan and V.M. Vaughan: *Shakespeare's Caliban*, S. 203-206; F.S. Clarke and S. Rubin: "Making Forbidden Planet" geben weitere Details.

8 N. Frye: *Analyse der Literaturkritik*, S. 174ff.

9 Vgl. C. Czach: *Die Logik der Phantasie*, S. 13-51 und 164-82.

10 F. Jameson: "Magical Narratives", 140f.; R. Jackson, S. 55ff.

11 Vaughan/Vaughan: *Shakespeare's Caliban*, zeigt den Aufstieg Calibans vom Monster (in der beherrschenden Davenant/Dryden Bearbeitung) zum rebellischen Opfer europäischer Kolonialpolitik in der modernen Rezeption. Das Plakat und Fortsetzungen von *Forbidden Planet* bis hin zu den komischen Robotern in *Star Wars* weisen deutlich auf Robby als den eigentlichen Kassenmagneten hin; vgl. Clarke/-Rubin: "Making Forbidden Planet", 63-87.

12 Vgl. Kermode: „Appendices", S.142-45.

13 C. Czach, S. 164.

14 Clarke/Rubin, S. 12, zitieren seine Begründung für den swimming pool "so he could show some skin".

15 A. Kyrou: "Science and Fiction", S. 95, schwärmt über eine neue Erotik, die von den Kostümen der reizenden Miss Francis ausgehe.

16 C. Czach: *Die Logik der Phantasie*, S. 169; Vaughan/Vaughan: *Shakespeare's Caliban*, S. 199

17 O. Negt und A. Kluge: *Geschichte und Eigensinn*, S. 1017ff.

18 K. Burke: *Attitudes towards History*, S. 225-229.

Literaturverzeichnis

Auerbach, E.: *Mimesis. Dargestellte Wirklichkeit der abendländischen Literatur*. Bern, ^{2}1959.

Brooke-Rose, C.: *A Rhetoric of the Unreal. Studies in the Narrative and Structure, Especially of the Fantastic*. Cambridge etc., 1981.

Burke, K.: *Attitudes toward History*. Boston, 1959 (Repr. v. 1937).

Czach, C.: *Die Logik der Phantasie. Shakespeares Spätstücke*. Frankfurt/M., 1986.

Clarke, F. S., Rubin, S.: "Making Forbidden Planet". *Cinefantastique* 8,2-3, 1979, 4-87.

Fowler; A.: *Kinds of Literature. An Introduction to the Theory of Genres and Modes*. Cambridge, Mass., 1982.

Frye, N.: *Analyse der Literaturkritik*.. Übs. E. Lohner, H. Clewing. Stuttgart, 1964.

Jackson, R.: *Fantasy. The Literature of Subversion*. London, New York, 1981.

Jameson, F.: "Magical Narratives: Romance as Genre", *New Literary History* 7,1, 1979, 133-63.

---: *The Political Unconscious. Narrative as a Socially Symbolic Act*. Ithaca, NY, 1981.

Jaynes, J.: *Der Ursprung des Bewußtseins durch den Zusammenbruch der bikameralen Psyche*. Übs. K. Neff. Reinbek, 1988.

Kermode, F.: "Introduction". - In Shakespeare, W.: *The Tempest*. Ed. F. Kermode, Cambridge, Mass., [4]1962, S. xi-xciii.

Kyrou, A.: "Science and Fiction". - In W. Johnson (Ed.): *Focus on the Science Fiction Film*. Englewood Cliffs, N.J., 1972, S. 91-96.

MGM/UA: *Forbidden Planet*. 1956. Videokassette. Hollywood,1984.

Negt, O., Kluge, A.: *Geschichte und Eigensinn*. Frankfurt/M., 1981.

Piaget, J.: *Play, Dreams and Imitation in Childhood*. Transl. C. Gattegno, F.M. Hodgson. New York, 1962.

Shakespeare, W.: *The Tempest*. Ed. F. Kermode. Cambridge, Mass., [4]1962. (Repr. v. 1954).

Todorov, T.: *The Fantastic. A Structural Approach to a Literary Genre*. Transl. R. Howard. Ithaca, NY, 1975.

Traill, N. H.: "Fictional Worlds of the Fantastic", *Style* 25,2, 1991, 196-215.

Vaughan, A. T., Vaughan, V. M.: *Shakespeare's Caliban. A Cultural History*. Cambridge etc., 1991.

Wünsch, M.: *Die Fantastische Literatur der Frühen Moderne (1890-1930). Definition, Denkgeschichtlicher Kontext, Strukturen*. München, 1991.

Eckart Voigts-Virchow, Gießen

Something richer, stranger, more self-indulgent: Peter Greenaway's Fantastic See-Changes in *Prospero's Books* et al.

Greenaway and the Postmodern Fantastic

According to Gerhard Hoffmann, the fantastic in literature is a persistent challenge to dominant orders. He has pointed out that a diachronic perspective on the fantastic in this broad conception yields a series of radicalizations.[1] The concept has been explicitly developed in a binary mode in opposition to the ideas of empiricism, rationalism and positivism in the eighteenth and nineteenth centuries.[2] At the end of the twentieth century, however, it seems difficult to offer rival worlds to 'the real', because both the objective and subjective categories of the extra-textual 'real' have become problematic. These criteria having suffered a demise, the fantastic surrenders the 'real-irreal'-binary and re-invents the world as a fictional entity with its own laws and frames of reference. According to Hoffmann, the result is "the transformation of all basic elements in the narrative situation".[3] Thus, the postmodernist variety of the fantastic is a reformulation in epistemological terms of Calliois' oft-quoted dictum that it is a "break in the acknowledged order".[4] This kind of the fantastic has come to be seen as "a subversive literature", as a challenge to the "Balzacian mode of fiction".[5] In 1987, the American critic Lance Olsen declared with an unashamedly normative bias: "In postmodernism, fantasy reaches its purest form".[6] Other terms, such as Jackson's "linguistic fantasy", Scholes' "fabulation" or Apter's "logical fantasy"[7], have been coined to express the new direction that the fantastic has taken, a direction that carries it far away from Tolkien's "Faërie".

On the surface, therefore, it may seem a surprising choice when Peter Greenaway confesses his "enthusiasm for J.R.R. Tolkien's *Lord of the Rings*".[8] He clearly relates Tolkien to his own penchant for fabricating secondary worlds that draw extensively on a plethora of ancient mythology and numerology. Greenaway, however, does his very best to deny the viewer any pleasure of immediate immersion in this world. Both possibilities of radicalizing the fantastic suggested by Hoffmann, the foregrounding of language (in this case the language of cinema) and the transformation of the narrative situation (via parody, disruption of logic, contrast between situation and representation, abstraction, unreality of space and time, subversion of character) are very palpably at the core of his aesthetics.[9] Greenaway's work illustrates the postmodern radicalization of the fantastic as a departure from the conventions of cinematic illusionism.

In recent critical debates, film has served primarily as an emblem of the Jamesonian postmodern condition, the loss of historicity, the ubiquity of consumerism, rather than as a playfield of postmodern aesthetic practice.[10] Greenaway, however, consciously (and still atypically for a British director) locates himself in the context of European postmodernism as an antidote against British parochialism and pervasive consumerist constraints on originality in film, with self-reflexiveness as his concotion's main ingredient. Not only is he staring across the Channel like Sarah Woodruff in that seminal text of British postmodernism, Fowles' *The French Lieutenant's Woman*[11], - he has actually crossed it several times, for instance, to shoot *The Belly of an Architect* on location in Rome in order to provide a background of cultural and architectural history to the film's narrative. Increasingly, the European sources for his films (which remain remarkably inexpensive when measured by their visual impact) plus his European projects as a painter and opera director reflect his artistic preoccupations.[12]

So far, discussions of Greenaway have failed to see his postmodernist film-making as transformations of the fantastic.[13] Especially *Prospero's Books* (1991), his adaptation of Shakespeare's *The Tempest*, calls for a re-evaluation of elements of the postmodern fantastic in his work. Three major strategies relate the fantastic in Greenaway to the phenomena of abstraction, self-reflection, and excess.

Numbers and Alphabets: The Fantasy of Abstraction

Greenaway has a history of structuralist film-making in the seventies, until modest grants from the British Film Institute for *A Walk Through H* (1978; £ 7,500) and *The Falls* (1980; £ 35,000) and more substantial funding from Channel 4 for the surprise success of *The Draughtsman's Contract* (1982) elevated him from the obscurity of his art-house documentaries into the limelight of the commercial movie industry, even if it is still the subsidized European environment rather than the demand of the movie business that fosters such directors.[14] His continuous criticism of realism owes a lot to the ideas of art cinema and counter-cinema, to the theoretical positions formulated by Stephen Heath, Peter Wollen or Colin MacCabe, in *Screen* or *Cahiers du Cinema*. Contrary to the traditions of Hollywood or Bazinian neo-realism postulating that the "ideal picture is a picture where you don't notice the director" (Otto Preminger) or advising that intention "is betrayed so quickly on the screen that it is impossible to warn film-makers enough against consciously striving after effect" (Eric Rohmer), Greenaway's formalism posits as an ideal a film where you most distinctly notice the director and where the director most consciously strives after effect.[15]

Opposing dominant Hollywood codes of narrative cinema, one may choose essentially from two options: first, the reduction of narrative organisation up to a point when what is shown is governed by mere contingency, and second, the dissociation of structural organization from the functions of narrative, which in an extreme position leads to a disavowal of representation in the conceptual or serial film. Greenaway clearly draws upon the latter technique in that a logical and causal unfolding of a plot and the development of character are undercut by an obviously arbitrary structuring of events according to formal principles, thus freeing the structure "from plot and character domination".[16] Greenaway makes a point of leaving the viewers completely at sea for the first five minutes of his films, sometimes, as in *Prospero's Books*, not only metaphorically speaking.[17]

The serial form adapted in Greenaway's early experimental film-making is transferred into the format of his narrative films. *The Falls* provides an example for his structural coding, in that the film offers a selection of ninety-two (fictional) profiles of survivors of a VUE (violent unknown event), the principle of selection being the fact that their surnames begin with the letters FALL. The serial form and the arbitrariness of the information given clearly makes the film a parody of the documentary, but Greenaway concedes that in collecting material on the FALLS, he was "not [...] retrospectively unaware of the fact that the FALL has other connotations like the autumn of the world and the Fall of Man."[18] One of the questions this paper addresses is the tension between metaphorical and allegorical contents (and readings) of Greenaway's work and its classification as genuinely fantastic.

In *The Draughtsman's Contract* (1982) the twelve drawings commissioned by Mrs Herbert from the draughtsman Mr Neville create the serial form of the film. The drawings and the structure are invaded by unaccounted-for objects within the meticulously arranged picture frames and a growing chaos and subversion in their numerical structure. *A Zed and Two Noughts* (1985) includes eight pseudo-documentary meta-films that correspond to eight evolutionary stages described by Charles Darwin. In addition Beta, the daughter of Alba Bewick, recites animal names corresponding to the letters of the alphabet.

In *The Belly of an Architect* (1986), the narrative of the film adheres to a spatial composition, the sphere. The sphere is (a) the central object in an exhibition on the architect Boullée that latter-day architect Stourley Kracklite is to organize, (b) the pregnant belly of Kracklite's wife and (c) Kracklite's own belly prey to stomach cancer. The principle of symmetry governs existence in the cycle of life and death that Kracklite's dying (in addition to his exhibition's subversion) and his wife's birth-giving (in addition to her infidelity) suggest. Thus, the film opens on the conception of the child, sketches the nine months of its intra-uterine growth as well as the nine months devoted to the exhibition's preparation, and ends on the exhibition's opening, the suicide of Kracklite, and the birth of his child. Also, there are numerous references to the number seven, which paves the way towards a more elaborate toying with numerology and the serial form in *Drowning by Numbers* (1988). This film includes a number count from one to one-hundred in various appearances during the film, while simultaneously a skipping girl is counting one hundred miscellaneous 'stars', whose names allude to the stellar system as much as to mythology and Greenaway's own sources and preoccupations. One may detect "one hundred things that begin with S", as Greenaway himself explains, and eight conspirators whose names relate to apocryphal last words of prominent figures in British history.[19] Three, a further magical number, has an important part as a structuring device in the triple female protagonist Cissie Colpitts 1-3 and the triple murder. Greenaway has explicitly described the film's linear counting as a parody of the principle of linearity in conventional film-making[20], and he adds a second orientation of the narrative, an elaborate equation of artistic activity and game-playing, which is again seminal to postmodern aesthetics.

In *The Cook, the Thief, His Wife and Her Lover* (1989, in keeping with Greenaway's own usage subsequently referred to as *Cook Thief*), the sequentiality of the film is less pronounced. It is, however, split temporally into seven days and seven meals in the restaurant 'Le Hollandais' signalled by seven introductory menues, and split spatially into seven areas dominated by a single colour to an extent that makes the characters, in flagrant disregard of narrative continuity, change the colour of their garments in order to conform to the rooms' symbolism.

Finally, in *Prospero's Books*, where Shakespeare's source text leads the story of Prospero to an inevitable narrative closure, Greenaway offers a structure of "Past, Present and Future" corresponding to Prospero's analytical uncovering of his pre-history, his present schemes on the island, and his future plans after his return. Again, Greenaway distinguishes the parts in his narrative by colour coding, from dark interior artificiality in 'The Past' to brighter exteriors in 'The Present' and, after Ariel's prompting of Prospero's forgiveness, into the mellow night of 'The Future'.[21] Greenaway furthermore subdivides his film into 91 sections, which correspond to changes in locations (and to the fact that the film was made in 1991?). Also, Prospero's garments change their colour seven times in accordance with the seven stages in Prospero's magic. Most significantly, however, Greenaway is more specific than Shakespeare about the books that Gonzalo has provided for Prospero's exile. According to Greenaway, Prospero's power relies on twenty-four volumes, corresponding to Godard's dictum that cinema is truth twenty-four frames a second.[22] Greenaway obviously delights in speculations as to the contents of these volumes, which he describes as "magical books" and "fantasy books".[23] They are related to various elements in Shakespeare's text and introduced at suitable stages of the text's development. In a standard metafictional irony, Greenaway offers - to cite just one of his stock-in-trade mock-anachronisms - Shakespeare's *First Folio* (modestly introduced as *Thirty-Six Plays*) with the first nineteen pages left blank for the inclusion of *The Tempest* (the twenty-fifth book). In his zeal for inventing an excess of fictional detail, Greenaway shows how strongly he was influenced by narrative techniques of Borges, who likewise combines a mirror and an encyclopedia in compiling apocryphal information about his fantastic "Tlön, Uqbar, Orbis Tertius" at the beginning of *The Garden of Forking Paths*.[24]

Encyclopedias and Mirrors: The Fantasy of Self-Reflection

Greenaway's films in general abound with ironic references to their own construction and status, so that Barchfeld's study has successfully traced autoreflexivity as the unifying element in all of his films.[25] Invariably, there is an artist at the heart of his films who impersonates, sometimes implicitly, but more often explicitly, Greenaway's own efforts to artistically structure the world (and invariably fails), from the draughtsman Mr Neville and the inventor of games Smut to the architect Kracklite and the cook Richard, plus Michael, the lover/bookseller. Greenaway, who sees himself as a film-painter rather than a film-maker, keeps drawing analogies between painting and filming. He exposes his penchant for allegories in recreations of paintings as *tableaux vivants* and in generally orienting his organization of perspectives, lighting and characters to the examples set by painters. As Barchfeld has shown, *Cook Thief* can be read as an allegory of film-making with the cook as the film-maker, Spica as the producer (and Michael, the silent bookseller and victim, as the writer?).[26] The filming is also associated with a theatrical performance in framing curtain shots and obvious references to the conventions of Jacobean tragedy. In that Greenaway copies the satiric impulse of

Jacobean literature, *Cook Thief*, rather than conforming to parodic patterns or postmodern fantasizing, veers towards an angry satire of a crypto-fascist, Yuppiesque Thatcher-England with art and culture imprisoned and driven to extremes by an uncultured and greedy class of business thieves.

The theme of juxtaposing a literate vs. an illiterate culture, however, connects *Cook Thief* with *Prospero's Books*. Books are "the master material on which all the magic, illusion and deception of the play is based" (9), as Greenaway suggests in the introduction to his version of Shakespeare's final play. When Prospero breaks his wand and hurls the books into the sea in disavowal of his magical powers, the music stops instantaneously and all the signs of his magic vanish - the water in the bath house, the sleeping lion, the entire palace Greenaway envisages Prospero to inhabit. Ironically, it is the brute Caliban who rescues Shakespeare's works and implicitly enables us to read the texts as the only possible approximation to natural magic.

Contrary to the main currents of recent criticism of *The Tempest*, Greenaway does not read Shakespeare's play from a post-colonial perspective as primarily concerned with the politics of power or the implications of colonial rule.[27] Instead, he engages nineteenth-century traditions which see the play as dramatic poem and that have established pseudo-autobiographical connections between Prospero and Shakespeare, very much in Coleridge's vein, who declares that *The Tempest* "addresses itself entirely to the imaginative faculty" and that Prospero is "the very Shakespeare himself".[28] The fact that Sir John Gielgud plays Prospero inevitably contributes to this reading of the text.

Echoing Kermode, Yacowar sees *Prospero's Books* as an examination of "the tension between art and nature"[29], and the text of *The Tempest* is Greenaway's prime example of art. Nature is imprisoned, both as Ariel, who urinates on the books, and as Michael Clark's Caliban, who clearly represents an imprisoned sexuality (especially if viewed against the asexual child Ariel). This is literally highlighted by "mandrill-coloured genitals - bright blue scrotum, orange penis, pink groin and vermillion anus" (94). Greenaway also intensifies metadramatical aspects of Shakespeare's source text which have probably fed the remarkable resurgence of interest in the play both on stage and on film in the 1980s (documented, e.g., by the versions of Paul Mazursky and Derek Jarman)[30], such as Prospero's magic, the setting, the plays-within-the-play, the epilogue etc.[31]

The "typical post-modernist self-referential gesture", as Greenaway somewhat wearily calls it[32], is evident in *Prospero's Books* in an accumulation of text-generation. The multiplicity of these texts and the intermedial process of their writing are essential to *Prospero's Books*, as Greenaway makes clear from the very beginning of his film. Prospero is seen writing the text of *The Tempest* in his study and simultaneously impersonating the characters, initially in a bath house. The phonetics of his repetitive voicing of /bohsn/ (four times) as a magic formula to initiate the conjuring contrasts sharply with the accompanying writing of the word 'Boatswain!', which is also visible in close-up calligraphy. In his script, Greenaway further elaborates on this idea:

> [...] we now have the two Prosperos...the Prospero - dressed in blue - sitting at the desk who has dreamt up the scenario...and the Prospero as actor in his own drama - also dressed in red - walking past. (60)

Writer, character, and also actor have become one person: Prospero is Shakespeare and is also Gielgud, the veteran Shakespeare actor at the age of 87 in a farewell performance analogous to Shakespeare's farewell play and Prospero's farewell to the island as the text's closure.[33] Here, we also find a threefold pattern. First, as a character, Prospero allows his revengeful rage to abate after Ariel's admonishing and he forgives his enemies. Second, as a writer, after his voice has created all the parts from the moment he gives life to the shipwrecked sailors ("[...] their voices ring out independently of him [...] though they are in fact Prospero's voice much enlarged and echoed", 54-55), Prospero then reinvests the characters with the power of speech. In relinquishing the conventions of the Jacobean revenge tragedy he facilitates the happy ending required by a pastoral or romance. Third, as Sir John Gielgud, Prospero yields his powers as a Shakespearean actor.

Eventually, Shakespeare/Prospero/Gielgud calls the camera up close and Greenaway re-enacts Shakespeare's variation on the Elizabethan break of theatrical illusion in the epilogue. Prospero, for once, remains within the context of his fiction and demands of his audience leave to return to Naples, reinforcing the magic island as a metaphor of the fictional space, and investing the audience - both Greenaway's courtiers clapping his hands and the cinema audience - with his own power to release him from the spell, which in this respect is the spell of fictional - textual, theatrical, cinematic - illusion.

Of course, there are other elements of self-referentiality in *Prospero's Books* which one has come to expect from Greenaway. The initial sinking of the ship is effected by Ariel's urinating on a toy vessel. This diminution of Shakespeare's opening storm-scene into a 'tempest in a pee-pot' immediately highlights the artificiality of the situation. Also, Greenaway's texts are palimpsests, as he re-cycles earlier characters, thus subverting the notions of originality and autonomy of character: in *Prospero's Books* the skipping girl from *Drowning by Numbers* reappears; *Drowning by Numbers* features the triple Cissie Colpitts from his earlier *Vertical Features Remake* (1978) and, already in tripartite form, *The Falls*.

The apocryphal twenty-four volumes Greenaway furnishes Prospero with in *Prospero's Books* blend his own preoccupations, such as architecture, structuralism, numerology etc. with the essential themes of *The Tempest* and transform it into a fictitious library that equates the Renaissance interest in antiquity and magic with the eclectic intertextual impulses of postmodernism. The magic island is the vision of a Renaissance ruler who derives his fantasies from his readings in a facsimile of Michelangelo's Laurenziana Library. Prospero is likened to da Vinci and Athanasius Kircher and described as a "book-making machine" (51), whose twenty-four books have multiplied and whose library is overspilling with knowledge the books are (literally) unable to contain (cf. 80-81). Greenaway visualizes the Foucauldian idea that the Renaissance magic conceives of nature as a text which needs reading and equates this magic activity with movie-making.[34] What is being written becomes visible immediately, and the master criterion of representation on Prospero's island - and, by extension, the cinema - is not the truth but the text.

The books are opened whenever Greenaway wants to lay bare the foundations of Prospero's fantasies. They reflect Greenaway's obsession with structures in various diagrams, tables and charts, and they give the impression of a fictitious totality. *The Book of Motions* explains "all the possibilities for dance in the human body" (141) and, in itself jumping and vibrating, it serves Prospero as a source for his staging of the wedding masque (cf. 137). *The Book of Utopias* charts "every known and every imagined political and social community" (112-113) to assist Prospero in writing Gonzalo's Utopian vision, with John White's 1580s drawings of the Virginian American Indians as a further source concept. Prospero has used a *Book of Mythologies* to people his magic world and a herbal *Book of End-Plants* plus *A Bestiary of Past, Present and Future Animals* to populate his forests (cf. 107). The vision of the banquet prepared for the shipwrecked enemies seems to Antonio a fulfilment of contemporary travellers' tales and makes Sebastian believe that "there are unicorns" (77, 128). Prospero's text-based universe needs a book, of course, to substantiate the vision, in this case the *Traveller's Tales*.

Prospero's data-base also reads as a directory of postmodernist preoccupations. There is not only the meta-level of Shakespeare's *First Folio*, but also *A Book of Mirrors*, *A Book of Architecture and Other Music*, *A Book of Languages* and *The Book of Games* plus the pornographic *Autobiographies of Parsiphae and Semiramis*.

While the encyclopedic knowledge of texts serve Prospero as a source of his world, he also needs mirror-images to realize his visions, which makes his *Book of Mirrors* the essential device in his imaginings, working both temporally and spatially. Whenever Prospero (or Prospero via Ariel, Caliban, Miranda etc.) refers in his memory speeches to his expulsion from Milan and to the establishment of his rule on Caliban's island, he conjures up his mirror images. His mirror also enables him to view his enemies all over the island. In creating opportunities for visualizing the Shakespearean verbal scenery, the mirror is one of Greenaway's tools for a more flexible handling of the narrative, which is released from the constraints of the dramatic situation.

Mythological creatures carry the mirror-images for Prospero's conjurings and thus create a frame-within-a-frame for the audience:

> We first see the seated Prospero reflected in the carried mirror ... and then with a flash, the mirror changes through a slight angle and we see what Prospero sees in his mind's eye. [...]
> (*Question*: Perhaps this sort of artifice can sometimes be seen for what it is - in this case the camera pulling back to see Prospero staring at his mirror-image and we - the audience - comprehending how it is done - as though Prospero can only realise his imagination in a mirror - making us, the audience privy to a greater, more magical world than he is. An opportunity to demonstrate the cinema's illusionism and artifice at the same time.) (49)

Again, Greenaway is taking great pains to make clear that Prospero's mirrors represent analogies to a more powerful factory of images, the cinema. His description of *A Book of Mirrors* generally reflects the flexible potentials of image-making unhampered by restrictions of temporality, causality and truth:

> Some mirrors reflect the reader, some reflect the reader as he was three minutes previously, some reflect the reader as he will be in a year's time, as he would be if he were a child, a woman, a monster, an idea, a text or an angel. One mirror constantly lies, one mirror sees the world backwards, another upside down. One mirror holds on to its reflections as frozen moments infinitely recalled. One mirror reflects another mirror across the page. (17)

The visualization of both the books and the film's description of the island based on them leads to the third predominant aspect of Greenaway's works to be expressed in an extreme position in *Prospero's Books*, namely the visual and metaphorical excess.

Images and Allegories: The Fantasy of Excess

Prospero's Books is, among other things, an ambitious attempt to take the visual equivalents to Shakespeare's poetic imagery to extremes. When Greenaway has Prospero recall how Antonio betrayed him "having both the key / Of officer and office", he exchanges Shakespeare's metaphor for a literal image: "In one quick, telling moment - we see a head - as a bearded and helmeted man bends to the floor to pick a large dropped key..." (71). This scene represents a "telling moment" because it illustrates in a nutshell how in Greenaway's imagery the vehicle is dissociated from its tenor and allowed to develop in free play, how Greenaway's images perform a much more important function than merely poetically decorating and furnishing the plot of *The Tempest*.

This is nowhere more evident than in Greenaway's creation of a multitude of allegorical and magic creatures to populate the island, which are given almost immediate prominence in the film through a four-minute travelling shot along the corridors of Prospero's palace accompanying the superimposed titles (reminiscent of Greenaway's allegorically exuberant travelling shot introducing the kitchen in *Cook Thief*). Here, Greenaway exposes his elaboration of the magic world Prospero has created - in this first example "the spirits impersonate classical and Old Testament mythologies associated with water [...] the watery images of a Renaissance imagination - mixing the sacred and the profane", plus mock-anachronistic references "because Prospero, as a magician, has foresight" (54).

In an interview Greenaway has stated that he "tried to find as many characters as I could who had an allegorical reference to water".[35] More generally, he has claimed that the "whole purpose of my cinematic effort is to explore metaphor and symbol".[36] The modelling of characters - from Ariel to the whole set of the island's imaginary population - on allegorical paintings breathes the spirit of postmodernism in confiscating images and generating new ones through their reproduction and appropriation.[37] On the surface, this metaphorical richness and the allegorical content would seem to exclude his films from any standard definition of the fantastic that seeks, among other things, to differentiate the fantastic from the allegorical. In this sense, the allegorical represents texts which can only be understood if a level of literal sense that is not fantastic can be deciphered from a fantastic surface sense. This line of argument can be traced to C.S. Lewis and J.R.R. Tolkien and it is also present in Todorov or Jackson.[38] However, it is precisely the excessive referring to allegory that prevents most of Greenaway's films from being read as allegories. The sheer wealth of allegorical meaning does not allow for a translation into literal meaning: it is, on the contrary, another of Greenaway's devices to prevent his films from being read mimetically.

For example, any attempt to read the allegories of water that initiate *Prospero's Books* as psychological ciphers is bound to fail. As is the case with other recurrent images of Greenaway's films - images of sex and food, greed and violence - such a reading seems tempting. Water is arguably the most pervasive area of imagery in Greenaway's movies (above all, in *Drowning by Numbers*, but also in many of his short films), and it clearly relates to Shakespeare's source text. It also carries the weight of anthropological meaning reinforced by Freudian psychoanalysis, as intra-uterine amniotic fluid and cleansing medium. Because water is pervasive, multi-faceted and rich in cultural and mythological reference in *Prospero's Books* it cannot be determined in its narrative function or fixed as a metaphor attached to a certain character. With the possible exception of Stourley Kracklite, individuality escapes Greenaway's characters. They are mere vessels that contain meanings. Standard psychoanalytic readings which see the fantastic as a visualization of the repressed are bound to fail, because Greenaway's fantasy subverts the cinematic identification process. He refuses to supply insights into the psychological make-up of characters, which instead reflect the culture at large. Greenaway, therefore, eschews the possibilities of dramatic impersonation, and even Prospero is less Prospero than a universal creator of texts and an incarnation of the Renaissance mind.

Greenaway's interest in an excess of apocryphal characters can also be seen in his visualizations of other Shakespearean blanks, such as Prospero's wife, who appears as an anatomical figure displaying the interiors of her pregnancy (cf. p. 70) and Sycorax' imprisonment of Ariel and pregnancy with Caliban (cf. pp. 88, 92).[39] When Greenaway has his apocryphal plethora of natural and mythological spirits act out the wedding masque for Ferdinand and Miranda, he is careful to dissociate these scenes from the exuberant visualizations he has presented to the audience before, in order "to retrieve the impact they would have had in a more conventional theatrical performance of the play" (p. 139). In fact, the visual and aural exuberance of *Prospero's Books* turns it into an extended masque, blending music, dance and scenery into a full exploitation of whatever means the cinema at the end of the 20th century has to offer in recreating a Jones/Jonson-*Gesamtkunstwerk*. Vincent Canby's criticism in the *New York Times* bears witness to the success of Greenaway's strategies of excess:

> It is too much for the mortal eye and ear. It finally swamps the mind with a nonstop succession of sounds and images that have the effect of running together in a great colourful blur.[40]

The "too-muchness" Canby identifies in *Prospero's Books* radicalizes the aesthetics of excess that can be witnessed in his earlier work from stylizations of the 17th century with enormous wigs and oversized cartwheel ruffs in *The Draughtsman's Contract* to the visual exuberance, allegories and tableaux vivants in *Drowning by Numbers* and *Cook Thief.* In *Prospero's Books*, Greenaway most significantly uses computer equipment (the Quantel Paintbox) to manipulate the camera takes, adding further visual layers and restyling the already remarkably dense images created in cooperation with his standard director of photography Sacha Vierny. Greenaway himself sees the function of these visual strategies in a subversion of film narrative:

> [...] a baroque excess of information somehow in itself is non-narrative because you are totally lost, there's no way that you can use the props of narrative in order to make things coherent.[41]

He had used other conventional visual distancing devices before, such as static shots, long shots, travelling long takes, sparse editing etc. With the Quantel Paintbox, Greenaway seeks to transcend the limitations of the cinema that he sees in the nexus of representation associated with the camera as a recording tool, as his introduction to the Paintbox images makes clear:

> This machine, as its name suggests, links the vocabulary of image-making with the tradition of the artist's pen, palette and brush, and like them permits personal signature. [...] For the paintbox can change the shape, form, contrast, colour, tone, texture, ratio and scale of any given material, then store the resulting infinite solutions for reappraisal. [...] (28)

The Paintbox turns film into a medium ideally suited to Greenaway's painterly ambition. The question as to whether his painterly ambition is ideally suited to film is open to debate.

"Total Worlds": Conclusion

To sum up, in association with the allegorical and visual excesses, both the ironical foregrounding of the fictional situation and the serial form undercutting Greenaway's narrative films could be described as a narrative excess that clearly impinges on a conventional reading of the films that would turn *The Draughtsman's Contract* into a Restoration thriller, *The Belly of an Architect* into an existentialist drama, *Cook Thief* and *Drowning by Numbers* into revenge tragedies/comedies or *Prospero's Books* into a costume re-enactment of stage Shakespeare.

Prospero's Books is definitely the most 'fantastic' of Greenaway's films, as it highlights 'ordinary' fantastic elements that exist in Shakespeare's play, which creates a secondary world full of magic creatures and fabulated effects. Prospero, Tolkien and Greenaway meet in their attempt to create images of totality in isolated spheres: "One of the characteristics of my cinema is a whole series of stories, anecdotes, apocrypha which all come together and create a total world".[42] As Greenaway's description suggests, however, his vision is 'fantastic' mainly in re-reading *The Tempest* for postmodern traits and amplifying them in *Prospero's Books*. In his version Prospero's magic island is located in the texts Prospero writes, and, by intermedial extension, it is also located in the images Greenaway films.

Whereas other works of art come to life in the exchange between text and reader, Greenaway is not content with letting his works of art speak to the recipients, but has found it necessary to become his own (ideal?) reader, "his own foremost exegete"[43], as one critic put it. Greenaway has come to issue interpretations of his own work, such as *Fear of Drowning by Numbers*, the elaborate screenplay issued for *Prospero's Books*, the television program *A Walk Through Prospero's Library* that introduces one hundred allegories from the film, and the novel *Prospero's Creatures*. Only an elaborate process of deciphering will elicit the meaning of his images and, moreover, owing to the excess of meaning, the ultimate deciphering of his texts is forever deferred. Making sense becomes a variation on making nonsense.

Greenaway's aesthetics in general, and *Prospero's Books* in particular, represent a further radicalization of the fantastic that opens up alternative worlds on the cinema screens and illustrates the potential of new technologies outside the framework of conventional Hollywood formulae. This alternative, however, has to remain accessible, to take on the mainstream, if it does not want to remain an undercurrent until being swept away by the next wave of post-postmodernism. Greenaway himself has suggested that his cinema "is something which can be self-indulgent, which can put people off with elitist knowledge and intellectual exhibitionism".[44] Greenaway changes the way we see: *Prospero's Books*' see-changes turn cinema into something richer, stranger, more self-indulgent.

Notes

1 Cf. G. Hoffmann: "The Fantastic in Fiction", 280-282.

2 Pfister & Lindner have differentiated between mimetic and alternative worlds; cf. M. Pfister, M. Lindner: „Alternative Welten", pp. 11f. Füger prefers a broad distinction between isotopic and allotopic literature; cf. W. Füger: „Streifzüge durch Allotopia", 349-391. Petzold has suggested the terms 'noematic' and 'fantasmatic' as a pair of opposites in order to avoid exhausted concepts like 'realistic' or 'mimetic'; cf. D. Petzold: "Fantasy Fiction", 14. W. Wünsch has coined another neologism („Realitätskompatibilität", 'compatibility with the current notion of reality') in order to stress the variability of the basic tenets of a given society at a given time; cf. W. Wünsch: *Die fantastische Literatur der frühen Moderne*, p. 24.

3 G. Hoffmann: "The Fantastic in Fiction", 282.

4 Quoted in R. Jackson: *Literature of Subversion*, p. 21.

5 R. Jackson: *Subversion*, p. 180; L. Olsen: "Postmodern Fantasy", 45-51.

6 Ibid., 47.

7 R. Jackson: *Subversion*, p. 164; R. Scholes: *Fabulation and Metafiction*; T.E. Apter: *Fantasy Literature*.

8 Quoted in G. Smith: "Food for Thought", 58.

9 G. Hoffmann, "The Fantastic in Fiction", 315ff.

10 Cf. F. Jameson: "Postmodernism and Consumer Society"; A. Friedberg: "Flâneurs du Mal(l)".

11 Stevenson has suggested that Woodruff's staring might be an emblem of British postmodernism's desire for inspiration from 'Europe'; cf. R. Stevenson: "Postmodernism and Contemporary Fiction in Britain", p. 32.

12 Cf. note 14. Greenaway's European orientation of his work can be measured by the participation of Italian, French, British and German (Filmstiftung Nordrhein-Westfalen) production companies for *The Baby of Macon*, as well as by the European perspective of recent shorts, such as *Darwin* (1992), his exhibitions all over Europe, such as "The Physical Self" (Rotterdam, 1991), "100 Objects to Represent the World" (Vienna, 1992), "Flying Out of This World" (Paris, 1992), "Watching Water" (Venice, 1993) and his opera "Rosa" (Amsterdam, 1994).

13 C. Barchfeld (*Filming by Numbers*, pp. 53, 62) briefly mentions the term with reference to Greenaway's early films.

14 For the funding of *A Walk Through H* and *The Falls* cf. J. Hacker, D. Price: *Take Ten*, p. 197. The budgets for Greenaway's major movies in the eighties have oscillated between £ 360,000 (*The Draughtsman's Contract*) and £ 1.8 million (*The Belly of an Architect*); cf. J. Pym: *Film on Four*, pp. 116-118. Pym shows that by providing 35% to 50% for Greenaway's films, Channel 4 has played a decisive part in enabling Greenaway to produce his visions. *Prospero's Books* was comparatively cheap at £ 1.5 million because the post-production computer equipment (worth about £ 2 million) was available free of charge from the Japanese manufacturer; cf. J. Wrathall: "Mosaic Mindscapes", 16.

15 Quoted in C. Williams: *Realism and the Cinema*, pp. 67, 75.

16 G. Hoffmann: "The Fantastic in Fiction", 318.
17 P. Greenaway: *Watching Water*, p. 53.
18 P. Greenaway: *The Falls*, no page number.
19 Quoted in M. Pally: "Interview", 7.
20 Cf. C. Barchfeld: *Filming by Numbers*, pp. 138f.
21 Cf. P. Greenaway: *Prospero's Books*, pp. 37, 97, 194. Further indication of page numbers in the text refer to the edition listed in the bibliography.
22 Quoted in S. Turman: "Interview", 107.
23 Ibid., 106.
24 Cf. J.L. Borges: *Ficciones. Fiktionen*, p. 15.
25 Cf. C. Barchfeld: *Filming by Numbers*, p. 11.
26 Cf. ibid., p. 160.
27 This tradition, starting probably with Mannoni's *La Psychologie de la Colonisation* (1947), and subsequently elaborated by Leslie Fiedler and Jonathan Miller's stage productions, is still very much alive, as even a brief glance over recent contributions on *The Tempest* in the *MLA Bibliography* reveals. Yacowar views *Prospero's Books* in this context as "a salutary contribution to the year we rediscover Columbus's 'discovery' of America", which is less convincing than his discussion of the play's postmodern aesthetics. M. Yacowar: "Negotiating Culture", 696.
28 Repr. in D.J. Palmer (Ed.): *Shakespeare: The Tempest*, p. 53.
29 M. Yacowar: "Negotiating Culture", 693.
30 There are comparatively few feature films of *The Tempest* up to Jarman's version in 1979: some BBC Television adaptations and an American NBC film of 1960, amateur performances or films loosely based on Shakespeare, such as Wilcox's Science Fiction classic *Forbidden Planet* (1956) or Michael Powell's *Age of Consent* (1969); cf. L. McKernan, O. Terris (Eds.): *Walking Shadows*, pp. 162-171; cf. also *Shakespeare Survey* 39, 1987. For the intertextual relationship between *The Tempest* and *Forbidden Planet* cf. the essay by W. Karrer in this volume. Powell's plans for casting John Gielgud in his own version of *The Tempest* never materialized; instead, it was Gielgud's wish to play Prospero in a film version of *The Tempest* that triggered off the filming of *Prospero's Books*; cf. P. Greenaway: *Prospero's Books*, p. 9.
31 Cf. A. Righter: "Introduction", pp. 44ff. Cf. also R. Egan: *Drama within Drama*, p. 94.
32 M. Rodgers: "Word and Spectacle", 16.
33 Cf. M. Yacowar: "Negotiating Culture", 693.
34 Cf. the discussion of *The Tempest* in the light of Foucault's *The Order of Things* in D. Adamson: "The Power of Prospero's Book", 11-15.
35 M. Rodgers: "Word and Spectacle", 14.
36 Quoted in G. Smith: "Food for Thought", 59.
37 I am paraphrasing Craig Owens. Cf. M. Newman: "Revising Modernism, Representing Postmodernism", p. 126.
38 Cf. T Todorov: *Einführung*, p. 60; R. Jackson: *Subversions*, p. 33; cf. also in the discussion in C. Brooke-Rose: *A Rhetoric of the Unreal*, p. 68.

39 Cf. P. Greenaway: *Prospero's Books*, 70, 88, 92. Cf. a parallel visual version of Sycorax in Jarman's irreverent camp *Tempest*.

40 V. Canby: "Reams on the Renaissance Fill", 9, 12.

41 J. Wrathall: "Mosaic Mindscapes", 16, 18.

42 Quoted in R. Bergan: "Food for Thought", 26.

43 T. Rayns: "Drowning by Numbers", 289.

44 B. McFarlane: "Peter Greenaway", 42.

Bibliography

Adamson, D.: "Authority and Illusion: The Power of Prospero's Book". *Comitatus* 20, 1989, 9-19.

Apter, T.E.: *Fantasy Literature: An Approach to Reality*. Bloomington, 1982.

Barchfeld, C.: *Filming by Numbers*. Tübingen, 1993.

Bergan, B.: "Food for Thought". *Films and Filming* 420, 1989, 26-29.

Borges, J.L.: *Ficciones. Fiktionen*. Frankfurt/M., 1992.

Brooke-Rose, C.: *A Rhetoric of the Unreal*. Cambridge, 1983.

Canby, V.: "Reams on the Renaissance Fill: *Prospero's Books*". *New York Times*, 28.09.1991, 9, 12.

Egan, R.: *Drama within Drama. Shakespeare's Sense of his Art in* King Lear, The Winter's Tale, *and* The Tempest. New York, London, 1975.

Friedberg, A.: "Flâneurs du Mal(l): Cinema and the Postmodern Condition". *PMLA* 106, 1991, 419-431.

Füger, W. "Streifzüge durch Allotopia. Zur Topographie eines fiktionalen Gestaltungsraums". *Anglia* 102, 1984, 349-391.

Greenaway, P.: *Prospero's Books*. London, 1991.

-: *The Falls*. 5th ed. Paris, 1993.

-: *Watching Water*. Exhibition catalogue. Milan, 1993.

Hacker, J., Price, D.: *Take Ten. Contemporary British Film Directors*. Oxford, 1991.

Hoffmann, G.: "The Fantastic in Fiction: Its 'Reality' Status, its Historical Development and its Transformation in Postmodern Narration". *REAL* 1, 1982, 267-364.

Jackson, R.: *Fantasy. The Literature of Subversion*. London, New York, 1981.

Jameson, F.: "Postmodernism and Consumer Society". - In H. Foster (Ed.): *The Anti-Aesthetic*. Washington, 1983. pp. 111-125.

McFarlane, B.: "Peter Greenaway". *Cinema Papers* 78, 1990, 38-43, 68f.

McKernan, L., Terris, O. (Eds.): *Walking Shadows. Shakespeare in the National Film and Television Archive*. London, 1994.

Newman, M.: "Revising Modernism, Representing Postmodernism". - In L. Appignanesi (Ed.): *Postmodernism: ICA Documents*. London, 1989. pp. 95-154.

Olsen, L.: "Deconstructing the Balzacian Mode: Postmodern Fantasy". *Extrapolation* 28, 1987, 45-51.

Pally, M.: "Interview with Peter Greenaway". *Cinéaste* 18.3, 1991, 6-11.

Palmer, D.J. (Ed.): *Shakespeare:* The Tempest. Casebook Series. London, 1991.

Petzold, D.: "Fantasy Fiction and Related Genres". *Modern Fiction Studies* 32, 1986, 11-20.

Pfister, M., Lindner, M.: „Alternative Welten: Ein typologischer Versuch zur englischen Literatur". - In M. Pfister (Ed.): *Alternative Welten*. München, 1982. pp. 11-38.

Pym, J.: *Film on Four*. London, 1982.

Rayns, T.: "Drowning by Numbers". *Monthly Film Bulletin* 55.657, 1988, 288-290.

Righter, A.: "Introduction". - In W. Shakespeare: *The Tempest*. Ed. A. Righter. Basingstoke, 1968. pp. 7-56.

Rodgers, M.: "*Prospero's Books* - Word and Spectacle". *Film Quarterly* 45, 1991/92, 11-19.

Scholes, R.: *Fabulation and Metafiction*. Urbana, 1979.

Shakespeare Survey 39, 1987: *Shakespeare on Film and Television*.

Smith, G.: "Food for Thought". *Film Comment* 26, 1990, 54-60.

Stevenson, R.: "Postmodernism and Contemporary Fiction in Britain". - In E. Smyth (Ed.): *Postmodernism*. London, 1991. pp. 19-35.

Todorov, T.: *Einführung in die fantastische Literatur*. München, 1972.

Turman, S.: "Interview with Peter Greenaway". *Films in Review* 43, 1992, 104-108.

Williams, C.: *Realism and the Cinema. A Reader*. London, 1980.

Wrathall, J.: "Mosaic Mindscapes". *Screen International* 824, 13.09.1991, 16-18.

Wünsch, W.: *Die fantastische Literatur der frühen Moderne*. München, 1991.

Yacowar, M.: "Negotiating Culture: Greenaway's *The Tempest*". *Queen's Quarterly* 99, 1992, 689-697.

Doris Feldmann, Münster

Victorian (Dis)Enchantments: Fantasy and Realism in the Visions and Revisions of Scrooge and Alice

That a fantastic strain of writing flourished in the classic age of realism may, at first sight, seem surprising. It is, however, an established fact that Victorian England witnessed the cultural institutionalization of the fairy tale and of fantasy literature. Some works of fiction written in these modes, especially Charles Dickens's *A Christmas Carol* and Lewis Carroll's *Alice* books[1], have become established classics. Dickens's and Carroll's texts have been adapted, revised and modernized, in print as well as for television and the cinema. Accordingly, the protagonists, Scrooge and Alice, are ubiquitous in modern popular culture; their dreams or visions are, like myths, common cultural property. These visions were already well known and revised in Victorian times. The following essay will turn to this complex and ongoing cultural process of reception as well as to the mixture of fantasy and realism as a general literary phenomenon through an analysis of the Victorian texts and their con-texts. More specifically, I propose to consider the following questions: First, what are the literary, epistemological and social conditions that created or at least shaped the aesthetics of Victorian fantasy fiction? Second, in which ways do the (less popular) revisions differ from the (popular) texts they revise? And, third, what are the ideological implications of the combination of fantastic and realistic elements in the Victorian texts?

Contexts

From a historical point of view it comes as no surprise that the Victorians produced fairy tales and fantasy fiction.[2] The romantics had played a key role in creating a more receptive atmosphere for the fantastic by insisting on the essential role of the imagination to supplement purely rational faculties. For romantic writers, fairy tales and fantasy stories were programmatic forms of expression[3], for they contained attempts to envisage a non-alienated existence via dreamlike and visionary states of consciousness, attempts which derived from idealized concepts of childhood. The 1820s saw the beginning of extensive translations of folktales, and by 1830 British writers were imitating

German fairy tales, which they had read in translation. At the end of the 1830s the genre was accorded considerable public acceptance, and by the end of the 1840s it had developed into a veritable fashion. Extravaganzas and pantomimes based on fairy tales were staged at Christmas time in the popular theatres and soon became an integral part of middle-class family life. The combination of fantasy with a moral impulse reflecting bourgeois standards guaranteed the legitimacy of fairy-tale narratives for middle-class audiences. In 1853, in an article for his magazine *Household Words*, Charles Dickens pointed out the usefulness of the fairy tale as a means of implanting bourgeois ideals of civilization:

> Forbearance, courtesy, consideration for the poor and aged, kind treatment of animals, the love of nature, abhorrence of tyranny and brute force - many such good things have been first nourished in the child's heart by this powerful aid. [...] In an utilitarian age, of all other times, it is a matter of grave importance that Fairy tales should be respected. [...] To preserve them in their usefulness, they must be as much preserved in their simplicity, and purity, and innocent extravagance, as if they were actual fact.[4]

The apparently paradoxical combination of playfulness and fantasy, on the one hand, and of utility and fact, on the other, is also a constitutive factor for the ambivalent aesthetics and for the ideology of English literary fairy tales in the nineteenth century.[5] The remarkable achievement of Victorian writers of such works of fiction actually lies in their ability to blend the fantastic and the realistic. Compared with the ('classical') fairy tale or folk tale, the literary fairy tale, for instance, tends to be more concrete in its specification of time and place. The miraculous evokes amazement or horror in the characters who people literary fairy tales, as is the case in the ghoststory (which Dickens mentions in the subtitle of *A Christmas Carol*). In Victorian times, in particular, literary fairy tales tended to reconcile the supernatural world of magic and wonder with the natural laws known and accepted at that time. Accordingly, they often feature realistic narrative frames which surround and confine a fantastic core and make it accessible to, or even subject to, rational interpretation. They often achieve this effect by presenting all supernatural events as part of a protagonist's dream or vision (as Carroll does in *Alice in Wonderland*). Moreover, such framing may embody an adult point of view which makes moral comments on or ironically distances itself from the fantasy realm, thus appealing to the double audience of child and adult readers.[6]

Although realistic references to everyday life were characteristic of the literary fairy tale all through the nineteenth century, it was only at the beginning of the Victorian age that writers discovered the literary fairytale's potential for representing contemporary economic, political and social realities. The conditions which had provoked the romantics to defend fairy-tale structures intensified during the Victorian period. Utilitarianism and technology came into full swing, and the industrial revolution changed the very fabric of society. Phenomena such as the concentration of large numbers of people in cities and the anonymity which resulted from it, the uniformity and discipline imposed on people by machines and the factory system, the pauperization of the working classes - all led in the 1840s to what has come to be known as the 'Condition-of-England Debate'. The literary fairy tale developed its own discourse and narrative strategies to respond to this debate. The great social critics of the time, writers like Ruskin, Dickens and Thackeray, all employed fairy-tale techniques at some point to comment on the burning social issues of their day.

Scrooge's vision

An outstanding example is Charles Dickens's *A Christmas Carol in Prose* (1843), which inaugurated a popular new genre, the Christmas book. It is here that the fairy-tale ethics of 'good versus evil' is most clearly set in a social context. The three spirits function as supernatural agents who bring about Scrooge's conversion and a happy ending that underscores a social ideal. This ideal, as defined by Scrooge's nephew, is embodied in a secularized version of Christmas:[7]

> I have always thought of Christmas time [...] - apart from the veneration due to its sacred name and origin [...] - as a good time; a kind, forgiving, charitable, pleasant time; the only time I know of, [...] when men and women seem [...] to think of people below them as if they really were fellow-passengers to the grave, and not another race of creatures bound on other journeys.[8]

The social alienation which Christmas is meant to heal (by the 'wonderful' fiction of a 'natural' equality) is a crucial element in the production of the fantastic core in *A Christmas Carol*. It is, paradoxically, the seemingly realistic setting which actually evokes, in fact even contains, by anticipation, the fantastic. The opening passages of the book centre on Scrooge's commitment to a life of accumulation that is supported by the utilitarian principles of contemporary political economy.[9] In his famous reply to the request for alms, Scrooge says that the poor had better go to the prisons and workhouses, or die and decrease the surplus population.[10] Thus the hero's rationalistic, mechanistic and seemingly disenchanted views metaphorically - if not magically - transform people into things or abstractions. In a world in which the Enlightenment has regressed to mythology[11], inanimate objects usurp human attributes. Accordingly, the description of the contemporary urban scene is shot through with animism, personification, and anthropomorphism: an old bell peeps down at Scrooge, a church tower chatters with its teeth and a house, having played hide-and-seek when young, has forgotten the way out of a yard.[12]

Given such a demonic setting, the reader is hardly surprised when Scrooge sees Marley's face glowing in his front-door knocker. The hero's self-alienation also prepares us for the appearance of Marley's ghost. In acting solely on the economic principle of financial gain, the basic principle of an acquisitive society, Scrooge has deformed and dehumanized himself. Accordingly, he is described in non-human terms (as a sharp flint and as a secret and solitary oyster)[13], and he possesses supernatural attributes that suffuse the realism with magic: Scrooge lowers the temperature of his office with his own iciness.[14] In leading a shadowy, a ghostly life, the protagonist resembles the ghost of his deceased partner and 'alter ego' Marley[15], who represents life in death (instead of death in life as Scrooge does). Moreover, even before the story proper begins with the traditional "Once upon a time"[16] formula, a self-conscious narrator deliberately draws attention to the non-referential quality of his language, to the doubleness and thus the ghostliness of writing itself. In the opening paragraphs the narrator evokes unsettling doubts about the apparent certainty of Marley's death by nervously repeating the (assumed) 'fact' and by listing the documentary sources for his 'knowledge'. In doing so, he ironically subverts the seeming empiricism of Scrooge's world and re-enacts the contradictory nature of the tale itself:[17]

> Marley was dead, to begin with. There is no doubt whatever about that. The register of his burial was signed by the clergyman, the clerk, the undertaker, and the chief mourner. Scrooge signed it. [...] Old Marley was dead as a door-nail. [...] I don't mean to say that I know, of my own knowledge, what there is particularly dead about a door-nail.[18]

Death, a major concern in Victorian fantasies, is allied with uncertainty because it does not have any direct form or representation in life. What is fantastic about Marley's ghost[19] is that it erases the dividing lines between life and death, thus collaborating in the ongoing questioning of a dichotomy like real/unreal.[20]

Similarly, the hero's fantastic voyages with the Christmas Spirits transgress the psychological[21] and social restrictions of Victorian realism. Dickens is, for instance, able to resolve special problems implicit in writing about the lower classes by 'magically' connecting the death of the middle-class protagonist with the life of the poor. The Ghost of Christmas Future literally takes the hero into 'other', unknown realms,

> into an obscure part of the town, where Scrooge had never penetrated before [...] The ways were foul and narrow; the shops and houses wretched; the people half-naked, drunken, slipshod, ugly.[22]

The poor are depicted with the help of narrative devices which go beyond the conventional patterns of realism. In a masque-like representation, the Ghost of Christmas Present introduces a girl called Ignorance and a boy called

Want; he explicitly states the allegorical meaning of these wolfish creatures by warning Scrooge that on the boy's brow he sees "that written which is Doom, unless the writing be erased".[23] In contrast, in depicting the middle-class world in the fantastic core of *A Christmas Carol*, Dickens employs a great deal of vivid realistic detail. The narrator, for instance, minutely depicts the shape, colour and scent of the food in the grocer's and in the poulterer's shop. In his description of Belle's family Christmas, he also registers the noises and touches, centring on the erotic quality of the female body.[24] The profusion and intensity of such realistic sensual details indicate an opposition to Scrooge's ghostly self-alienation. By analogy, the realistic scenes of Christmas feasts form a contrast to the social alienation represented in the

Mr. Fezziwig's Ball

opening frame. The music and dances performed at Fezziwig's ball, the games played at the nephew's Christmas party and the Christmas dinner which the Cratchit family share are all activities based on social co-operation. The realistic assessments of Christmas festivities prepare for the fairy-tale effect in the redemptive closural frame, in which the celebration of the Christmas season becomes a means of fantasizing about the (self-)regeneration of Scrooge and the socio-economic system he represents.[25]

Scrooge revised

Some Victorian fairy tales and fantasy stories unconsciously exposed and others consciously mocked the highly charged social conscience and the hypocrisy of Victorian society as expressed in the symbolism of Christmas in general and of Dickens's *A Christmas Carol* in particular.[26] Mark Lemon's *The Enchanted Doll* (1848)[27] uncovers the disenchanting structures within Dickens's text and within the society that extolled it by centring on the uncanny and punitive underside of *A Christmas Carol*. In Lemon's tale a discontented and envious doll-maker tries to make his fortune with the help of a fairy gift, an enchanted doll. He fails, however, and is severely punished for his greed and recklessness. Lemon sets the action of *The Enchanted Doll* in pre-industrial London and thus in a world which, as the narrator claims, has not yet been disenchanted by the technology of the industrial age. In doing so, Lemon is able to legitimize the fantastic elements of the tale without having to revert to the psychological realism of the vision or dream. If Lemon's protagonist Jacob Pout is the literary descendant of Scrooge, then the dark and disturbing elements have greatly increased. It is the sensational, criminal impulse, rather than the regenerational impulse, that prevails in Lemon's story. Pout's selfishness and hostility are compulsive and inherent: they are not 'explained' by childhood experiences, and they are almost insurmountable. Nor does the 'villainous' protagonist in this case undergo a miraculous transformation into a philanthropist; instead, Pout must struggle with his 'evil' traits in a long, weary and painful process. Not even a Christmas party, furnished with all the attributes of communal feeling and domestic sensual pleasure, can 'heal' him. On the contrary, the Christmas celebration increases his envy and leads him to commit the arson which constitutes the dramatic climax of this literary fairy tale: Jacob Pout tries to set fire to the shop of his successful neighbour, the industrious silversmith Tony Stubbs, but it is his own house which finally burns down.

In *The Enchanted Doll* the force of evil materializes in a fantastic character: the tiny but immensely powerful fairy Malice. Her fairy gift, the enchanted doll, externalizes and quite literally embodies the protagonist's hatred: it grows in size and shrinks again along with his anti-social desires. The fairy symbolizes the 'uncanny' *par excellence*. She is characterized as 'strange', as the 'other': Malice is dark, she is from the Far East, and she is a female despot. Her wilful and violent behaviour represents the chaotic and (self-) destructive forces of unleashed instincts, especially the force of an uncontrolled aggressive lust. The socio-historical dimension of the 'uncanny', of the return of what has been concealed or repressed[28], reveals itself in the fact that the events take place in an urban community in the sixteenth century, a community which shows the first signs of modern social dynamics. Profiteering and competitiveness, those symptoms of a 'liberal' market-economy which became such a problem in the Victorian age, take effect in a society in which the social structure is no longer accepted as 'given' because it is no longer insurmountable. Tony Stubbs, the main target of the protagonist's hatred and envy, manages to rise socially by marrying, and Jacob Pout tries to adjust to the nobility and gentry by imitating their fashionable way of life - an advance which money has made possible. The transition to the structures of early bourgeois society, in which privilege, tradition and patrimonial loyalty, the categories of a more feudal society, gradually begin to fade, highlights the modes of social deportment necessary in a modern bourgeois society.

In Lemon's literary fairy tale, these modes emerge in the form of disciplinary techniques or strategies which focus primarily on the body as the object and target of power.[29] Jacob Pout exemplifies a lack of the bodily self-control demanded by a disciplinary power which seeks to impose docility and utility upon the bodily forces. The protagonist's uncontrolled desires express themselves in excessive eating and drinking as well as in a body made conspicuous by extravagant clothes. Such behaviour endangers the social discipline of the "sober citizens"[30] and is punished accordingly: Jacob Pout is put in the stocks when drunk, his neighbours laugh at his clothes, and in the arena of the bear garden a bear tears his finery into shreds. By contrast, Tony Stubbs exemplifies the virtue of hard work, a discipline that is central to the economy of a middle-class community. His reward is the privilege of rising on the social ladder. While the 'moral' of the tale apparently warns the

reader against the potential violence contained in the bodily forces, the narrative indulges in scenes of physical violence, in comic scenes in which the protagonist is ridiculed, humiliated and disgraced by being excluded from the community, as well as maltreated and tortured - to the great mirth and de-

light of the onlookers.[31] His painful corporal punishment by the fairy Malice is depicted in great detail:

> As she screamed out her command a humming noise was heard in the air, and a legion of fairies, mounted upon horned beetles, flew at the head and hands of the doll-maker; who, powerless to defend himself, endured intolerable pain from the lances of his foes. Malice was more delighted than before, and laughed so immoderately that she was obliged to lean, from exhaustion, upon her attendants.[32]

In the satisfaction and pleasure she experiences in punishing Jacob Pout, the fairy resembles the 'real' social world in which the deviant protagonist lives. Thus the fantastic, uncanny elements of Lemon's literary fairy tale represent the repressed and hidden areas of the psycho-social order in a modern disciplinary society.

Alice's visions

In the second half of the nineteenth century writers began to embrace the fantastic more directly, and some even refrained from appropriating the energies of fantasy for the purpose of social improvement. After the economic grievances, the social upheavals and the fear of revolution which characterized the 1840s, bourgeois values gained the upper hand, and as a result, the mid-Victorian decades seemed stable and balanced. Writers turned away from realism and towards fantasy and 'nonsense' as a way of escaping the stifling hypocrisy of middle-class complacency. Up to this day, the most popular writer of 'nonsense' poetry and of fantasy fiction is Charles Lutwidge Dodgson, alias Lewis Carroll. Carroll's *Alice's Adventures in Wonderland* (1865) and *Through the Looking-Glass and What Alice Found There* (1871) offer a grotesque distortion of Victorian common sense and Victorian propriety. These fantastic 'fairy tales', however, contain not only harmless language games and amusing 'nonsense', but also an aggressive, frightening subtext: the violent revolt of familiar objects from everyday middle-class life, such as tea-things and food, which were the signs of domestic comfort within an opulent consumer society - a society which had proudly displayed its material achievements at the famous Great Exhibition of 1851.

Alice's fantastic dream-visions tell the adult reader a great deal about Victorian culture, for, after falling down the rabbit hole and after stepping through the looking-glass, 'curious' little Alice confronts underground worlds and mirror worlds which represent counter-realities to systems of order above-ground.[33] The negation of Alice's identity, for instance, in her unanswered question, "Who in the world am I?"[34], continues through the whole of the dream-story in the first *Alice* book. This is poignantly expressed in Alice's dialogue with the Caterpillar, in which she says: "I can't explain *myself*, I'm afraid, Sir [...], because I am not myself, you see."[35] The self-conscious narrative of *Through the Looking-Glass* displaces the subject even further: Tweedledum and Tweeddledee, mirror images of each other, convince Alice that her existence depends on her being the object of the Red King's dream. The question "Which dreamed it?"[36] points to the instability of authorship and thus of origins and of authority. The final sentence of the realistic inner frame involves the reader in this radical questioning, for it asks: "Which do *you* think it was?"[37] In *Wonderland* Alice becomes unsure of her identity when she experiences drastic changes in the size of her body. She hopes to regain a sense of self by trying to remember her past experiences and by memorizing what she has learned in her lessons. Her memory, however, proves to be as discontinuous as the discourse in which it is embedded.[38] Like the heroine, the other characters in the dream-visions constantly try to recall beginnings as an effective means of establishing order and meaning. Thus the fantastic parts of the story negotiate a central presupposition of Victorian realism, the notion of a self-conscious subject within a knowable community.[39]

In searching for identity and continuity in *Wonderland*, as well as in questioning authenticity and authority in *Through the Looking-Glass*, the characters in the *Alice* books reflect a pervasive Victorian quest for the origins of the self - an activity that was associated with memory. The findings of the Victorian natural sciences made clear the powerlessness of the individual organisms, which were, themselves, the medium of change. Evolutionary theory, in particular, provoked deep anxieties about the remoteness (in time) of human origins.[40] Alice tries to control these uncertainties by defining her 'self' with the help of reliable, 'external' parameters: by a discourse of knowledge which is informed by the mathematical rigour of the natural sciences and by rules of conduct which are derived from middle-class social etiquette. The power inherent in knowledge and the social prestige of 'good' manners, however, have validity neither in Wonderland nor in the Looking-Glass world. Here domestic and political order are based on physical violence. This violence is best exemplified by the Duchess's fierce method of child-rearing ("Speak roughly to your little boy,/And beat him when he sneezes.")[41] and by the tyrannous Queen of Hearts, for whom execution is the chief means of maintaining her power. The question of meaning is determined, as Humpty-Dumpty's semantic 'explanations' make clear, by a blunt assertion of authority:

> "The question is," said Alice, "whether you *can* make words mean so many different things."
> "The question is," said Humpty-Dumpty, "which is to be master - that's all."[42]

These 'fantastic' elements, the fragmentation of the self, as well as the open violence of the social context, reveal the underside of contemporary middle-class culture. The doubleness of self, for instance, is shown to be a result of Victorian notions of propriety and respectability. The above-ground Alice speaks in two voices, when she scolds herself:

> She generally gave herself very good advice, (though she very seldom followed it) [...]; and once she remembered trying to box her own ears for having cheated herself in a game of croquet she was playing against herself [...][43]

Thus the disciplinary techniques of self-observation and self-control are implicitly shown to breed duplicity and to turn propriety into an empty surface phenomenon. Moreover, Alice's great and only partly successful efforts to behave politely towards the dream-characters blur the distinctions between civilized and respectable behaviour and primitive, barbarous behaviour. By the end of the two *Alice* books, the heroine openly expresses her previously contained resentment by violently shattering and thus destroying the dream-worlds.[44] Especially in her courteously menacing relationship to such food-come-alive creatures as the Lobster and the Mock Turtle, as well as in the savage tales of animals killing one another, in which eating is equated with killing, Carroll colours the reader's understanding of Alice as a civilized human being. Carroll implies the sinister underside of good Victorian (table) manners in his satirical narrative of the banquet at the end of *Through the Looking-Glass*. When the food rebels, it implies that, by the standards of Wonderland, Alice is a cannibal. The leg of mutton, which gets up and bows, and the pudding, which criticizes Alice for 'cutting' it, make clear the crucial relationship between eater and eaten[45] as well as the survival of a 'primitive' past. The tendency to perceive violence as underlying the foundations of all civilized society was implicit in Victorian anthropological and ethnological studies of primitive cultures. This tendency, in turn, stimulated fictional extrapolations about 'primitive' behaviour.[46] Alice's 'animal nature' also manifests itself in the heroine's hunger (already apparent in her relation to the 'Eat me'/'Drink me' - objects in the first chapter of *Wonderland*), in the unrestrained appetite her songs express, and in the oral aggression which, though mainly embodied in the carnivorous activities of animals, is also associated with Alice's (and thus with female) desire.[47]

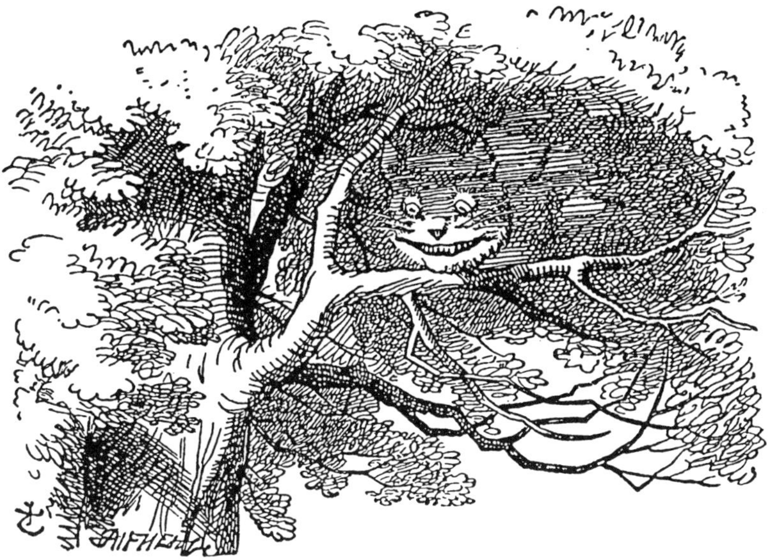

Alice revised

While male writers were free to use fantastic fairy-tale realms and wild dream-fantasies in depicting anarchic (counter-)worlds and in creating a social parody of middle-class conventionality, female writers of fairy tales and fantasy fiction were confined by strict Victorian ideas about gendered rules of conduct. Female authors were forced to maintain more restraint and decorum: they handled their subversive subtexts far more carefully by locating them firmly within a severely moral and didactic framework. Inevitably, their fairy tales and fantasy stories express the futility of trying to realize secret dreams far more often and emphatically than the texts of their male counterparts do. In doing so, they serve an anti-fantastic ideology, which derives partly from these women writers' sense of female powerlessness.[48] Nevertheless, with Lewis Carroll's *Alice* books before them, female authors began to portray girls who were allowed to express anger and hostility.[49] Although they seemed to be writing exemplary stories instructing girls in domestic and ladylike behaviour, they put the dramatic emphasis of presentation on the fantastic cores of their tales. As a result, they turned fairy tales and fantasy stories into vehicles which voiced what a Victorian girl or lady was forbidden to say or do. Their stories of Alice-like adventures feature descents into fantastic underworlds of open aggression which are closely linked to the constraints experienced by the female characters in their everday lives, experiences depicted in the realistic frames.[50]

The first story in Christina Rossetti's *Speaking Likenesses* (1874) can be read as a subversion of Carroll's *Through the Looking-Glass*. It is about eight-year-old Flora, whose birthday party turns into a fiasco of quarrelling. Flora falls asleep and dreams about another party, where furniture comes to life and quaint children play cruel games under the tyrannical rule of a birthday queen. The main setting of Flora's dream is a room lined throughout with looking-glasses. Here grotesque scenes take place, some of them involving prohibited eating in a 'consumer culture' of expensive food. These scenes

recall the chapter 'Queen Alice' in *Through the Looking-Glass*. Rossetti clearly wanted Victorian readers to note that she was writing a revision of the second *Alice* book, for *Speaking Likenesses* is filled with ironic cross-references to Carroll's text.[51] The party she depicts in the first story is, however, far more severely cruel than anything Alice experiences in her Looking-Glass world. In Flora's claustrophobic vision of (anti-)social reality, only the objects of domestic comfort and ease are friendly, while the children display militantly malignant behaviour. The heroine is forced to play three increasingly warlike games, which are closer to Victorian social realities than Carroll's fantastic parodies. In 'Hunt the Pincushion' Rossetti presents a team game as a blood sport, as a reckless repression of the weak:

> Select the smallest and weakest player ([...] a hump is best of all), chase her round and round the room, [...] sticking pins into her here or there [...][52]

In 'Self Help' Rossetti satirizes the heroic notion of individual ascent propagated by the aspiring Victorian middle classes and made popular by Samuel Smiles's *Self-Help* (1859):

> In this no adventitious aids were tolerated, but each boy depended exclusively on his own resources. [...] every natural advantage [...] might be utilized to the utmost. [...] Hooks [...] dragged about with him a load of attached captives, all vainly struggling to unhook themselves. Angles, as an Ironer, goffered or fluted several children by sustained pressure. Quills, an Engraver, could do little more than prick and scratch with some permanence of result.[53]

Flora and the Children in the Enchanted Room

In contrast to Carroll, Rossetti does not include any puns or 'nonsense' verses as a playful or comical counterbalance to the violence she depicts. Moreover, the story is told within a matter-of-fact domestic(ating) context. The narrator in the framing device is a severe aunt who continually admonishes her audience - a group of girls occupied with embroidery, needlework and drawing - not to neglect their work, when they become too curious or engrossed in the fantastic tales. In addition, the female narrator frustrates any unhampered enjoyment of the fantastic for its own sake by repeatedly reminding the girls that it is all make-believe and that they are meant to be sobered by the tales. In her unquestioned moral authority, the female storyteller resembles those (elderly) women who had dominated fairy tales and other children's literature before this literary field became colonized by males. Thus, implicitly, Rossetti does not merely undermine the power of fantasy (which Carroll had tried to uphold) by drawing attention to the conditions and limits of the desire to indulge in Alice-like fantasies. In asserting the dominance of an adult woman which is never questioned, she points to the validity of female mastery, a power which Carroll questions and represses, for he presents unflattering portraits of women and tries to reduce femininity to a naïve and static girlhood.[54]

By self-reflexively overwriting or writing against the *Alice* book in the narrative frame, Rossetti foregrounds the way in which Victorian fantasy literature implicitly underpins contemporary gender ideologies.[55] In addition, questions of gender and power also play a vital role in the fantastic part of the story. The children at the dream-queen's party are characterized in sexual terms:

> One boy bristled with prickly quills like a porcupine, and raised or depressed them at pleasure; but he usually kept them pointed outwards. Another instead of being rounded like most people was facetted at very sharp angles. A third caught in everything he came near, for he was hung round with hooks like fishhooks. One girl exuded a sticky fluid and came off on the fingers; another, rather smaller, was slimy and slipped through the hands.[56]

However, as they are equipped with phallic attributes, the boys are more threatening than the girls: there is

> Quills [who] with every quill erect tilted against her, [...] Angles whose corners almost cut her, [...] Slime who slid against and passed her, Sticky who rubbed off on her neck and plumb bare arms [...][57]

In the children's games, Rossetti gives a savage picture of Victorian gender relationships. In 'Hunt the Pincushion' the tortured object is described as female; in 'Self Help' the "boys were players, the girls were played".[58] All of this is ostensibly presented as an educational means of securing a 'civilized' behaviour that conforms to dominant Victorian gender stereotypes: when the heroine wakes up, returns home and joins the tea party, the female narrator expresses the hope that Flora will learn "how to be obliging and good-humoured under slight annoyances".[59] Nevertheless, the unquestioned and powerful mastery of the female storyteller and the dramatic energy with which the dream-queen's aggression and sadistic relish are depicted point to a hidden female fantasy of power. Paradoxically, it is the rigid narrative framework, with its restricting domestic perspective, which, for the fantastic part of the narrative, both legitimizes and frees precisely those aggressive impulses which the closural segment of the realistic narrative frame pretends to tame.

Implications

It is because of such discontinuities that the Victorian refashionings of Carroll's *Alice* books and of Dickens's *A Christmas Carol* still have a great fascination for modern readers who are interested in Victorian culture, as understood then and now. In concentrating on the sadistic and demonic substrata of Victorian culture, however, the revisionary texts did not become popular classics. Generally speaking, it is precisely in this double capacity, in the detachment from and the reference to social experience, that the appeal of Victorian fantasy fiction or literary fairy tales lies. The powerful combination of fantastic and realistic elements arises from a contradiction between the way the texts express unswerving commitment to the norms of contemporary middle-class life and at the same time assert an impulse to reject such a limited view and give vent to suppressed desires.

Within the context of Victorian social and intellectual history, the (re)visions of Scrooge and Alice have at least four functions: they propagate and discuss the ideals of middle-class domesticity, they point to the peripheries and ambiguities of an enlightened rationality, they demonstrate the hardships and deficiencies of a way of life governed by money and competition, and they offer ways of escaping from roles strictly defined by social class and gender. Accordingly, the hybrid texts of Victorian literary fairy tales or fantasy fiction can be interpreted as ambivalent reactions to the triumph of science and the technology that was concomitant with industrialization, as well as to the pervasion of society by the bourgeois values of commerce and (self-)discipline. The realistic elements, on the one hand, describe everyday middle-class life in all its materiality and complexity, and they prescribe ethical and social norms. The fantastic elements, on the other hand, tend to criticize, transgress or even subvert the prescribed rules. If regarded as deviations from Victorian middle-class norms, the realms of magic and wonder voice the marginalized or even suppressed 'other' side of Victorianism. In the visions and revisions of Scrooge and Alice, however, the boundaries within which this opposition is based become blurred: the aesthetic and ideological contradictions of this kind of fictional friction are brought into play, are allowed to coexist and are employed to create dramatic energy and tension.

Notes

1 Although these texts do not easily fit into generic formulas, they have been analysed in terms of the conventions of the fairy tale. See respectively H. Stone: *Dickens and the Invisible World*, pp. 119-126, and N. Demurova: "Toward a Definition of *Alice*'s Genre".

2 For a history of these literary forms within their literary and social contexts, see S. Prickett: *Victorian Fantasy*, pp. 1-37, J. Zipes (Ed.): *Victorian Fairy Tales*, pp. xiii-xxix, and M.C. Kotzin: *Dickens and the Fairy Tale*, pp. 15-31.

3 Critics have suggested that early Victorian writers also deliberately employed fairy-tale elements in order to utilize the antirationalistic resonance of this kind of material. For an interpretation of Dickens's *A Christmas Carol* in terms of such a strategy, see E.L. Gilbert: "The Ceremony of Innocence".

4 Ch. Dickens: "Frauds on the Fairies", p. 111.

5 This kind of fantasy fiction is called literary fairy tale because it can be regarded as a 'free' and sophisticated form of the fairy tale. For further specifications, see D. Petzold: *Das englische Kunstmärchen*, pp. 9-36.

6 See U.C. Knoepflmacher: "The Balancing of Child and Adult", and S. Gilead: "Magic Abjured".

7 Some critics even maintain that this 'philosophy of Christmas' contains the quintessence of Dickens's social message(s). See esp. L. Cazamian: *The Social Novel*, pp. 117-147.

8 Ch. Dickens: *A Christmas Carol*, p. 10.

9 Accordingly, Scrooge has been interpreted as a personification of 'Economic Man'. See E. Johnson: "*The Christmas Carol*".

10 Dickens: *A Christmas Carol*, p. 12.

11 In their philosophical fragments, Horkheimer and Adorno emphasize the dialectic of enlightenment and mythology, tracing the destructive aspects of 'progress': "In the enlightened world, mythology has entered into the profane. In its blank purity, the reality which has been cleansed of demons [...] assumes the numinous character which the ancient world attributed to demons. [...] It is not merely that domination is paid for by the alienation of men from the objects dominated: with the objectification of spirit, the very relations of men - even those of the individual to himself - were bewitched". (M. Horkheimer, Th.W. Adorno: *Dialectic of Enlightenment*, p. 28).

12 See Dickens: *A Christmas Carol*, pp. 13-14.

13 See ibid., p. 8.

14 See ibid.

15 The firm is still known as Scrooge and Marley, and sometimes people call Scrooge Marley: "he answered to both names. It was all the same to him." (ibid., p. 8).

16 Ibid., p. 8.

17 Thus *A Christmas Carol* can be seen to participate in a contemporary discourse that has been called the debate between empiricism and transcendentalism. See W.V. Harris: *The Omnipresent Debate*, esp. pp. 7-10. For an analysis of the narrator's functions, see P. Davis: *Ebenezer Scrooge*, pp. 63-67. Davis also highlights the oral qualities (rhythmical repetition, ritual re-enactment) of the story.

18 Dickens: *A Christmas Carol*, p. 7.

19 The ghost can be regarded as the fiction of our relationship to death - a relationship which reveals the highest degree of the 'uncanny'. See H. Cixous: "Fiction and Its Phantoms", pp. 542-543. For further representations of the 'uncanny', see below on Lemon's *The Enchanted Doll*.

20 According to Rabkin, this kind of reversal is one of the key distinguishing marks of the literary fantastic. He uses Carroll's *Alice* as a prime example for his (narrow) definition: "a true Fantasy such as *Alice* continues to reverse its ground rules time and again. [...] the very nature of ground rules, how we know things, on what bases we make our assumptions, in short, the problem of human knowing infects Fantasies at all levels [...]" (E.S. Rabkin: *The Fantastic*, p. 37).

21 Thus the whole series of visitations and visions can be interpreted as projections of the (hero's) subconscious. In his famous essay on 'The Two Scrooges' Wilson makes use of the *Carol* as a sort of key to a psychoanalytical interpretation of Dickens's works. See E. Wilson: "Dickens".

22 Dickens: *A Christmas Carol*, p. 61.

23 Ibid., p. 57.

24 Whereas the realism of the shop scenes (see Dickens: *A Christmas Carol*, pp. 41-42) is consistent, the realistic description of Bella and her children ends with a fantasy: the narrator fantasizes about having a child's licence to touch the female body without any restraints (see ibid., p. 36).

25 Dickens's second Christmas book, *The Chimes*, is much harsher in its social criticism. The happy ending does not include a conversion of the 'villainous' middle-class characters. Moreover, the dream visions of the working-class protagonist show Dickens's growing preoccupation with and increasingly realistic assessment of the social problems in Victorian times: they depict the conditions which cause the horrors of arson, prostitution, suicide and infanticide among the poor. See M. J. Kurata: "Fantasy and Realism".

26 Juliana H. Ewing's demonic fantasy story "Christmas Crackers" (1869-70) systematically undermines the therapeutic concepts of family life and childhood which are traditionally associated with Christmas. Alfred Crowquill's "Heinrich; or, The Love of Gold" (1860) and Christina Rossetti's "Nick" (1870) are anything but edifying stories of 'salvation'. These bleak tales twist the enchantment of Scrooge's heart-warming reformation into the disenchanting attitudes of renunciation and social submission.

27 Lemon, a close friend of Dickens, dedicated his literary fairy tale to two of his friend's daughters. - Crowquill's "Heinrich" and Rossetti's "Nick" seem to be at least partly based on *The Enchanted Doll*.

28 According to Freud, the 'uncanny' denotes the return of that which is perfectly familiar and known to us, but has been estranged by the process of repression. See S. Freud: "The 'Uncanny'", p. 241. Freud's conception of the 'uncanny' as a special case of repetition-compulsion can also be used to explain the persistence of the protagonist's behaviour.

29 These strategies belong to what Foucault calls a new 'political anatomy' of bodily details, a 'new microphysics' of power which seeks to produce docile bodies. See M. Foucault: *Discipline and Punish*, pp. 136-139.

30 M. Lemon: *The Enchanted Doll*, p. 35.

31 "[...] for more than an hour, he sat in the stocks, to the great delight of a number of little boys [...]" (ibid., p. 32). In the bear garden his "ridiculous appearance [...] roused the mirth of the assemblage, and even the angry bear-wards could not help laughing heartily" (ibid., p. 42).

32 Ibid., p. 61.

33 Generally speaking, the 'fall' and Alice's 'curiosity' confirm the postlapsarian nature of the fantastic scenery. The visions can, however, also be read as a dramatization of contemporary cultural anxieties. By presenting Alice in foreign lands, which are 'strange' from the point of view of established cultural patterns, and by showing her obsession with rules and her absolute will to master the games (which drives her beyond the bounds of decency) the stories enact some of the central problems of British imperialism. See also D. Bivona: "Alice the Child-Imperialist".

34 L. Carroll: *The Annotated Alice*, p. 37.

35 Ibid., p. 67.

36 Ibid., p. 341.

37 Ibid., p. 344.

38 Each time Alice tries to repeat a nursery rhyme, her memory rebels, her voice becomes hoarse and the texts emerge in different, dreadful form. A well-known didactic poem about a busy bee, for instance, turns into a poem about an insatiable crocodile with gently smiling jaws (see Carroll: *The Annotated Alice*, p. 38). For an analysis of similar instances and of the loss of a sense of continuity, see M. Gabriele: "*Alice in Wonderland*", pp. 370-381.

39 Rackin even places the *Alice* books within the context of modernism by regarding Alice as a naïve forerunner of the modern artist-hero figure, who manages to impose some kind of order on a post-Darwinian world of moral disorder by playing games. See D. Rackin: "Blessed Rage".

40 For a general discussion of these tendencies and their impact on Victorian narrative, see G. Beer: "Origins and Oblivion", pp. 63-73.

41 Carroll: *The Annotated Alice*, p. 85.

42 Ibid., p. 269.

43 Ibid., pp. 32-33.

44 At the end of *Wonderland*, Alice performs a final execution of all the creatures by reducing them to 'only' a pack of cards, a closure which shows the (epistemological) violence of a reductive empiricism. At the end of *Through the Looking-Glass*,

Alice revolts by tearing off the tablecloth and by fiercely shaking her antagonist, the Red Queen.

45 For an analysis of the importance of food and eating in connection with the complex power relationships in the *Alice* books, see M. Nicholson: "Food and Power", pp. 43-54.

46 See E.F. Block: *The Rituals of Dis-Integration*, pp. 36-40. The descriptions of animism as an important aspect of primitive cultures also encouraged the fantasists' concern with animistic projections in childhood and madness.

47 For the connections between Alice and her hungry cat Dinah as well as with the 'mad' Cheshire Cat (who has very long claws and a great many teeth and who dissolves into her own grinning mouth), see N. Auerbach: "Alice and Wonderland", pp. 36-37. Armstrong locates Alice's 'appetite' within the history of a Victorian consumer culture, which both produced objects of desire (and thus the desire for objects) and defined femininity in relation to that desire (via regulation and self-control). See N. Armstrong: "The Occidental Alice", esp. pp. 15-20.

48 Auerbach and Knoepflmacher have convincingly argued that gender is an important element in the nexus between the fantastic and the realistic elements in Victorian fantasy fiction written by women. See N. Auerbach, U.C. Knoepflmacher (Eds.): *Forbidden Journeys*, pp. 1-10.

49 See esp. Frances Eliza Hodgson Burnett's fantasy story "Behind the White Brick" (1874).

50 See esp. Juliana H. Ewing's fantasy tale "Amelia and the Dwarfs" (1870). - For further information about the subversive aspects of Burnett's and Ewing's works, see U.C. Knoepflmacher: "Little Girls without Their Curls".

51 Rossetti, who knew Carroll personally, implicitly attacks the sequel to his first *Alice* book by making her female narrator complain that she cannot promise first-rate wonders at short notice. Additionally, after having re-introduced the monster-children, the female narrator sarcastically remarks that she had to use such a brilliant idea twice. See U.C. Knoepflmacher: "Avenging Alice", pp. 316-317. Knoepflmacher, who also discusses the much-neglected other stories of *Speaking Likenesses*, even calls these stories "anti-fairy tales and anti-narratives" (ibid., p. 315).

52 Rossetti: *Speaking Likenesses*, p. 336.

53 Ibid., p. 338.

54 Carroll presents the Duchess (in *Wonderland*) and the Red Queen (in *Through the Looking-Glass*) as revolting and menacing female adult figures. - In the outer frame-structure, which consists of lyric poems, Carroll rescues 'his' Alice from growing up by fixing her within a timeless present, which is poetically affirmed and can be endlessly renewed. See W.A. Madden: "Framing the *Alices*", pp. 366-370.

55 This also holds for other fantasy stories by Rossetti. See B. Garlick: "Christina Rossetti". Thus despite the negative criticism by contemporary and modern critics, Rossetti's work has in recent times been re-discovered.

56 Rossetti: *Speaking Likenesses*, p. 335.

57 Ibid., p. 336.

58 Ibid., p. 338.

59 Ibid., p. 342. The surface-structures of Rossetti's works for children generally appear simple and conventionally didactic in impulse. Accordingly, the texts have never achieved a canonical status and have remained outside the great tradition. See R. McGillis: "Simple Surfaces". Rossetti's fantasy fiction was obviously written with an eye to the growing market for children's literature. That is why Rossetti abandoned the original title *Nowhere* and instead chose the didactic title *Speaking Likenesses*. See W.R. Katz: "Muse from Nowhere", p. 14.

Bibliography

Armstrong, N.: "The Occidental Alice". *Differences* 2.2, 1990, 3-40.

Auerbach, N.: "Alice and Wonderland: A Curious Child". - In H. Bloom (Ed.): *Lewis Carroll*. New York, 1987, pp. 31-44.

Auerbach, N., Knoepflmacher, U.C. (Eds.): *Forbidden Journeys. Fairy Tales and Fantasies by Victorian Women Writers*. Chicago, 1992.

Beer, G.: "Origins and Oblivion in Victorian Narrative". - In R.B. Yeazell (Ed.): *Sex, Politics, and Science in the Nineteenth-Century Novel*. Baltimore, London, 1986, pp. 63-87.

Bivona, D.: "Alice the Child-Imperialist and the Games of Wonderland". *Nineteenth-Century Literature* 41, 1986, 143-171.

Block, E.F.: *Rituals of Dis-Integration. Romance and Madness in the Victorian Psychomythic Tale*. New York, London, 1993.

Burnett, F.E.H.: "Behind the White Brick". - In N. Auerbach, U.C. Knoepflmacher (Eds.): *Forbidden Journeys*, pp. 164-176.

Cazamian, L.: *The Social Novel in England 1830-1850. Dickens, Disraeli, Mrs. Gaskell, Kingsley*. Trans. M. Fido, London, 1973.

Carroll, L.: *The Annotated Alice. Alice's Adventures in Wonderland and Through the Looking-Glass*. Ed. M. Gardner. New York, 1960.

Cixous, H.: " Fiction and Its Phantoms. A Reading of Freud's *Das Unheimliche* (The 'Uncanny')". *New Literary History* 7, 1976, 525-548.

Crowquill, A.: "Heinrich; or, The Love of Gold". - In J. Zipes (Ed.): *Victorian Fairy Tales*, pp. 61-72.

Davis, P.: *The Lives and Times of Ebenezer Scrooge*. New Haven, London, 1990.

Demurova, N.: "Toward a Definition of *Alice*'s Genre: The Folktale and Fairy-Tale Connections". - In E. Guiliano (Ed.): *Lewis Carroll*, pp. 75-88.

Dickens, Ch.: *A Christmas Carol in Prose. Being a Ghost Story of Christmas*. - In Ch. Dickens, *Christmas Books*. Oxford, 1954, pp. 1-77.

-: "Frauds on the Fairies". - In L. Salway (Ed.): *A Peculiar Gift. Nineteenth-Century Writings on Books for Children*. Harmondsworth, 1976, pp. 111-126.

Ewing, J.H.: "Christmas Crackers. A Fantasia". - In N. Auerbach, U.C. Knoepflmacher (Eds.): *Forbidden Journeys*, pp. 145-163.

-: "Amelia and the Dwarfs". Ibid., pp. 105-127.

Foucault, M.: *Discipline and Punish. The Birth of the Prison*. Trans. A. Sheridan. Harmondsworth, 1979.

Freud, S.: "The 'Uncanny'". - In *The Standard Edition of the Complete Psychological Works of Sigmund Freud*. Trans. J. Strachey. Vol. 17. London, 1962, pp. 217-256.

Gabriele, M.: "*Alice in Wonderland*: Problem of Identity - Aggressive Content and Form Control". *American Imago* 39, 1982, 369-390.

Garlick, B.: "Christina Rossetti and the Gender Politics of Fantasy". - In K. Filmer (Ed.): *The Victorian Fantasists: Essays on Culture, Society and Belief in the Mythopoeic Fiction of the Victorian Age*. Basingstoke, London, 1991, pp. 133-152.

Gilead, S.: "Magic-Abjured. Closure in Children's Fantasy Fiction". *PMLA* 106, 1991, 277-293.

Gilbert, E.L.: "The Ceremony of Innocence: Charles Dickens' *A Christmas Carol*". *PMLA* 90, 1975, 22-31.

Guiliano, E. (Ed.): *Lewis Carroll. A Celebration*. New York, 1982.

Harris, W.V.: *The Omnipresent Debate. Empiricism and Transcendentalism in Nineteenth-Century English Prose*. De Kalb, 1981.

Horkheimer, M., Adorno, Th.W.: *Dialectic of Enlightenment*. Trans. J. Cumming. New York, 1972.

Johnson, E.: "*The Christmas Carol* and the Economic Man". - In G.H. Ford (Ed.): *The Dickens Critics*. Ithaca, 1961, pp. 270-278.

Katz, W.R.: "Muse from Nowhere. Christina Rossetti's Fantasy World in *Speaking Likenesses*". *Journal of Pre-Raphaelite Studies* 5, 1984, 14-35.

Knoepflmacher, U.C.: "The Balancing of Child and Adult. An Approach to Victorian Fantasies for Children". *Nineteenth-Century Fiction* 37, 1983, 497-530.

-: "Little Girls without Their Curls. Female Aggression in Victorian Children's Literature". *Children's Literature* 11, 1983, 14-31.

-: "Avenging Alice: Christina Rossetti and Lewis Carroll". *Nineteenth-Century Literature* 41, 1986, 299-328.

Kotzin, M.C.: *Dickens and the Fairy Tale*. Bowling Green, 1972.

Kurata, M.J.: "Fantasy and Realism. A Defense of *The Chimes*". *Dickens Studies Annual* 13, 1984, 19-34.

Lemon, M.: *The Enchanted Doll. A Fairy Tale for Little People*. London, 1849.

Madden, W.A.: "Framing the *Alices*". *PMLA* 101, 1986, 362-373.

McGillis, R.: "Simple Surfaces. Christina Rossetti's Work for Children". - In D.A. Kent (Ed.): *The Achievement of Christina Rossetti*. Ithaca, London, 1987, pp. 208-230.

Nicholson, M.: "Food and Power: Homer, Carroll, Atwood and Others". *Mosaic* 20, 1987, 37-55.

Petzold, D.: *Das englische Kunstmärchen im neunzehnten Jahrhundert*. Tübingen, 1981.

Prickett, S.: *Victorian Fantasy*. Hassocks, 1979.

Rabkin, E.S.: *The Fantastic in Literature*. Princeton, 1976.

Rackin, D.: "Blessed Rage: Lewis Carroll and the Modern Quest for Order". - In E. Guiliano (Ed.): *Lewis Carroll*, pp. 15-25.

Rossetti, Ch.: "Nick". - In N. Auerbach, U.C. Knoepflmacher (Eds.): *Forbidden Journeys*, pp. 139-144.

-: "Speaking Likenesses". Ibid., pp. 325-360.

Stone, H.: *Dickens and the Invisible World. Fairy Tales, Fantasy, and Novel-Making*. Bloomington, London, 1979.

Wilson, E.: "Dickens: The Two Scrooges". - In E. Wilson: *The Wound and the Bow*. London, [2]1961, pp. 1-93.

Zipes, J. (Ed.): *Victorian Fairy Tales: The Revolt of the Fairies and Elves*. New York, 1987.

Elmar Schenkel, Leipzig

Die Macht des Ungeschehenen: Phantastische Geschichtsschreibung in *alternative histories*

1. Möglichkeitssinn

In einer seiner abgründigsten Geschichten beschreibt Jorge Luis Borges einen chinesischen Gelehrten, der bekannt wurde als Verfasser eines großen unabgeschlossenen Buches sowie als Konstrukteur eines Labyrinths, das als verschollen galt. Hunderte von Jahren später wird ein Nachfahre - ein Spion im Ersten Weltkrieg - feststellen, daß Labyrinth und Buch eins sind. Das Buch hat eine labyrinthische Struktur, weil es ein Geschehen darstellt, das alles Ungeschehene räumlich mit einschließt. Nach jedem Schritt werden sämtliche weiteren möglichen Schritte und deren weitere Verästelungen und Auswirkungen mitbedacht. Das Werk ist eine einzige Konfusion für den, der dieses Prinzip nicht erkennt - etwa für den englischen Sinologen Stephen Albert, der durch die Irreführung getötet wird. Das Prinzip ist im Titel angedeutet: „Der Garten der Pfade, die sich verzweigen".[1]

Das Prinzip der Verzweigung ist die räumliche Ausdeutung der zunächst zeitlich erfahrenen Möglichkeiten. Was in der Zeit nicht gezeigt werden kann, weil es nicht geschehen ist, kann, wenn übersetzt, im Raum Abdrücke hinterlassen. Borges' Geschichte könnte man noch weitere Labyrintherzählungen an die Seite stellen. So die von dem arabischen König, der seinen Rivalen in ein Labyrinth ohne Türen, Treppen und Mauern schickt. Es ist die Wüste.[2] Das ist das Labyrinth in seiner radikalsten Form, denn es stellt die pure Möglichkeit dar, die durch keine Vorgaben der Umwelt eingeschränkt ist. Genau dieser Exzeß des Möglichen führt den Tod des Rivalen herbei.

Borges' Geschichten sind Endformen einer Literatur, die den Möglichkeitssinn auslotet. Dies bedeutet zugleich, daß sie sich dem Unmöglichen verschrieben hat, dem, was eine Zeitlang realisierbar war, aber von einem bestimmten Zeitpunkt an nicht mehr geschehen kann. Alle Versuche, diese Vorgänge zu verräumlichen und damit realer zu machen, stammen aus einem tiefen Ungenügen an der Unumkehrbarkeit der Zeit. Dieses Ungenügen hat die Menschheit sicherlich von ihren Ursprüngen her begleitet, und es war vielleicht der Motor des Fortschritts überhaupt. Jedoch wurde der Sinn für

Alternative und Möglichkeit erst als Antwort auf den mächtigen Positivismus des 19. Jahrhunderts laut. Wenn sich in Dickens' *Hard Times* der Utilitarismus vor allem in den "facts, facts, facts" äußert, so entsteht diesem Fetisch ein Widerpart in der Welt des Zirkus, wo Freiheit erprobt wird. Nietzsches Unbehagen am Historismus geht letztlich auf dieselbe Wurzel zurück, die man auch Reduktionismus nennen kann. Wo der Positivismus sich auf Tatsachen beruft, da beschränkt sich das historische Denken auf die Vergangenheit als Erklärung. Nietzsche notierte im Jahre 1874, daß „das Faktum immer dumm ist und zu allen Zeiten einem Kalbe ähnlicher gesehen hat als einem Gotte."[3] Das ist ein Affront im Zeitalter der großen technischen Fortschritte wie Eisenbahn, Telephon und Weltausstellungen, aber Nietzsche formuliert auch hier Probleme, die das 20. Jahrhundert als seine eigenen erkennen sollte. Denn „das Faktum" sollte von allen Disziplinen aus immer fragwürdiger erscheinen. Physik, Mathematik, Psychologie, Philosophie wie auch Religionswissenschaft und Geschichte stoßen auf undeterminierbare 'Fakten', in denen das Mögliche inhärent ist.[4]

Was ist geschehen, was ist das, was nicht geschieht, und warum geschieht es nicht? Das ist eine der Kardinalfragen in vielen Disziplinen geworden. In der Psychologie befaßte sich erstmals Viktor v. Weizsäcker mit der Frage, welche Rolle das Ungeschehene im psychischen Leben spielt, eine Frage, die auch bei Freud angelegt ist.[5] Weizsäcker spricht vom „ungelebten Leben", einem Konzept, das gerade in den letzten Jahren an Bedeutung gewonnen hat. Er formulierte auch den möglichen Endpunkt einer Realisierung des Ungelebten - dieser wäre identisch mit der Wüste in Borges' Geschichte:

> Die Fülle des ungelebten Lebens übertrifft in unvorstellbarem Maße das kleine Stück des wirklich Gelebten und Erlebten. Gäben wir uns außer dem Wirklichen auch allem dem hin, was möglich wäre, so würde das Leben wohl sich selbst zerstören.[6]

Es ist kein Zufall, daß einer der größten Romane unseres Jahrhunderts, Musils *Der Mann ohne Eigenschaften*, schon im Titel auf die Negativität des faktisch Gewordenen, der Festlegungen anspielt. Sein Held Ulrich ist es auch, der sich auf die Suche nach dem Möglichkeitssinn begibt, und zwar nicht als einem neurotisch bedingten Eskapismus, sondern als einer Verwirklichung des in der Schöpfung Angelegten: „Das Mögliche umfaßt jedoch nicht nur die Träume nervenschwacher Personen, sondern auch die noch nicht erfaßten Absichten Gottes."[7]

Der Möglichkeitssinn, der alle Literatur in einem gewissen Stadium bedingt, wird in der zweiten Hälfte des 19. Jahrhunderts mit dem Entstehen der Science Fiction lebendig. Durch die Fortschritte der Technik und des Kapitalismus werden Folgeeinschätzungen immer wichtiger. Die Zukunft wird zu einem Spielfeld des Möglichen, ja sie wird geradezu erst erfunden, auch wenn man diesen Prozeß schon früher ansetzen kann.[8] Es häufen sich nun die literarischen Antizipationen in ungekanntem Ausmaß. Jules Vernes und H.G. Wells' Werke sind nur die sichtbarsten Gipfel dieser neuen Bergkette namens Zukunft. Die Zukunft ist als Rohstoff erkannt und wird in den verschiedensten Modellen 'ausgebeutet'. Aber das Denken, das sich zunächst auf die Zukunft erstreckt, macht auch vor der Vergangenheit nicht halt. „Dem Möglichen der Zukunft entspricht Mögliches der Vergangenheit."[9] Im historischen Roman seit Scott ist dieses Mögliche zunächst auf die Vorgänge beschränkt, die zwischen den historiographisch erfaßten Ereignissen und Kausalitäten liegen; z.B. die Dialoge und Gedanken von Romanfiguren, das alltägliche Leben. Der Ausgriff auf die noch nicht erfaßten Bereiche von Geschichte - wie der Vorgeschichte - ist der nächste Schritt, der z.B. bei Wells oder Jack London stattfindet. Aber erst ein neuer Zeit- und Raumbegriff ermöglicht das, was später als *alternative history* beschrieben wird. Mark Twain macht als einer der ersten Gebrauch von der Vergangenheit als einem Reservoir der Möglichkeiten, als er 1889 seinen Yankee an den Hof König Arthurs schickt, ihn das Mittelalter reformieren und es am Ende in die Luft jagen läßt.[10]

Darko Suvin hat die Entstehung der *alternative history* in die spätviktorianische Zeit datiert, gar auf den Tag genau: Es war der 1. Mai 1871, als Chesneys *The Battle of Dorking* und Bulwer-Lyttons *The Coming Race* erschienen. Beide öffnen der Geschichte neue Zeit- und Erfahrungsräume. Ähnlich eröffnet Abbotts geometrische Phantasie *Flatland* (1884) parallele Universen, die durch eine andersartige Dimensionalität gekennzeichnet sind. Neben historischen Anlässen - so der Sieg Preußens über Frankreich - vermutet Suvin tieferliegende Gründe, nämlich "a crisis of confidence in social values and stability [...]."[11] In seiner Geschichte der Uchronie, wie die Parallelgeschichte auch genannt wird, hat Emmanuel Carrère ebenfalls das späte 19. Jahrhundert als Ursprung der Gattung bezeichnet, auch wenn es möglicherweise einige frühere Autoren gab, die Napoleons Niederlage nicht verkrafteten und sich den Phantasien einer anderen Wendung der Geschichte widmeten.[12]

Auffällig ist, daß die Spekulationen um das „Was wäre, wenn..." im 20. Jahrhundert stark zunehmen. Die Geschichtswissenschaft wird von einem Spieltrieb erfaßt, der die Grundlagen historischen Denkens im neuen Licht zeigt. Nietzsche war auch hier Vorläufer: „Die Frage: 'Was wäre geschehen, wenn das und das nicht eingetreten wäre?' wird fast einstimmig abgelehnt, und doch ist sie gerade die kardinale Frage."[13]

Im Jahre 1907 schrieb die *Westminster Gazette* einen Preis aus für den besten

Aufsatz zum Thema "If Napoleon Had Won the Battle of Waterloo".[14] In der Kurzgeschichte "When William Came" stellt sich Saki (Hector Hugh Munro) 1912 ein England vor, das von den Hohenzollern besetzt ist, eine britische Niederlagenphantasie, wie sie noch oft wiederkehren sollte. 1931 gab J.C. Squire einen Sammelband heraus, der öfter nachgedruckt und auch ins Deutsche übersetzt wurde: *If, or History Rewritten*. Hier spekulierten Schriftsteller und Historiker wie Chesterton, Maurois, Belloc und Harold Nicolson darüber, was geschehen wäre, wenn Napoleon nach Amerika geflüchtet wäre, die Mauren Spanien erobert hätten oder Byron König von Griechenland geworden wäre. Winston S. Churchill steuerte einen Beitrag bei zu der Frage: "If Lee Had Not Won the Battle of Gettysburg".

Aber erst nach dem Zweiten Weltkrieg setzt ein alternatives Geschichtsdenken so verstärkt ein, daß es die Science Fiction erobert. Es ist daher nicht ausreichend, das Genre auf eine Krise des Gesellschaftssystems zurückzuführen, sondern man muß hier wohl auch von der Verarbeitung eines welthistorischen Traumas reden. Die Erzählungen müssen nicht alle mit dem Zweiten Weltkrieg zu tun haben, umkreisen aber immer wieder traumatische Knotenpunkte der Geschichte, die erst durch die Vorgänge des Krieges erkennbar wurden: Napoleons Niederlage, die Niederlage der spanischen Armada 1588, die der Südstaaten im amerikanischen Bürgerkrieg oder die Niederlage Deutschlands und Japans 1945.[15] Im folgenden soll gezeigt werden, welche Funktionsweisen das Genre charakterisieren und inwieweit sich Rückschlüsse auf die kulturelle Rolle dieser Phantasien ziehen lassen.

2. Geschichte

Die Auseinandersetzung mit dem Geschichtsbegriff unternimmt Ward Moore in seinem Klassiker der *alternative history*: *Bring the Jubilee* (1953), einer fiktionalen Umsetzung der Spekulation, die Churchill bereits 1931 ausgedacht hatte. Der Erzähler mit dem sprechenden Namen Hodge Backmaker lebt in den verarmten Nordstaaten, die vom Süden im "War of Southern Independence" niedergeschlagen wurden und nun ein schäbiges halb-koloniales Dasein fristen. Backmaker, Jahrgang 1921, ist „geschichtssüchtig"[16] und bildet sich autodidaktisch zu einem Experten der Sezessionskriege heran. In einer Kommune namens Haggershaven, die ihn von der Gesellschaft isoliert, schreibt Backmaker ein Werk, in dem er sich auf die zeitlichen Abläufe wichtiger Momente des Krieges konzentriert: *The Timing of General Stuart's Maneuvers During August 1863 in Pennsylvania*. Hierbei handelt es sich aber nur um das Präludium zu seinem späteren Hauptwerk *Chancellorsville to the End*, das ihn an den Rand der entscheidenden Schlacht von Gettysburg führt.

Churchill hatte einen Historiker fingiert, der sich nach dem Sieg der Südstaaten vorstellt, was wohl wäre, wenn der Norden den Krieg gewonnen hätte - ein doppelter Rittberger sozusagen. Backmaker schreibt zunächst aus der Sicht eines solchen Historikers; nur steht ihm eine Zeitmaschine zur Verfügung, mit der er hofft, das „Ding an sich“ seiner Disziplin, das wahre Faktum erreichen zu können. Aber genau dieses Instrument der Objektivität stößt ihn wiederum in die alternative Geschichte, die sich als unsere eigene entpuppt. Mit Hilfe der Maschine bewegt er sich auf einen dunkel gebliebenen Punkt seiner Geschichtsschreibung zu, in die Szene des Geschehens. Dort wird er entdeckt. Die Entdeckung führt zum Tod eines Konföderierten, wodurch wiederum der entscheidende Angriff der Südstaatler mißlingt, so daß nun der Norden die Schlacht von Gettysburg gewinnt. Der Erzähler hat sich aus seinem Universum in das unsere verirrt und schreibt nun seinen Bericht im Jahre 1877, 44 Jahre vor seiner Geburt in der anderen Geschichte. Er ist Opfer der Paradoxien, die jede Reise in die Vergangenheit mit sich bringt, denn sie verändert eben die Bedingungen, die die Zeitreise erst ermöglicht haben, d.h. sie kann selbst die Zeitreise verhindern, die aber stattfinden muß, um verhindert werden zu können: Die Zeitmaschine zerstört sich mit einiger Wahrscheinlichkeit selbst.

Immer wieder beschäftigt den Erzähler die Frage: Was ist Zeit, was Geschichte? Sein erster Lehrer, der Buchhändler Tyss, konfrontiert ihn mit einem sinnentleerten, prädeterminierten Universum. Er ist es auch, der ihn mit Fragen vertraut macht, die den metaphorischen Charakter aller Zeitmodelle aufdecken.

> [...] I could say that time is a convention and that all events occur simultaneously. Or if I grant its dimension I can ask, what makes you think time is a simple straight line running flatly through eternity? Why do you assume that time isn't curved?[17]

Tyss spielt hier auf Einsteins Raumzeit an, die auch von einer Raumkrümmung ausgeht. Der desillusionierte Tyss hat für sich Metaphysik und Individuum abgeschafft:

> There is no author; the book of life is simply a mess of pied type; a tale told by an idiot, full of sound and fury, signifying nothing. There is no plan [...] There is nothing but the vast emptiness in the universe.[18]

Hodge Backmakers historische Arbeit ist ein Versuch, dieser Leere zu entkommen, Kohärenz herzustellen, die für Sinn bürgt, eine Geschichte mit erkennbaren Mustern. Aber sobald er seinen Beobachterstatus verliert und in die Geschichte eingreift, bestätigt sich genau das, was er widerlegen wollte. Er katapultiert sich aus der Geschichte, wird zum Adam, "a special, parentless creation."[19] Gefangen in der Zeitschleife notiert er zum Schluß: "Have I written these lines an infinite number of times before?"[20]

Doch hat Backmakers paradoxes Erleben noch eine weitere Dimension. Das Schicksal des Erzählers spiegelt sich in einem taubstummen Mädchen, das im Koma liegt. Es stellt sich heraus, daß ein traumatisches Erlebnis, ein Gewaltakt, dazu geführt hat, daß sie ihre Kommunikation mit der Außenwelt abschnitt. Erst die therapeutische Rückkehr zum Ausgangserlebnis, das Wiedererleben, soll zur Erweckung führen. Das gelingt schließlich mittels Nachstellung des rekonstruierten Vorgangs in einer filmischen Szene. Genau dies ist auch die Technik des Historikers, der die Zeitmaschine einer Physikerin besteigt, die selbst unter einer gestörten Beziehung zur Vergangenheit (Mutterhaß) leidet. Psychologie und Geschichtsschreibung konvergieren hier und sind der Boden für alle Bewegungen aus der linearen Zeit heraus: "Not chronology" - so lautet Backmakers Einsicht, "but relationship is ultimately what the historian deals in."[21]

3. *Authentizität*

Wenn immer für real gehaltene Geschichtsverläufe verlassen werden sollen, stellt sich die Frage des Fälschens als einer radikalisierten Form der die Wirklichkeit transzendierenden Phantasien. Das, was nicht ist, kann unter Umständen nur in Form einer Fälschung im Realen kursieren. Das Nicht-Existente ist aus der Perspektive des Status quo immer 'falsch'. In *Bring the Jubilee* gibt es eine Untergrundbewegung in den Nordstaaten, die den Sieg der Konföderierten rückgängig machen wollen. Eines der Mittel dieser *Grand Army* ist Falschgeld. Durch den Umlauf sollen Kriege provoziert werden, die zum Umsturz führen könnten: "a far-fetched and fantastic attempt to circumvent the probable course of history."[22]

Die Frage der Authentizität ist zentral in Philip K. Dicks Werk *The Man in the High Castle* (1962). Dicks Interesse an alternativer Geschichte wurde ausgelöst durch die Lektüre von Ward Moores Roman.[23] Dick beschreibt eine Welt, in der die Alliierten besiegt wurden und Deutschland die amerikanische Ostküste, Japan die Westküste beherrscht.[24] Hitler lebt in einer Anstalt, Bormann ist der neue Führer, Rommel militärischer Oberbefehlshaber der Ostküste. Nur die unwegsamen Rocky Mountain States in der Mitte bilden eine freie Zone, in der der Schriftsteller Hawthorne Abendsen einen Roman mit dem Titel *The Grasshopper Lies Heavy* geschrieben hat. In diesem Werk, das zum Kultbuch im Untergrund geworden ist, wird eine alternative Realität zur vorgegebenen (für uns alternativen) Welt entworfen - eine Fiktion, in der die Alliierten Japan und Deutschland besiegt haben. Diese fiktionale Realität ist nicht völlig identisch mit der uns bekannten Welt, sondern nur eine Annäherung. So wird ein Rexford Tugwell 1940 amerikanischer Präsident, England beherrscht Europa, es gibt weder Deutschland noch Italien.[25] Viele alternativen Geschichtserzählungen folgen diesem Prinzip der Selbstreferenz: Das Faktische wird durch die Fiktion geleugnet, erscheint aber in der Fiktion wieder als Imaginäres, als nicht zu unterdrückendes Relikt der realen Welt. So wandert beispielsweise in Norman Spinrads *The Iron Dream* (1972) Hitler als erfolgloser Maler in die USA aus und wird dort zu einem gefeierten Science-Fiction-Autor. In seinem Hauptwerk ergeht er sich in arischen Zerstörungsorgien, die der historischen Realität des Weltkrieges wieder nahekommen. Die *alternative history* will als ironischer Vorgang die faktische Welt nicht auslöschen, sondern will sie noch in ihrer Abwesenheit karikieren, denn die „ersonnene Geschichte ist absurd vom Standpunkt des Wahrscheinlichen, die geschehene Geschichte ist absurd vom Standpunkt der Vernunft."[26] Wo das Ungeschehene zum Maßstab wird, muß es sich immer am Geschehenen vergleichen. Die kontrollierte Nähe zum Geschehenen ist die Voraussetzung für den Genuß des Leseschwindels im doppelten Sinn. Der Schwindel wird erzeugt im Erkennen der Fälschung, die das Eigentliche durchscheinen lassen muß. Die Entfernung darf dabei nie zu groß werden, die Bifurkationen, die auf die bekannte Geschichte zurückführen, müssen erkennbar bleiben. Sonst würde das Genre übergehen in eine reine Fantasywelt, die irgendwann einmal sich abgespalten hat oder in keinem Verhältnis zur Realität steht. So bezieht Kingsley Amis' Phantasie *The Alteration* einen gut Teil seiner Komik aus dem Spiel mit bekannten Namen: Jean-Paul Sartre als Monsignor Sartre, ein französischer Jesuit, und Thomas Kyd als der Autor des Hamlet. Auch durch die Klassikertitel ist der Wind der Alternative gefahren: *Sir Lemuel's Travels, The Wind in the Cloisters, Father Bond Stories* und *Lord of the Chalices*. Mozart ist alt geworden, Turner hat eine Kirchendecke gemalt und David Hockney ein Ecce-Homo-Mosaik zum Ruhme der Kirche angefertigt.

Beide Techniken - kontrollierte Abweichung wie die Verschachtelung von Imaginärem und Realem - folgen aus der verqueren Lage, die die *alternative history* zur Geschichte und zu sich selbst einnehmen muß. Geschehene Geschichte kann ungeschehene ignorieren - das Umgekehrte gilt jedoch nicht. In dieser Doppelung liegen Bedingungen, die metafiktionale Strategien geradezu herausfordern. So diskutieren bei Dick die Romanfiguren über das Genre des *alternate present*, während die Chorknaben in Amis' *The Alteration* heimlich sogenannte TR, also *time romances* lesen, darunter eben auch Dick und Keith Roberts.[27] Churchill, und Toynbee fingieren Historiker, die in ihren alternativen Realitäten versuchen, sich unsere Welt vorzustellen.[28] Solche historische Spekulation intendiert letztlich metahistorische Einsichten, so wie die

Romane auf metafiktionale Aussagen rekurrieren. In beiden Fällen ist die Notwendigkeit einer gesteigerten Bewußtheit des Charakters von Fiktion und Geschichte gegeben. „Um die wirklichen Kausalzusammenhänge zu durchschauen, konstruieren wir unwirkliche", schrieb schon Max Weber 1906.[29] Die halb sichtbare Mitführung des Faktischen wirft in der alternativen Geschichte immer auch die Frage nach der Authentizität auf: Was ist eigentlich echt innerhalb der Fiktion; könnte nicht die Fiktion innerhalb der Fiktion wiederum etwas Wahres verbergen?

Dick stellt in seinem Roman die Frage nach dem Wesen von Authentizität selbst, indem er wiederum an ein historisches Trauma anknüpft, den Bürgerkrieg. Im faschistoiden Amerika nach dem Zweiten Weltkrieg gibt es Antiquitätenjäger, die sich auf Waffen und andere Gegenstände des Bürgerkriegs spezialisiert haben. Gleichzeitig blüht die Fälscherindustrie. Mit einem gefälschten Colt wird Roosevelt ermordet, ebenso erschießt ein Japaner damit zwei Mörder. Das Nicht-Authentische, der fingierte Gegenstand aber verändert den Geschichtslauf und bildet die Bruchstelle zwischen dem Imaginärem und dem Realen: "Like the fake revolver, the fictional history in *Grasshopper* changes events and thus creates history"[30] - aber eben nur die Geschichte in der Fiktion. Das sogenannte Authentische muß wiederum selbst abgesichert werden durch Rückbindung an die nächste legitimierende Instanz. Das Authentische hat im Zeitalter der technischen Reproduzierbarkeit keine 'Aura' mehr, wie Benjamin sagen würde. Genau um den Verlust dieser Aura geht es Dick. Zwei Feuerzeuge sehen identisch aus, aber nur eins war in der Tasche Roosevelts, als er umgebracht wurde. Die Echtheit kann nur durch ein Zertifikat des Smithsonian dokumentiert werden: "A paper of authenticity. And so it's all a fake, a mass delusion. The paper proves its worth, not the object itself."[31] In der Suche nach der „historicity" liegt letztlich eine falsche Verehrung des Vergangenen, in der sich die Menschen nur weiter verstricken können. Das wahre Authentische hat mit Geschichte nichts zu tun und auch nicht mit der Zeit. Der Fälscher der Artefakte konzentriert sich in der Folge auf das Kunsthandwerk, und hier gelingen ihm authentische, d.h. vergangenheitslose Stücke, von einer Qualität, die der Japaner Paul „wu" nennt. Es ist fast ein religiöser Wert. Das Kunstwerk ist "alive in the now."

> To have no historicity, and also no artistic, aesthetic worth, and yet to partake of some ethereal value - that is a marvel. [...] *wu* is customarily found in least imposing places [...] In other words, an entire new world is pointed to, by this. The name for it is neither art, for it has no form, nor religion. [...] We evidently lack the word for an object like this. [...] It is authentically a new thing on the face of the world.[32]

Im Labyrinth von Geschehen und Ungeschehen, von Faktischem und Imaginärem entsteht in solchen Momenten in der Kunst der einzig verbleibende Angelpunkt für beide Bezugssysteme.

4. Spiel und Zufall

Die alternative Geschichte wirft durch das Problem der 'Echtheit' die Frage nach der Rolle von Notwendigkeit und Zufall auf, die dazu führen, daß die eine Welt authentisch, die andere es nicht ist. Wer sich, wie Borges' Chinese, mit der Verzweigung der Möglichkeiten beschäftigt, kann die Realität nicht mehr einfach als determinierten Vorgang begreifen, sondern situiert sie in einen Kosmos der Unbestimmtheit. Gerade hier gewinnt der Zufall an Bedeutung. In Dicks Roman zeigt sich dies an der Rolle des chinesischen Orakel, des *I Ging*, das auf eine jahrtausendealte Tradition zurückblicken kann und im 20. Jahrhundert von C.G. Jung in seiner psychologischen Bedeutung entdeckt wurde. Dick selbst hat den Roman mit Hilfe des *I Ging* geschrieben.[33] An der von Japan beherrschten Westküste ist der Umgang mit ostasiatischen Praktiken ohnehin Teil des Alltags geworden. Taoismus und *I Ging* bilden die östliche Herausforderung zum westlichen Begriff von Geschichte als linearem Fortschritt.[34] Als es am Ende des Romans zu einer Begegnung mit dem Autor von *The Grasshopper* kommt, vermutet eine der Hauptfiguren, Juliana Fink, daß Hawthorne Abendsen den Roman mit Hilfe des Orakels geschrieben haben könnte. Abendsens Gefährtin Caroline antwortet:

> I'll tell you then, Mrs. Frink. One by one Hawth made the choices. Thousands of them. By means of the lines. Historic period. Subject. Characters. Plot. It took years. Hawth even asked the oracle what sort of success it would be. It told him that it would be a very great success, the first real one of his career.[35]

Das Werfen chinesischer Münzen erzeugt die Geschichte in der Geschichte, die eben auch Muster der Synchronizität aufweist. Der 'Zufall' bringt in Gestalt des Romans von Abendsen die Simulation der uns bekannten Wirklichkeit hervor, die dadurch ihrerseits ihres Determinismus entledigt wird. Da das Fallen der Münzen aber aus unserer Sicht Treffer bedeutet, ist hier auch die Unausweichlichkeit der Geschichte paradoxerweise mitentworfen.

Schon in Dicks Erstling *Solar Lottery* (1955) ist die politische Realität das Produkt eines Spiels. Dick verknüpft hier ein populäres Fernsehquiz seiner Zeit mit der Spieltheorie John von Neumanns, die für die Entwicklung der amerikanischen Strategie im Zweiten Weltkrieg bedeutsam war.[36] Die Parallelen zu John von Neumann gehen noch weiter. Von Neumann war nach dem Krieg auf der Suche nach dem *universal constructor* - einer Maschine, die fähig sein sollte, sich selbst und ihren eigenen Kopiermechanismus zu reproduzieren. Von Neumann nahm damit Fragestellungen vorweg, die in der Beschäftigung mit der Künstlichen Intelligenz erst wieder bedeutsam werden sollten. Analog zum *universal constructor* sind aber auch die metafiktionalen Maschinen der *alternative history*: die Zeitmaschine bei Ward Moore ebenso wie das *I Ging* bei Dick oder die Rolle von *alternative history*-Büchern bei Kingsley Amis. Diese alle bezeichnen nicht nur Techniken der Selbstreferenz, sondern auch Mechanismen einer Selbstkopie durch endlose Spiegelungen. Das *I Ging* ermöglicht es dem Autor, sein Buch zu schreiben, in dem ein Autor vorkommt, der sein Buch mit Hilfe des *I Ging* schreibt.[37]

5. *Simulation*

Militärisch wie literarisch entscheidend wird das Prinzip der Simulation. Spieltheorien verbinden beide Systeme auf überraschende Art. Diente diese in Verbindung mit der Wahrscheinlichkeitstheorie zur Entschlüsselung von Geheimcodes im Zweiten Weltkrieg - man denke an Alan Turing -, so ist der größere Kontext doch die Mechanisierung, die Berechnung geistiger Vorgänge überhaupt. Wie lassen sich Taten und Gedanken der Menschen berechnen, wie berechenbar ist Geschichte? Der Aufstieg der *alternative history* als Spekulationen über das Ungeschehene zu Beginn des 20. Jahrhunderts fällt zusammen mit dem Interesse an Simulation von berechenbaren Ereignisfolgen. Je weiter sich Menschen aus ihrer angestammten Umwelt entfernen, desto notwendiger wird das Simulieren dessen, was sich unter den fremdartigen Bedingungen ereignen könnte. Die einzig bedeutende Simulationswelt über Jahrtausende war bislang der Krieg. Strategische Überlegungen basieren in erster Linie auf dem „Was wäre, wenn?" Sie setzen sich fort im Schachspiel, das den Krieg simuliert. Aber die Entfernung aus der arteigenen Umwelt beginnt für den Menschen mit dem Flug und eben für diesen wurden etwa seit 1910 die ersten Simulationsgeräte entworfen.[38] Diese Technik wird später in die Chaos-Theorie münden, ebenso in die Lösungen der *fuzzy-logic*-Maschinen. Alle haben dies gemeinsam: Sie versuchen, das Unberechenbare berechenbar zu machen - das Wetter, die Geschichte, nicht-binäre Ereignisfolgen. In der Literatur findet sich ein Bewußtsein von Simulationsversuchen spätestens seit Queneaus *Exercices de style*, in denen der gleiche Vorgang immer wieder stilistisch neu erfaßt wird, aber auch beispielsweise in John Fowles' *The French Lieutenant's Woman*, einem Roman, der dem Leser zwei verschiedene Schlüsse anbietet.

Mit der Verbindung von Computer und Schreiben entstehen seit den 60er Jahren neue interaktive Programme. So hat der amerikanische Underground-Autor W.S. Burroughs mit seiner *cut-up*-Technik Verfahren der elektronischen Textherstellung vorweggenommen, die letztlich in den Hypertext der 90er Jahre eingehen.[39] Das ganze Spektrum der Computerspiele von Nintendo basiert auf dem Prinzip der Simulation und der Verzweigung von Entscheidungsketten, ob nun im inzwischen gealterten Gameboy oder im Virtual Boy von 1994. Spiel und Computer gaben sich in den 60er Jahren erstmals die Hand - und zwar im SAIL (Stanford University Artificial Intelligence Laboratory), wo das Spiel „Adventure“ erschaffen wurde:

> A computerized version of 'role playing' games like Dungeons and Dragons, Adventure comprises a series of descriptions of fictional locations inspired by Tolkien and the surrounding Californian mountains. The user navigates these more or less 'geographically', by typing in instructions that specify which direction he or she would like to go in (which might take the form of 'go north' or 'step back') or the actions he or she would like to take (such as 'pick up axe').[40]

Inzwischen ist die Kinderkultur entscheidend geprägt vom Umgang mit solchen Spielzeugen, die immerzu den Umgang mit Verzweigungen und strategisches Denken trainieren. Im kleinen Bild des Super Mario wie an den Bildschirmen der Kaufhäuser wird dies tagtäglich, Stunde um Stunde eingeübt. Auch in ernsthafteren Spielen, in ökologischen oder politisch-historischen Simulationen geht es um die virtuellen Prozesse, d.h. solche, die mit Möglichkeiten kalkulieren. 1989 beispielsweise produzierte Maxis ein Computerspiel namens Sim City:

> The player's role was that of mayor of a range of possible cities, some based on real cities, some purely fictional. Presented with a map of the city of their choice, and a set of tools for governing and developing it (changing tax rates, constructing roads, demolishing buildings), the mayor's job was to keep his or her popularity rating as high as possible by keeping crime low, growth high and so on. The simulator 'engine' at the heart of the game worked out the consequences of the mayor's choice of actions.[41]

Diese Spiele sowie die Fiktionen, die Simulationen enthalten, könnten letztlich zu einem neuen Geschichtsverständnis führen, das vom linearen, anscheinend determinierten Modell abweicht, und auf ein Vernetzungsdenken zugehen. Oder sagen wir lieber: zu neuen pluralen Formen des Verständnisses von Geschichte führen. Es ließe sich allerdings mit Wooley fragen:

> Could this be evidence that reality is not confined to the human-free 'nature' studied by conventional science, that there are mathematical laws that determine aspects of social and cultural life as well?[42]

Hier wird wie in den Computersimulationen geschichtlicher, politischer oder militärischer Art eine Berechenbarkeit suggeriert, die gerade in der Literatur immer wieder bezweifelt und unterlaufen wird. Die Chaos-Theorie hat gezeigt, daß minimale Veränderungen in komplexen Systemen schließlich zu unvorhersehbaren Situationen führen können. Der berühmte Schmetterlingseffekt ist aber der Literatur schon lange vertraut. So löst der kleine Zufall im Werk von Thomas Hardy Katastrophen aus. Ray Bradbury führt in seiner Erzählung "A Sound of Thunder" vor, was passiert, wenn ein Zeitreisender einen Schmetterling in der Urzeit zertritt: Die englische Sprache verändert sich leicht, eine Präsidentenwahl in den USA verläuft anders, als wenn der Schmetterling überlebt hätte. Hier zeigt sich wieder der Schwindel der leichten Veränderung, die wie eine optische Täuschung, ein Moiré-Effekt auf den Leser wirkt. Auch die *alternative history* macht die weitgehende Undeterminierbarkeit von Prozessen ersichtlich, eine Eigenschaft, die seit Nietzsche und Heisenberg kennzeichnend für das Zeitalter geworden ist, von dem Arthur C. Clarke schrieb: "For the first time in a hundred years, an element of total uncertainty had entered human affairs, and uncertainty was the one thing that neither scientists nor politicians could tolerate."[43]

Diese Ungewißheit zwingt zu anderen, vielfältigen Metaphern für Geschichte. Keith Roberts brachte die neue Verwirrung in seinem Roman *Pavane* zum Ausdruck, in dem er ein rückständiges England der Gegenwart porträtiert, das eine Folge der Eroberung durch die spanische Armada im Jahre 1588 darstellt. Auch hier schimmert das faktische 20. Jahrhundert mit seinen anderen Möglichkeiten - Telegraphie, Elektrizität, Autoverkehr - durch, und gerade diese Transparenz macht eine komplexe Metaphorik für geschichtliche Vorgänge notwendig. Eleanor, die aufgeklärte Adelige aus Dorset, die eine Bastion gegen die 'falsche' Realität der allherrschenden römischen Kirche darstellt, sagt am Schluß des Romans voller Selbstzweifel:

> 'You know,' she said, 'it's strange, Sir John; but it seemed this morning when I fired the gun I was standing outside myself, just watching what my body did. As if I, and you too, were just tiny puppets on the grass. Or on a stage. [...] It's like a dance somehow, a minuet or a pavane. Something stately and pointless, with all its steps set out. [...] I think life's all a mass of significance, all sorts of strands and threads woven like a tapestry or a brocade. So if you pulled one out or broke it the pattern would alter right back through the cloth.[44]

Eleanor sucht verzweifelt nach Metaphern, Geschichtlichkeit auszudrücken, wobei Zeit auch als umkehrbar gedacht wird. Entscheidend ist, daß ein sinnvolles Verstehen von Geschichte an ein Ende gelangt ist. Es ist nicht das Ende von Geschichte, wohl aber der Sinnfähigkeit der Menschen, die von diesem Jahrhundert überfordert sind. Eleanor lebt in zwei Zeitaltern gleichzeitig, wie so manche Figur der *alternative history*. Wo Geschichte beliebig manipulierbar geworden ist, Autoritäten nichts mehr verbürgen und die Möglichkeiten den Menschen erdrücken, da stellt sich ein Gefühl des Unglücks ein, gerade im Augenblick der höchsten Verfügungsgewalt der Menschen über die Natur. Eleanor hat diesen Spätzustand erfaßt:

> Then I think ... it's all totally pointless, it would make just as much sense backwards as forwards, effects leading to causes and those to more effects... maybe that's what will happen, when we get to the end of Time. The whole world will shoot undone like a spring, and wind itself back to the start...[45]

Ein zeitlicher Ausnahmezustand - das Gefühl zu spät oder auch zu früh, jedenfalls nicht in der richtigen Zeit zu sein - kennzeichnet die Gattung *alternative history*. Sie bleibt als Fragezeichen bestehen für Politiker und Planer, die sich Alternativen nicht vorstellen können, und sie verkörpert eine Literatur, die sich mit dem Vorgefertigten nicht zufrieden gibt. Sie entsteht parallel mit einem Denken in verschiedenen Disziplinen, das die Vernetzung von Vorgängen zu erkennen beginnt. Der Vergleich mit den neuen elektronischen Spielen bis hin zur *virtual reality* zeigt einerseits Ähnlichkeiten in den Entscheidungsstrukturen, dem Denken in Alternativen und Folgeabschätzungen. Beiden liegt strategisches Folgern zugrunde. Andererseits artikuliert diese literarische Gattung im Gegensatz zu den Spielen ein Verständnis der Unberechenbarkeit lebendiger Vorgänge, das sich in einer ständigen Suche nach Metaphern für Zeit und Geschichte äußert. Vielleicht kann man so weit gehen und sagen, daß die *alternative history* eben einem Ungenügen an den Metaphern für Geschichte entspringt.

Anmerkungen

1 In J.L. Borges: *Erzählungen* 1, S. 155-167.

2 „Die zwei Könige und die zwei Labyrinthe", in J.L. Borges: *Erzählungen* 2, S. 112-113.

3 Zit. bei A. Demandt: *Ungeschehene Geschichte*, S. 135. Dasselbe Bild benutzt Dorothy L. Sayers: "My Lord, facts are like cows. If you look them in the face hard enough they generally run away."

4 Man denke beispielsweise an das physikalische Paradox von Schrödingers Katze, an die Schriften Heisenbergs, Husserls, V. v. Weizsäckers. Vgl. J. Lukacs: *Historical Consciousness.*

5 Vgl. Zacher: „Der Begriff des ‘ungelebten Lebens’“.

6 V. v. Weizsäcker zit. in Zacher, ebd., S. 238.

7 R. Musil: *Der Mann ohne Eigenschaften*, S. 16.

8 Vgl. I.F. Clarke: *The Pattern of Expectation.*

9 A. Zacher: „Der Begriff“, S. 239.

10 M. Twain: *A Connecticut Yankee*. Dazu W.J. Collins: „Hank Morgan.“

11 D. Suvin: „Victorian Science Fiction“, S. 148.

12 Carrère berichtet von solchen Phantasien. Am erstaunlichsten sind jene, die Louis Geoffroy 1836 unter dem Titel *Napoléon ou la conquête du monde* verfaßte. Napoleon erobert Burma, die Burmesen schenken ihm zwei lebende Einhörner, die sich in Frankreich schnell vermehren und zu vertrauten Tieren werden. Japan wird erobert, Amerika schließt sich Europa an, die Religionen geben sich auf, die Welt wird katholisch, die Weltsprache ist französisch. Es gibt Dampfwagen, Schreibklaviere und Wettermaschinen. Auf Teneriffa erwartet den heimkehrenden Kaiser ein 3000 Meter hohes Denkmal seiner selbst. Auf dem Weg dorthin überkommt ihn in Höhe der Insel Elba ein merkwürdiges Gefühl. Ein Jahr später wird er diese Insel in die Luft sprengen. Vgl. *Kleopatras Nase*, S. 16-28.

13 Zit. nach A. Demandt: *Ungeschehene Geschichte*, S. 9. Die bislang umfassendste Diskussion zur Gattung der *alternative history* bietet: J. Helbig: *Der parahistorische Roman.*

14 Den Preis gewann der später berühmte Historiker George M. Trevelyan. In seinem Aufsatz wird 1825 eine Rebellion des Lord Byron in England zerschlagen, Byron wird hingerichtet, Shelley kommt ins Gefängnis, Napoleon stirbt 1836. Vgl. Trevelyan: *The Recreations*, S. 177-191.

15 Sicherlich dürfen wir bald auch eine Erzählung zum Thema „Was wäre, wenn die BRD der DDR beigetreten wäre?“ erwarten. Erste Ansätze dazu in der FAZ vom 9.7. 1994 in einem Leserbrief von Jochen Härtwig (S.8).

16 M. Salewski: *Zeitgeist,* S. 217.

17 W. Moore: *Bring the Jubilee*, S. 40.

18 Ebd., S. 39.

19 Ebd., S. 196.

20 Ebd., S. 198.

21 Ebd., S. 122.

22 Ebd., S. 80.

23 P.S. Warrick: *Mind in Motion*, S. 33.

24 Ähnliche Phantasien finden sich in Harris' *Fatherland,* J.P. Hogans *The Proteus Operation* und O. Basils *Wenn das der Führer wüßte.*

25 P. Dick: *The Man*, S. 82.

26 A. Demandt: *Ungeschehene Geschichte,* S. 18.

27 Dick: *The Man,* S. 108. Vgl. auch J. Adams: „Science Fiction in Pursuit of History“.

28 Toynbee als Stipendiat bei Alexander dem Sechsundachtzigsten denkt darüber

nach, was geschehen wäre, wenn Alexander der Große tatsächlich 323 gestorben wäre. Vgl. A. Demandt: *Ungeschehene Geschichte,* S. 72.

29 Zit. nach Demandt, *Ungeschehene Geschichte*, S. 20.

30 J. Adams: "Science Fiction in Pursuit", S. 156.

31 P.K. Dick: *The Man,* S. 64.

32 Ebd., S. 176.

33 Vgl. L. Sutin: *Divine Invasions*. Sutin stellt im übrigen fest, daß *The Man in the High Castle* der erste amerikanische Roman sei, der sich auf das *I Ging* beziehe.

34 Vgl. dazu E. Schenkel: „From Powys to Pooh".

35 P.K. Dick: *The Man,* S. 256.

36 Vgl. P.S. Warren: *Minds in Motion,* S. 35.

37 Eine weitere Maschine dieser Art findet sich in einem verwandten Buch, das nicht streng zur *alternative history* gehört, aber Parallelen aufweist, Sir Arthur Conan Doyles *The Maracot Deep* (1929). Hier stoßen drei Unterseeforscher auf das alte Atlantis, das noch bewohnt ist. Dort gibt es Bildschirme, die Gedanken abbilden - eine Verbindung von Telepathie und Television.

38 Vgl. B. Woolley: *Virtual Worlds,* S. 42.

39 Vgl. ebd., S. 152ff.

40 Ebd., S. 156.

41 Ebd., S. 253.

42 Ebd.

43 A.C. Clarke: *Rendezvous with Rama,* zit. in B. Eizykman, „Chance and Science Fiction", S. 24.

44 K. Roberts: *Pavane,* S. 212.

45 Ebd., S. 212f.

Literaturverzeichnis

Adams, J.: „Science Fiction in Pursuit of History".- In Engler, B., Müller, K. (Eds.): *Historiographic Metafiction in Modern American and Canadian Literature.* Paderborn, 1994, S. 147-161.

Basil, O.: *Wenn das der Führer wüßte*. Wien/München, 1966.

Borges, J.L.: *Gesammelte Werke - Erzählungen 1 und 2.* München, 1981.

Bradbury, R.: "A Sound of Thunder". - In *The Golden Apples of the Sun*. New York, 1953.

Carrère, E.: *Kleopatras Nase. Kleine Geschichte der Uchronie.* Berlin, 1993.

Clarke, I.F.: *The Pattern of Expectation 1644-2001.* London, 1979.

Collins, W.J.: "Hank Morgan in the Garden of Forking Paths: *A Connecticut Yankee in King Arthur's Court* as Alternative History". *Modern Fiction Studies* 32, 1986, S. 109-114.

Dick, P.K.: *The Man in the High Castle.* New York, 1992.

Eizykman, B.: "Chance and Science Fiction: SF as Stochastic Fiction". *Science Fiction Studies* 10, 1983, S. 24-34.

Harris, R.: *Fatherland*. London, 1992.
Helbig, J.: *Der parahistorische Roman. Ein literarhistorischer und gattungstypologischer Beitrag zur Allotopieforschung*. Frankfurt, Bern, 1988.
Hogan, J.P.: *The Proteus Operation*. New York, 1985.
Lukacs, J.: *Historical Consciousness*. New York, 1968.
Moore, W.: *Bring the Jubilee*. New York, 1953, hier London, 1955.
Musil, R.: *Der Mann ohne Eigenschaften*. Reinbek, 1970.
Roberts, K.: *Pavane*. Harmondsworth, 1984.
Saki (Hector Hugh Munro): "When William Came - A Story of London under the Hohenzollerns". - In *The Complete Stories of Saki*, Ware, 1993, S. 487-573.
Salewski, M.: *Zeitgeist und Zeitmaschine. Science Fiction und Geschichte*. München, 1986.
Schenkel, E.: "From Powys to Pooh. Some Versions of Taoism in Anglo-American Literature." - In G. Blaicher, B. Glaser (Eds.): *Anglistentag 1993 Eichstätt*. Tübingen, 1994, S. 419-432.
Spinrad, N.: *The Iron Dream*. New York, 1972.
Squire, J.C. (Ed.): *If, or History Rewritten*. New York, 1931.
Sutin, L.: *Divine Invasions: A Life of Philip K. Dick*. New York, 1989.
Suvin, D.: „Victorian Science Fiction, 1871-85: The Rise of the Alternative History Sub-Genre". *Science-Fiction Studies* 10, 1983, S. 148-169.
Trevelyan, G.M.: *The Recreations of a Historian*. London, 1919.
Twain, M.: *A Connecticut Yankee at King Arthur's Court*. New York, 1889.
Warrick, P.S.: *Mind in Motion: The Fiction of Philip K. Dick*. Carbondale, 1987.
Wooley, B.: *Virtual Worlds*. Harmondsworth, 1993.
Zacher, A.: „Der Begriff des 'ungelebten Lebens' im Werk Victor von Weizsäckers". *Psychotherapie* 34, 1984, S. 237-241.

Anne Koenen, Leipzig

Vampire of the Senses: The Feminist Fantastic of Angela Carter

> This being, rooted in change and time, is about to collide with the timeless Gothic eternity of the vampires, for whom all is as it has always been and will be, whose cards always fall in the same pattern.
>
> Angela Carter, "The Lady of the House of Love"

The "timeless" Gothic mode Carter invokes in "The Lady of the House of Love" is an integral feature of most of her fictions, adapted to different genres - to the dystopian novel in her early *Heroes and Villains* (1969); to the story of metamorphosis (with dystopian features) in *The Passion of New Eve* (1977); and to the classic Gothic genre of the vampire story in "The Lady of the House of Love" (1979). The Gothic elements mark these fictions as fantastic, and "The Lady of the House of Love" quite explicitly associates the Gothic mode with a feminine mode of thinking that is juxtaposed to (and vanquished by) a rational, scientific mode; that mode is in turn associated with masculinity and being "rooted in change and time". These three fictions have been selected to demonstrate how Carter uses the Gothic mode in different fantastic genres to one common purpose - the deconstruction of gender.

One of the main functions of the fantastic in Carter's fiction is to question and undermine concepts of gender from a feminist perspective.[1] The subversiveness of Carter's fictions is intimately and causally linked to her use of the fantastic - a fantastic aimed at defamiliarizing naturalized notions of the real. Carter shares the preference for the fantastic mode with other women writers like Doris Lessing and Fay Weldon, suspecting the realist mode of re-inscribing the established order of things. Both in her use of the fantastic and in her self-reflexive, intertextual approach, Carter clearly sets out to deconstruct that order of things. If, as Nancy K. Miller claims, "the truth devolving from verisimilitude is male"[2], Carter won't have any of that truth, and strives to expose its ideological implications. Corresponding with the realization that "realism and authenticity [are] somehow subtly fake, threadbare, conformist even when they seemed not to be"[3] is the insight that what passes as universal experience and natural order and their encodings in literature are "organizations, when they are not fantasies, of the dominant culture".[4] One of the central organizations of the dominant culture is of course gender, and Carter's fictions destabilize any idea of gender as a natural category in a double movement - by her choice of fantasy as a mode and by her self-conscious literary strategies.

Carter's fictions discussed here - *The Passion of New Eve*, *Heroes and Villains* and "The Lady of the House of Love" - reject naturalized versions of femininity and masculinity, while the textual strategies - self-conscious, self-reflexive and intertextual - point to the constructedness of a supposedly natural order of gender-relations. Masculinity and femininity emerge as constructions that mirror each other, as the main character in *The Passion of New Eve* proclaims:

> Masculine and feminine are correlatives which involve one another. I am sure of that - the quality and its negation are locked in necessity. But what the nature of masculine and the nature of feminine might be, whether they involve male and female [...] that I do not know.[5]

Thus, masculine and feminine are constructions rooted in culture, not biology - "our flesh arrives to us out of history. [...] so does the repression and taboo that governs our experience of the flesh".[6] In exploring gender and ideology, Carter feels "free to loot and rummage" from "the lumber room of the Western European imagination"[7] - her texts quote stereotypes and images from literature and the mass media, confront folklore, literature, and myth. Myth and archetype cannot, however, provide answers to the questions that arise; the texts refuse to yield to the impulse to revert to mythical constructions of femininity like the "great goddesses" in an age where such an impulse can only be artificial, even if we disregard the misogyny reflected in them - "All the mythic versions of women, from the myth of the redeeming purity of the virgin to that of the healing, reconciling mother, are consolatory nonsenses."[8] Myths, Carter claims, are "extraordinary lies"[9], dealing "in false universals", necessarily ignoring historical context, and are thus not an answer to a political strategy of deconstructing a biologism that ignores historical change.

In its seamless blending of the realist and fantastic modes, Angela Carter's work is close to Magic Realism to which it has often been compared; yet Carter is aware that in contrast to writers like Salman Rushdie and Gabriel García Márquez, she cannot use a folklore where ghosts "are actually *real*".[10] Cut off in a post-Enlightenment culture from a vital folklore that might serve as a source of magic, Carter instead uses the Gothic in that function, a genre that critics like Rosemary Jackson have identified as the immediate source of fantasy as a mode. The Gothic protested against the marginalization and silencing of fantasy in Enlightenment and opposed such developments as urbanization, industrialization, and a centralization not only of social structures, but also a unification of thought under the signs of rationality and science, with myth and oral tradition relegated to the margins - conflicts that are at the center of Carter's fictions. Carter identifies as central features of the Gothic "the imagery of the unconscious - mirrors; the externalized self [...] incest and cannibalism" and defines as its function:

> The Gothic tradition grandly ignores the value systems of our institutions; it deals directly with the profane. [...] Character and events are exaggerated beyond reality, to become symbols, ideas, passions. [...] It retains a singular moral function - that of provoking unease.[11]

Those of Carter's short stories that enter into a dialogue with the West's folklore - fairy tales especially - explore older versions of femininity, versions that often associate the female with (magic) power. That recourse to myth, however, does not subscribe to some feminists' tendencies - for example in some French feminist critics' theories - to posit an innate feminine nature, to celebrate female goddesses and witches. Rather, Carter deconstructs the myths by exposing their ideological basis, rejecting a nostalgic approach as regressive and detrimental to the "real" [her choice of words] subversion of male hegemony.[12] Consequently, the ancient vampire in "The Lady of the House of Love" is not glamorized as a model of powerful femininity; rather, Carter uses that figure to explore contrasting world-views that are associated with constructions of femininity and masculinity.

The World as Text - Barbarians, Heroes and Villains

In *Heroes and Villains* (1969), Carter explores the Gothic dialectic of civilization and barbarism. Like many science fiction stories in the fifties and sixties, this dystopian novel creates a world devastated by nuclear war, and a subsequent relapse into barbarism; in Carter's wilderness, only enclaves of

"Professors" try to uphold civilization. Unlike more traditional stories that feature a noble savage or a rescuer of civilization (Huxley's *Brave New World* comes to mind), Carter never succumbs to the danger of romanticizing either barbarism or civilization. Instead, she further de-familiarizes an already fantastic subject by the pervasive use of irony and self-reflexivity. Where *Brave New World* laments the loss of "authentic" emotions, *Heroes and Villains* sets out to destroy the idea of authenticity per se, talking for example about "the sufferings she had mimicked with such persuasiveness that they had achieved a more perfect degree of authenticity than any she might have undergone in real life."[13]

The heroine Marianne grows up among the Professors, but - in her hunger for those passions and adventures that the civilized world denies women - willingly joins the barbarians, only to discover that she feels equally estranged among them. Neither surrendering to the Professors' "goddess Reason"[14] nor to the barbarians' revival of archaic ritual, Marianne mirrors Carter's skepticism toward myth and myth-making, be it archaic or scientific. *Heroes and Villains* is a self-conscious novel with self-conscious characters; it refuses to participate in the creation of ideologies, denying the glorification of either science or primitivism by drawing our attention to their ideological functions. Jewel, the barbarians' leader, reveals their eagerness to construct the emerging tribal society around a "phallic cult"; but that conscious eagerness insinuates that a return to archaic myth in a post-nuclear society is arbitrary, deliberate, and artificial. Describing his mentor's designs for a cult, Jewel explains: "He hasn't decided. [...] Sometimes it's phallic and sometimes it isn't, depending on his mood."[15] That mentor, a renegade Professor, now plays the role of shaman among the barbarians and, far from being subtle, proceeds to implement ideology quite deliberately: religion, he contends, is "a social necessity" since it frightens people into submission; furthermore, it is a "device for instituting the sense of a privileged group".[16] The emphasis on the "phallic" cult implies that regulating gender-relations hierarchically is among the top priorities of the barbarians.

Carter's strategy to undermine gender-constructs is textual as well, revealing the mechanism of control and power, and firmly rejecting any notion of authenticity that might be re-inscribed by realist writing-strategies. "The world becomes a dream, and the dream, a world"[17], an observation of the novel, accurately describes Carter's novel itself if 'dream' is substituted by either 'nightmare' or 'the fantastic'. Repeatedly, the characters draw attention to the fictionality of their world, situating it "nowhere" in a "hypothetical landscape"[18] and in a "no-man's land"[19]. "Nowhere" is of course the location and one of the literal meanings of "utopia," which, as the Doctor paraphrases the fantastic, is a "creation from the void".[20] We are frequently reminded that the characters are only fantastic and literary creations - and we are reminded of that fact by the characters themselves who sound like their own literary critics. Character is produced by dreams or projections, as becomes obvious in one of Jewel's statements:

> Sometimes, I dream I am an invention of the Professors; they project their fears outside on us so they won't stay in the villages, infecting them, and so, you understand, they can try to live peacefully there.[21]

Just as the Professors (and, presumably, Carter, her literary predecessors, and the readers) externalize their fears by placing them in the Barbarians, so the novel's men project their dread of sexuality on women. The Barbarians believe that the Professors' women "sprout sharp teeth in their private parts, to bite off the genitalia of young men".[22] The threat implied by the vagina-dentata myth, operating as an expression of castration anxiety, is intended to be dispelled by patriarchal control over women's sexuality, and the instrument of control is marriage. That institution "secularizes"[23] the women in Carter's fictions; marriage and the family mean familiarity, and, the Doctor observes, "familiarity breeds contempt"[24], that is it de-mythologizes women and robs them of their power. In marriage, women can be controlled. Jewel articulates another motivation for re-introducing marriage into tribal life; it is "dynastically" important in a "patriarchal system"[25] to establish male control over procreation and thus female sexuality.

For Carter and her heroine Marianne, the institution of marriage embodies all that is wrong with civilization. The metonymic equation of marriage with Marianne's wedding dress and the house where the tribe has set up camp paints a picture of decay and doom that reflects on marriage as well. The wedding dress which gives the heroine "sensations of slime and ice" is "as old as their misfortunes", an "image of terror"[26] that recalls a civilization based on (women's) oppression and ending in self-destruction. The bridal veil that "caught in her mouth and gagged her"[27] refers to the silencing of women in marriage. The Gothic manor, emblem of the patriarchal family and site of women's persecution in Gothic literature, is crumbling, its decay signalling the breakdown of the family and exposing the barbarians' effort to reintroduce this patriarchal institution as futile. Marianne's (enforced) marriage, however, does not constitute the closure of the novel; Carter, conscious as ever of the ideological dimensions of plot, does not allow the traditional feminine plot of love and marriage to determine the outcome of her heroine's fate.

The Gothic plot usually provides a conventional ending for the heroine; for Marianne as well, marriage and motherhood seem to evolve as the prescribed plots of her life, but she manages to re-write her life. Both barbarians and civilized professors pursue a misogynist ideology that might lead to her becoming a victim (read: a submissive wife and mother), but Marianne manages to keep a safe distance from their respective ideologies: she is not victimized by reason because she pursues her desire, and she is not indoctrinated by myth because she insists on reason. In the professors' enclave, her desire cannot be contained, leading her to violate one of the groundrules, the solidarity against the barbarians. In the barbarian tribe, her greater knowledge helps her to distance herself from the tribe's crude sexist ideologies, because, instead of being terrified by magic and ritual like the rest of the tribe, she gets increasingly angry. In the end, her detachment allows her to disengage herself from the romantic plot and to re-write her life in terms of power: "I'll be the tiger lady and rule them with a rod of iron."[28]

Man as the Essence of Woman - The Passion of New Eve *(1977)*

Like *Heroes and Villains*, Carter's later novel, *The Passion of New Eve*, is a truly postmodern fantasy, where everything is parody, satire, reflection, impersonation, and irony, "the victim's only weapon".[29] Carter intended the novel as a comment on "the cultural production of femininity", a "discussion of femininity as a commodity".[30] Gender-identity as a chimera is at the heart of the novel: "Enigma. Illusion. Woman?"[31] Later, the protagonist Evelyn - an androgynous name given by unconsciously visionary parents - marvels at "the very enigma [...] - the dark room, the mirror, the woman".[32] At this point, Evelyn may still see women as "this formal other"[33], the "dark", but his attitude will change radically since the novel has a sex-transformation in store for him and he will become his "own masturbatory fantasy".[34]

The novel is set in the US in the near future, opening with scenes in an apocalyptic New York, a place of "Gothic darkness".[35] American culture is characterized by entropy, simulacra, and self-reflexive and arbitrary signs; gender is elusive and, like other concepts, emerges only mirrored by its negative - nothing is stable, there are no fixed or authentic identities. Accordingly, the novel claims that there "is no ontological status, only an iconographic one".[36] And the novel indeed deconstructs essentialist notions of gender: The main protagonist, the Englishman Evelyn, turns into a woman, Eve; his/her movie idol Tristessa de St Ange who incorporates the essence of "woman" in the mass media, turns out to be a "man", a transvestite. The gender confusion culminates in a scene where Eve/lyn and Tristessa marry and "both were the bride, both the groom in this ceremony".[37] The novel celebrates their union as the only possible meeting between the sexes not distorted by violence, especially rape. It is possible exactly because nobody knows between what genders this meeting is established: it precludes the illusion of false authenticity, of biological certainties: "My bride will become my child's father."[38] Since both protagonists have lived as either gender, like ancient Tiresias (who is invoked by the novel several times), they personify "the great Platonic hermaphrodite together".[39] Their meeting thus establishes a union that heals a split, that denies binary opposition. The roles of self and other, agent and victim, subject and projection, man and woman are continually interchangeable, forcing the protagonists to confront the elementary insight that nothing is stable, nothing is real.

Throughout the novel, the symbol of that doubtful ontological status is a mirror, symbolizing also "the woman watching herself being watched in a mirror".[40] After Evelyn has suffered through his biological change to become the "Tiresias of Southern California"[41], s/he has to undergo extensive "psycho-surgery" in order to be a real woman. Ironically, this procedure is performed by making him watch movies starring Tristessa. As it turns out, Mother, the commander of Beulah, is aware of Tristessa's secret biological identity and fully intends this multi-fractured identity for Evelyn: the mirrored self is the essence of woman. After Evelyn has become Eve, her/his first glimpse of the new self in the mirror is accompanied by a feeling of alienation: "I was the object of all the unfocused desires that had ever existed in my own head. I had become my own masturbatory fantasy. And - how can I put it - the cock in my head, still, twitched at the sight of myself."[42] The male gaze internalized, "the cock in my head", demonstrates why Eve was consciously modelled on a female impersonator: to experience oneself as reflected and as a construct of male desire is the female condition; there is no authentic female subjectivity. Thus Eve is the prototype of woman, unlike Beulah's new-world Amazons who have never seen a mirror, and unlike the ancient vampires who are outside the "natural", that is patriarchal, order, and therefore not representable in mirrors.

In her deconstruction of gender, Carter does not spare essentialist feminists, either; her satire of a radical feminist group called Beulah attacks feminist longings for a rediscovery and celebration of mythic femininity. Again, as in *Heroes and Villains*, Carter exposes that longing for myth as artificial: "In Beulah, myth is a made thing, not a found thing."[43] Fanatical in their biologistic positions, the Beulah women perform a sex-change operation on Evelyn to change his sexist personality. Yet the novel contrasts that surgical sex-change with the transsexuality of Tristessa who is physically a man, but otherwise the perfect woman, the "essence" of woman: "How could a real woman ever have been so much a woman as you?"[44] Tristessa's example establishes gender as costume and perfect impersonation, and serves to demonstrate the truth of the novel's conviction that "a change in appearance will restructure the essence"[45]; at the same time, the female impersonator exposes the radicalists' concept of gender as unnecessarily biologistic. As it turns out, appearance is less a question of the body underneath the clothes than a question of costume.

As in "The Lady of the House of Love", Carter uses two mythical figures as foils for femininity - sleeping beauty and the vampire, with the (glass) coffin as a link. Like vampires, Tristessa, "the lady of the house"[46], is harmed by light - "impaled"[47], as the novel describes it, not by a stake, but a beam of light. Her "cadaverous"[48] complexion and her existence outside of time are further textual connections to the vampire-motif.

The Passion of New Eve abounds with episodes that are superb parodies of the Gothic. In one scene, the novel casts the male in the role of the trembling virgin who is led through an underground maze to unimaginable horrors, and at the heart of the maze finds a destructive, powerful mother-figure. These traditional Gothic themes like the dread of the omnipotent mother are given an unexpected twist by the gender-reversal in the role of the victim, a device Carter uses in "The Lady of the House of Love" as well.

Vampire of the Senses - Heroic Men in "The Lady of the House of Love"

Subversiveness is a defining characteristic of Carter's protagonist in her short story "The Lady of the House of Love". Vampires symbolize transgression and subversion; they are symbols of (alien and dangerous) strength and autonomy and emblems of outsiders. In the recent media frenzy about vampires, triggered by the release of the 1994 movie version of Anne Rice's vastly popular *Interview with the Vampire* (1976), one could get glimpses of the transgressive role of vampires, although the full extent of that transgressiveness was buried under the influence of Rice's tendency to humanize vampires in her fictions. This humanization of vampires, Carter in turn suggests in her short story, means nothing but the destruction of the vampire, yielding to an impulse to annihilate the other by assimilating it, subjugating it to a rational, patriarchal order.

Vampires, a staple motif in folklore all over the world, have enjoyed unchanged popularity in 19th and 20th century fiction, with Bram Stoker's classic *Dracula* (1897) as a "culmination of nineteenth-century English Gothic".[49] The stories are situated at the intersection of the ghost story and the story of metamorphosis, since they combine the violation of the boundary between death and life with that of the boundaries of humans and animals - vampires never die (except when their heart is impaled by a stake), hovering, as Carter puts it, in a "no-man's land between life and death".[50] Having no fixed form, these living dead have the power of transformation from human to bat, rat, and (were)wolf. Generally defying social conventions, as symbolized in their aversion to crucifixes, the nocturnal creatures rebel against social norms, most notably in their marked sexual aggressiveness, expressed in the violent and insatiable kiss and the sucking of blood. That sexuality is all the more transgressive because it is not heterosexual (vampires bite regardless of the gender of their victims), not linked to reproduction (vampires to not become pregnant, but reproduce by biting), and not monogamous. The stories with aggressive female vampires, moreover, violate conventional notions of femininity and masculinity by "demonstrating the existence of female passion".[51] The lack of a mirror image signals the vampires' position outside realistic representation.

The characterization of the female vampire (who becomes more prevalent than her male counterpart in the middle of the nineteenth century) responds to changes in women's social status. Thus, it is not surprising that the vampire as "the highest symbolic representation of eroticism"[52] gained special prominence in Victorian literature, breaking through Victorianism's extreme repression and critiquing the bourgeois family structure. Against the background of a Victorian ideology that confines women to a sheltering home as a refuge from the dangerous male world outside, female vampires prowl the streets at night, they conquer public space, they are promiscuous - in *Dracula*'s accurate description, "working wickedness at night".[53]

Thus, female vampires leave the ascribed position of passive victim and reverse the roles - men potentially become the terror-struck victims of powerful vampires. In women's fiction, the female vampire has accordingly become a means to overcome women's powerlessness and the appropriation of traditionally masculine power and privilege, and a means to dramatize sexually aggressive women, whose sexual power is fantastically enlarged to render the male and female victims helpless - the term "vamp" is a constant reminder of that function. In the hands of male writers like Stoker, that powerful aggressiveness has been used to warn against women who become night-active; Stoker's male protagonists are stunned and then whipped into frenzied activity by the change of "pure" young girls into "voluptuous" women. The different interpretations of the vampire motif by male and female writers is one example of the gendered perspectives that influence and determine the use of the fantastic, resulting in different traditions.

Carter's "The Lady of the House of Love" (1979) is a story about a queen of vampires, like Anne Rice's *Queen of the Damned* (1988). It depicts the decline of one age (characterized by vampires, aristocracy, myth, sexuality, and the magic of Tarot) and the dawn of a new age (characterized by soldiers, middle-class rationality, repression, and the bicycle). These familiar opposing structural principles of traditional vampire stories are usually associated with Dracula/Nosferatu versus human; Carter gives them an unexpected twist by gendering the structural elements and linking the decline of female power to a rationalistic interpretation of the world. A young girl, the "Lady of the House of Love", heiress of an ancient castle and a vampire-disposition, is the central figure, playing Tarot and hoping for the arrival of a lover. That young lover finally arrives on a bicycle - a young Englishman whose reasonable views make him blind to the girl's vampire powers. The story's plot takes them (and us) at last into the bedroom, scene of the vampire's earlier slayings of young men, providing a radically different closure this time: the vampire, hoping for love, has found death.

"The Lady of the House of Love" is a cautionary tale of what humanizing the (female) vampire means, namely surrendering to the patriarchal order. The sexual connotations of the vampire motif are apparent in this story about "a girl who is both death and the maiden"[54], a narrative interwoven with echoes of the Sleeping-Beauty fairy tale and E.T.A. Hoffmann's "Der Sandmann".[55] The Queen of Vampires, Eros and Thanatos incarnate, with a "whore's mouth"[56], is set against a young Englishman whose main features are virginity, innocence, and rationality, a constellation that plays with and reverses features of Stoker's *Dracula*. *Dracula* uses the established Victorian opposition of pure girl and sexualized male to warn strongly and hysterically against the "contamination" of women through sexuality (a danger Stoker saw inherent in social developments, as the dismissive references to the New

Woman suggest); the real danger in Stoker's novel are formerly nice young girls like Mina and Lucy who develop aggressive sexual behavior. According to Victorian standards, the novel sets up purity and innocence - both of these terms of course defined sexually - as ideal states. Carter, however, not only casts the antagonistic roles of innocent victim and potential sexual aggressor against type by reversing their gender, but also redefines "innocence" as dangerous stupidity, as a lack of knowledge that can only breed disaster: "He [the young Englishman] has the special quality of virginity [...]: ignorance, yet at the same time, power in potentia, and, furthermore, unknowingness, which is not the same as ignorance."[57] In short, he is "the product of pure reason"[58], and thus unable to penetrate beneath the surface of things, devoid of instincts, and in that respect, the story suggests, inferior to animals: "he is not a cat: he is a hero."[59]

There is one common feature of Carter's story and Stoker's, though: both portray a male protagonist who flees from female sexuality; Stoker has the young Jonathan Harker recoil from sexual women in disgust - "They are devils of the Pit!"[60], the bicycle-rider experiences "sensuous vertigo".[61] Sensuality and sexuality are symbolized by the roses, and the young man's shrinking from the assault of the roses on his senses anticipates his later exclusive reliance on rationality: "too many roses [...] their huge congregations of plush petals somehow obscene in their excess, their whorled, tightly budded cores outrageous in their implications."[62] In both Stoker's and Carter's stories, the mouth becomes a symbol of sexuality - "her extraordinarily fleshy mouth"[63] in "The Lady of the House of Love" echoes the numerous references to "voluptuous lips" in *Dracula*. Whereas the tenor of Stoker's novel supports the male protagonists' reaction, however, Carter interprets the Englishman's repulsion as deficiency, a rejection of sensuality in general and of female sexuality in particular. In *The Sadeian Woman*, Carter explicitly establishes a connection between mouth and genitals: "my vagina might indeed be patronisingly regarded as a speaking mouth."[64] The young hero in "The Lady of the House of Love" is "disturbed, almost repelled" by the "full, prominent lips of a vibrant purplish-crimson"[65] as well as disgusted by the full red roses, the other symbol of female genitals and sexuality in the story.

Carter's hero, however, is too short-sighted to realize what is really wrong; he is too deeply "entrenched" in his enlightened prejudices to recognize a vampire even when he is about to be slain by one. What passes as - of course, male - heroism in *Dracula*, Carter characterizes as "lack of imagination", a typical sign of enlightened rationality represented by his bicycle: "his beautiful two-wheeled symbol of rationality".[66] Repelled by the sexually charged atmosphere - the suggestive mass of rose buds, the blood-stained bridal dress, her full mouth -, his rationality reduces her to an object of pity, denying her magical power. Failing to see the vampire in her, he perceives her just as another, albeit strange, human girl, and as a girl inferior to him, the male. The humanization of the vampire demystifies her; the signs of her dangerous otherness - like her aversion to light - can now be re-interpreted and domesticated as defects, weaknesses. He pities her as "the disordered girl" with the "hectic, unhealthy beauty of a consumptive", sees her as "a child putting on the clothes of a dead mother", thinks that "any competent manicurist will deal with her claws" [67], plans for her to consult doctors to reduce her to an entirely normal young girl - the role of science will thus be to destroy the power of magic.

Suggesting that the vampire is perceived through a rationalistic male consciousness (the implied author addresses the implied reader directly and in complicity), the story shifts from the aggressive plot of the Queen of Vampires looking for a victim to the fairy-tale plot of Sleeping Beauty passively waiting for sexual initiation by the male. The transition from a fantasy of female power to the conventional plot of erotic yearning is facilitated by the vampire's desire to relinquish her "own weird authority": "In her dream, she would like to be human."[68] She abhors the "ghastliness of her condition"[69], but except for her solitude, the only indicator of ghastliness is her sexual power over men, a power associated with her virginity. Thus, the story suggests a brainwashing on the part of the vampire (or women in general): she is not only robbed of her power, but she becomes an accomplice in her own disempowering by actively yearning for it. Being aggressive and powerful sets her against the norm, and, as a consequence, makes her lonely - no man wants a girl like that, a girl that reverses the prescribed power-positions of patriarchy -, and her longing for love leads to passivity and weakness instead of aggression and power. There is no place for the female vampire in an enlightened society with patriarchal notions of women's place.

When she lures the Englishman to her bedroom, eager for his blood, the story's plot still follows the traditional vampire plot in which he is the potential victim; although she hopes that she can prevent his death, she anxiously anticipates that she will kill him in the end. But in the bedroom, a dramatic role-reversal begins; while in the usual scenario, the victim of the vampire starts bleeding and the sucking of the blood nourishes the vampire, here the vampire loses blood (and thus life-force and power). Like Sleeping Beauty who bleeds when pricking her finger, the vampire accidentally cuts her finger. When her blood flows, power begins to be transferred to the young Englishman. Her bleeding suggests both menstruation and the loss of virginity: "She has never seen her own blood before."[70] Menarche and the loss of virginity signify her entry into womanhood, into a sexual order that is male and patriarchal: "But now she is a woman, she must have men."[71] That humanization of her sexuality ultimately demystifies her. The position of aggressor and victim are now reversed: from being her "proie" and the one who bleeds on the "inverted marriage bed"[72], he casts himself into the role of potential sexual aggressor, musing about taking "sexual advantage" of her and making her bleed through defloration. In the context of conventional vampire stories, such hybris would be punished by inevitable death or conversion to vampire-life; here, because of her willingness to relinquish her power, the plot can be dramatically changed by the male. The reversal from awe-inspiring vampire into pathetic girl renounces her magic power and turns out to be ultimately fatal for her. When he awakes in the morning, she looks "for the first time, fully human".[73] As the next sentence reveals, she looks human only because she is dead: "The end of exile is the end of being."[74] Alienation is a source of power, while integration into a patriarchal order implies spiritual death.[75] Her otherness has been destroyed, there is no existence for her except on the margins: the humanization of the vampire is the death of otherness. Since otherness defines the vampire, humanization is death.[76]

In Carter's story, the way to kill a vampire is not - as in the traditional stories - to drive a stake through her heart, but to impale her with phallic penetration, to place her in the patriarchal gendered order. Again, Carter rewrites Stoker's novel, here by making explicit the implied sexual aggression of the human men in Dracula where the killing of vampire Lucy is rendered in sexualized images - "driving deeper and deeper the mercy-bearing stake".[77] *Dracula*'s imagery identifies the killing of the vampire as a sexual and violent act of love; as Lucy's fiancé, Arthur has the "better right" because he "loved her best"[78] to change Lucy back from "foul Thing" to "sweetness and purity". Making Stoker's implied conflation of sexuality with domestication of women explicit, Carter describes the sexual act as an irreversible passing on of the girl's power (symbolized in the rose) to the Englishman who literally and symbolically deflowers her, as she remembers: "I leave you as a souvenir the dark, *fanged* rose I plucked from between my thighs."[79] That thought is given by the dead queen of vampires, and thus leaves the suspicion or hope that her destruction may not be final, that the ancient power of vampires is just latent in the age of reason and world wars.

Now he is the fanged aggressor, but, having denied the power of magic and women, he is doomed, and the story sets up his death as inevitable and final. The ironic implications of the man's enlightened obliviousness to the vampire's power unravel as it becomes clear that the story is set on the eve of World War I and that he is headed for the terror of mass-slaughter in the "enlightened" age: "This lack of imagination gives his heroism to the hero. He will learn to shudder in the trenches. But this girl cannot make him shudder."[80] After he has escaped death in the vampire's mansion, he'll find a different death that is not connected to Eros: "Next day, his regiment embarked for France" is the closure of the story. The terror of the vampires pales before the implied mass-slaughter of the new order that he represents and for which he will fight.

(Gendered) Perspectives and the Fantastic

The connection between gender and conflicting world-views that Carter constructs in "The Lady of the House of Love" points to an increasing interest among writers in an affinity of feminist writing and the fantastic. Fantasy is often regarded as a mode ideally suited for the articulation of "outsider" perspectives, for groups not represented in the mainstream and "exiled" on the margins; it is the mode of the "other", while reason/rationality is the mode of dominance, of male supremacy. Like Carter, Jean Rhys - in *Wide Sargasso Sea* (1966) - associates femininity with non-rationalistic discourses like myth, dreams, and with literary strategies of non-linearity, non-causality, non-chronology, disruptions and silences. By using the most explicit Gothic elements of Brontë's *Jane Eyre* (1847) as a starting point, Rhys rewrites the supposed madness of Bertha, the madwoman or "vampire"[81] in the attic, as a different (and earlier) interpretation of the world that has been marginalized as madness by (male) instrumental rationality.[82] The concepts of the "other" (be it women or ethnic minorities), of sanity/madness, and of fantasy are inseparably related. As Jackson observes, "[f]rom a rational, 'mono-logical' world, otherness cannot be known or represented except as foreign, irrational, 'mad,' 'bad'."[83] (173) In Carter's fictions discussed here, the status of women as others - heightened in "The Lady of the House of Love" by the connection with vampirism - leads to their alienation from "male" culture.

The increasing popularity of the fantastic among women writers stems from yet another advantage of the fantastic mode and concerns available plots for female protagonists: free from the restraints of verisimilitude, writers can break through the confining limits of what is possible and plausible in a socio-cultural system characterized by women's oppression and silencing. Fantasy confronts that "reality" with a version of the truth that challenges its claim to absolute and natural meaning. Where realistic texts ultimately have to re-inscribe hegemonic constructions of reality and to accomodate their heroines' desires to the existing social order, fantasy destabilizes the representation of that reality by exposing its limits and repressions, by questioning its dominance in the contrast with a vision of an entirely different order. Reality emerges as a contested territory: the voices of the marginalized and silenced articulate a radically different perspective on reality - as Carter observes, "I must always have sensed that something was badly wrong with the versions of reality I was offered that took certain aspects of my being as a woman for granted".[84] Feminist literary critics like Nancy K. Miller and Teresa de Lauretis concede that women's desire cannot be expressed in the realistic mode where it is contained in erotic plots of love and marriage; in de Lauretis's analysis, the time and place of female desire is located in the "now" and "nowhere", that is the fantastic. While in realism, female desire can be articulated but has to be curtailed and adapted to the real and possible, fantasy opens a textual space for transgressive desire.

Women's interpretations of staple motifs of the fantastic - such as post-apocalyptic dystopias or vampires - imply the conclusion that theories of the fantastic must consider gender (and race) as an influential category in the construction of the fantastic. Women's texts demonstrate that there are traditions of the feminine fantastic that set their own standards and differ markedly from the "male" fantastic, a fantastic that has been taken as the normative concept. While the feminine fantastic emerges as a mode of writing plots of female power in general, its specific manifestations point to an often antagonistic relation to the dominant fantastic:[85] where male writers use the vampire to warn against and expel female sexuality, women writers welcome the possibility to construct a sexual order that is not based on compulsive heterosexuality, enforced reproduction, and patriarchal monogamy. Where male writers project a fundamental concern about the rights of the (male) individual onto utopian and dystopian societies, women writers - like Carter - are preoccupied with how these future societies will organize gender. And finally, the fantastic offers the potential to interpret women's exile from patriarchal culture as a place that allows a critical view of the center of power.

Notes

1 In "Notes from the Front Line," Carter writes: "I would regard myself as a feminist writer, because I'm a feminist in everything else and one can't compartmentalise these things in one's life." (p. 69)
2 N.K. Miller: "Emphasis Added", 46.
3 L. Sage: *Angela Carter*, p. 2.
4 Miller: "Emphasis Added", 46.
5 A. Carter: *The Passion of New Eve*, pp. 149, 50.
6 Carter: *The Sadeian Woman*, pp. 9, 11.
7 Carter: "Notes", pp. 74, 72.
8 Carter: *The Sadeian Woman*, p. 5.
9 Carter: "Notes", p. 71.
10 J. Haffenden (ed.): *Novelists in Interview*, p. 81.
11 Carter: *Fireworks. Nine Profane Pieces*, pp. 132, 3.
12 Carter: *The Sadeian Woman*, p. 5.
13 Carter: *The Passion of New Eve*, p. 122.
14 Ibid., p. 68.
15 Ibid., p. 29.
16 Ibid., pp. 29, 51, 63.
17 Ibid., p. 95.
18 Ibid., p.. 93.
19 Ibid., p. 103.
20 Ibid., p.. 94.
21 Ibid., p. 82.
22 Ibid., p. 49.
23 Ibid., p. 87.
24 Ibid., p. 50.
25 Ibid., p. 90.
26 Ibid., pp. 69, 71, 68.
27 Ibid., p. 73.
28 Ibid., p.. 150.
29 Ibid., p. 28.
30 Haffenden (ed.): *Novelists in Interview*, p. 96.
31 Carter: *The Passion of New Eve*, p. 6.
32 Ibid., p. 39.
33 Ibid., p. 37.
34 Ibid., p. 75.
35 Ibid., p. 10.

36 Ibid., p. 129.
37 Ibid., p. 135.
38 Ibid., p. 136.
39 Ibid., p. 148.
40 Carter: *The Passion of New Eve*, S. 30. See J. Berger, *Ways of Seeing* (1972) on the experience of being mirrored as a female condition in Western patriarchal society: "a woman's self being split into two. A woman must continually watch herself. She is almost continually accompanied by her own image of herself. [...] And so she comes to consider the surveyor and the surveyed within her as the two constituent yet always distinct elements of her identity as a woman." (p. 46)
41 Carter: *The Passion of New Eve*, p. 71.
42 Ibid., p. 75.
43 Ibid., p. 56.
44 Ibid., p. 129.
45 Ibid., p.. 68.
46 Ibid., p. 118.
47 Ibid., p. 120.
48 Ibid., p. 123.
49 R. Jackson: *Fantasy*, p. 118.
50 Carter: "The Lady of the House of Love", p. 103.
51 D. Punter: "Angela Carter", 262f.
52 R. Jackson: *Fantasy*, p. 120.
53 B.Stoker: *Dracula*, p. 193.
54 Carter: "The Lady of the House of Love", p. 93.
55 The references to Sleeping Beauty are obvious and discussed below; the references to "Der Sandmann" are the young Englishman's perceptions of her as a "doll," "a great, ingenious piece of clockwork" (102) - that is, like Hoffmann's Olympia.
56 Carter: "The Lady of the House of Love", p. 101.
57 Ibid., p. 97.
58 Ibid.
59 Ibid., p. 103.
60 Stoker: *Dracula*, p. 54.
61 Carter: "The Lady of the House of Love", p. 98.
62 Ibid. For a similar male rejection of sensuality and a similar interpretation of different modes of perception see Jean Rhys, *Wide Sargasso Sea* (1966).
63 Carter: "The Lady of the House of Love", p. 101.
64 Carter: *The Sadeian Woman*, p. 5.
65 Carter: "The Lady of the House of Love", p. 101.
66 Ibid., p. 99.
67 Ibid., pp. 105, 101, 100, 107.
68 Ibid., p. 95.
69 Ibid.
70 Ibid., p. 106.

71 Ibid., p. 96.
72 Ibid., p. 105.
73 Ibid., p. 107.
74 Ibid.
75 In that respect, Anne Rice's popular vampire novels follow Carter's approach; Rice's female vampires as well often experience alienation as a source of power.
76 For a radically different reading, see Fowl, "Angela Carter's *The Bloody Chamber* revisited;" Fowl sees the vampire's death and humanization as linking her to "the community of women" from which she had been exiled. I cannot follow; other women - except the old servant - are conspicuously absent in the story, and Fowl's reading underestimates the conflation of humanization and death in the story.
77 Stoker: *Dracula*, p. 194.
78 Ibid., p. 193.
79 Carter: "The Lady of the House of Love", p. 107. Emphasis mine.
80 Ibid., p. 104.
81 In Brontë's *Jane Eyre*, Jane describes Bertha as a vampire, as "the foul German spectre - the vampire". Ch. Brontë: *Jane Eyre*, p. 311.
82 In addition to femininity, Rhys's novel, which is set in the Caribbean, associates the fantastic mode with blacks; obeah, an Afro-American religion in the New World that is grounded in African belief-systems, becomes the ultimate expression of an alternative world-view.
83 Jackson: *Fantasy*, p. 173.
84 Carter: "Notes", p. 70.
85 Lokke, who analyzes the grotesque in *The Bloody Chamber* and in Frisch's *Bluebeard*, arrives at the same conclusion. p. 12.

Bibliography

Berger, J: *Ways of Seeing*. Harmondsworth, 1985.
Carter, A.: *Fireworks. Nine Profane Pieces*. 1974 .London, 1987.
-: *Heroes and Villains*. London, 1988.
-: "The Lady of the House of Love". *The Bloody Chamber*. Harmondsworth, 1979, pp. 93-108 (an earlier version of the story was published in the *Iowa Review*).
-: "Notes from the Front Line". - In Michelene Wandor (ed.): *On Gender and Writing*. London et al., 1983, pp. 69-77.
-: *The Passion of New Eve*. London, 1992.
-: *The Sadeian Woman*. London, 1979.
Clark, R.: "Angela Carter's Desire Machine". *Women's Studies* 14, 1987, 147-161.
de Lauretis, T.: "Now and Nowhere: Roeg's Bad Timing". - In M. Doane, P.

Mellencamp and L. Williams (eds.): *Re-Vision. Essays in Feminist Film Criticism*. Frederick, MD, 1984, pp. 150-168.

Fowl, M.G.: "Angela Carter's *The Bloody Chamber* revisited". *Critical Survey* 3,1, 1991, 71-79.

Haffenden, J. (ed.): *Novelists in Interview*. London, New York: Methuen, 1985.

Hanson, C.: "Each Other: Images of Otherness in the Short Fiction of Doris Lessing, Jean Rhys and Angela Carter". *Journal of the Short Story in English* 10, 1988, 67-82.

Loke, K.E.: "*Bluebeard* and *The Bloody Chamber*: The Grotesque of Self-Parody and Self-Assertion". *Frontiers* 10, 1988, 7-12.

Miller, N.K.: "Emphasis Added: Plots and Plausibilities in Women's Fiction". *PMLA* 96, 1988, 36-48.

Palmer, P.: "From 'Coded Mannequin' to Bird Woman: Angela Carter's Magic Flight". - In S. Roe (ed.): *Women Reading Women's Writing*. Brighton, 1987, pp. 179-208.

Punter, D.: "Angela Carter: Supersessions of the Masculine". *Critique. Studies in Modern Fiction* 25, 1983/84 (Summer), 209-222.

Rubenstein, R.: "Intersexions: Gender Metamorphosis in Angela Carter's *The Passion of New Eve* and Lois Gould's *A Sea-Change*". *Tulsa Studies in Women's Literature* 12, 1993, 103-118.

Sage, L.: *Angela Carter*. Plymouth, 1994.

Stoker, B.: *Dracula*. Ware, 1993.

Tracy, R.: "Loving You All Ways: Vamps, Vampires, Necrophiles and Necrofilles in Nineteenth-Century Fiction". - In R. Barreca (ed.): *Sex and Death in Victorian Literature*. Bloomington/Indianapolis, 1990, pp. 32-59.

Barbara Puschmann-Nalenz, Bochum

"Cloudy Symbols of a (not so) High Romance": Feminine and Feminist Fantasy in the Fiction of Fay Weldon

In two previous issues of this journal the short story "Weekend" by Fay Weldon and her probably most widely known novel *The Life and Loves of a She-Devil* have been explored.[1] In these articles the postmodernist strain of her work with its inclination to intertextuality emerged as a prime characteristic of her writing.

The thematic focus of this volume, however, makes a closer inspection of her work necessary. Fay Weldon strikes me, one of her rather avid readers, as a borderline case of fantastic literature. The question whether and to what extent Weldon's narrative fiction can be classified as fantasy first led me to an inquiry into earlier attempts at a definition of her works. *The Oxford Guide to British Women Writers* (1994) maintains: "The extravagant use of black comedy and the supernatural sometimes pushes the fiction to the limits of realism" (p. 453) – a meaningful, if rather vague, description which says nothing about the where and how of the border-crossing; indeed the label "fantasy" does not occur. Another critic speaks of "parables of our time, created out of our every-day existence"[2] which Weldon produces – a classification that equally leads away from realism into the non-mimetic, nevertheless abstains from precise explanation. The comprehensive reference work on current Science Fiction and Fantasy Literature has in fact subsumed Fay Weldon in the genre and lists four of her novels as fantasy, in chronological order *Female Friends* (1975), *Puffball* (1980), *Rules of Life* (1987), the story "Wolf" (1988) and *The Cloning of Joanna May* (1989).[3] I disagree with regard to the first text but would include several others, as will be observed in the following paragraphs.

Since these critics already postulate that Weldon either writes fantasy or that her works at least cross the borders of realism my arguments will focus on those texts I consider relevant to the border-crossing, on its nature and on the intentions of the author in leaving the realm of realism.

Susanne Becker in her above-mentioned article has drawn our attention to the way in which some of Weldon's fictions show "the intrusion of the (feminist) fantastic" (p. 99), display "Gothicism" (p. 101), "Gothic family drama" (p. 102) and an indebtedness to Edgar Allen Poe as well as to Mary Shelley. I therefore intend to continue along the lines suggested by Becker and to complement her observations by commenting on several other texts as well as some necessary modifications of Becker's already detailed theoretical explanations, which point to the link with Romantic literature and the Romantic tradition. Let me add the voices of two outstanding authorities on the fantastic in literature:

Todorov defines fantasy as a literary genre characterized by a relationship of uncertainty, either in the reader or the protagonist.[4] This uncertainty regards the question whether the fictionalized events do or do not belong to the natural world. A decision on the part of the reader or the hero or both has to be made whether the fictionalized event is real, imaginary, the result of a deception of the senses – or a simple error.[5]

Tolkien's description of fantastic literature as laid down in *Tree and Leaf* happens to contain the dominant characteristic of Weldon's texts: satire. Tolkien defines three components as essential for the constitution of the fantastic: 1. the Mystical towards the Supernatural; 2. the Magical towards Nature; 3. the Mirror of scorn and pity towards Man.[6]

Swinfen's comments on this classification are pertinent to our argument:

> Unfortunately, by deliberately choosing to exclude two types of tale – the beast fable and the Lilliputian story – Tolkien largely excludes the mirror of scorn and pity. Yet this seems to be one of the predominant characteristics of fantasy, and this study includes a discussion of both these types of tale, and of the mirror of scorn and pity – that is, the use of fantasy to mock or exhort foolish mankind, often through the use of utopias and dystopias.[7]

Although, as Swinfen points out, Tolkien excludes Swiftean as well as Aesopean types of satiric fantasy, we will follow the direction indicated by his characterization and ask the question, how in some examples of Weldon's fiction, which are not utopian either, the mimetic and the fantastic intercut and serve satiric purposes. Weldon presents the mirror of scorn and pity towards man and woman, thereby entertaining her readers and in addition reflecting trends and tendencies of thinking and ideology from the sixties to the eighties. This intellectual topicality surprisingly links her to Mary Shelley once more, in whose fantasy novel we find not only mythology and Christian religion, but equally Godwin's and Rousseau's philosophy.

The second angle from which we approach Weldon's narrations is the postmodern. Although not identical with the fantastic, the postmodern is closely related: both are characterized by the floating between different modes, the disruptions of continua and the creation of uncertainty. A recent critical study states the "hovering" and wandering quality of the fantastic:

> At one end of the continuum is the marvelous, at the other end the mimetic (Todorov's uncanny). Hovering in between – sometimes nearer one end of the continuum, sometimes hovering nearer the other – exists the fantastic.[8]

Exceeding the statements of Todorov and Rosemary Jackson on the fantastic, Olsen then proceeds to a description of its close relationship with the postmodern which also breaks away from the mimetic. This explanation gives up the idea of a clear dividing line between the mimetic and the fantastic and covers more of the features characteristic of postmodern fantasy:

> Hovering between the marvelous and the mimetic modes on our continuum floats fantasy, a mode that confounds and confuses the marvelous and the mimetic. It plays one mode off the other, creating a dialectic which refuses synthesis. Often fantasy begins in the realm of the mimetic, then disrupts it by introducing an element of the marvelous, the effect being to jam both marvelous and mimetic assumptions. In other words, fantasy is that stutter between two modes of discourse which generates textual instability, an ellipse of uncertainty. The stutter may last for a phrase, for a sentence, for a chapter, even for a novel, but its result is the banging together of the *here* and *there* so that neither the reader nor the protagonist knows quite where he is. That is, fantasy is a deconstructive mode of narrative.[9]

Whereas we see in this definition the signs of postmodern thinking, our interpretation will try to distinguish the generally postmodern from the fantastic postmodern, the latter representing the attempt to create, with recurrence to Rosemary Jackson's words, a signifier of an unreal signified. The line between what the character regards as real or unreal is often deconstructed. I tend to consider the uncertainty in the reader concerning the reality or unreality of the signified essential to an interpretation of the postmodern fantastic, so that the starting-point of my argument holds that the fantasy of the characters in some of Weldon's fictions and the fantastic as a separate sub-creation often become indistinguishable. The notion of a clear dividing line being violated does not apply to these texts, nor do they usually show the brutal intrusion of the supernatural or mysterious into real life. The blurring of dividing lines between the fantasized and the fantastic can be traced in several works of fiction in the late nineteenth and the twentieth century. To me the comparability of Fay Weldon's texts with Thomas Pynchon's *The Crying of Lot 49* is especially strong, since satire directed against late twentieth-century society and the cross-fertilization between the postmodern and the fantastic appear in both authors.[10]

To discover the satirical intention of fantasy in some of Weldon's fictions, which so far have not been analysed, will therefore be one of the chief concerns of this article. The differences between the postmodern and fantasy as well as the characteristics they share form a second focus, since both modes of writing aim at dislocating and alienating the protagonist's and/or reader's awareness. The distinctive quality of the language of fantastic texts, in contrast to the poetic mode alone, lies in the fact that "it takes the figurative literally"; "instead of taking the word as metaphor, it takes the word as equation".[11] It shares this feature with Science Fiction where the paradigms of the postmodern and that of Science Fiction merge.[12]

This article aims at investigating the fantastic in three of Fay Weldon's novels, starting with *Puffball* (1980) and leading to *The Shrapnel Academy* (1986) and *Trouble* (1993), to which two short stories are added.

In *Puffball* an omniscient third-person narrator tells the story of a young woman, Liffey, whose fate is crossed by an opponent, another woman, Mabs. Mabs, the wife of a farmer in Somerset, seems to be a kind of earth-mother with numerous offspring, deeply rooted in the country and experienced in healing discomfort with herbs, cosmic knowledge and natural methods. The novel gradually discloses her nastiness and malevolence, which turn her into a danger for young Liffey and her unborn child. The reader recalls *Rosemary's Baby*, with improbable, nonetheless efficient witchcraft intruding into a seemingly peaceful modern world.

The novel plays upon late twentieth-century mystery-frenzy and a widespread interest in occultism, astrology and black magic, which mobilizes crowds awaiting solstice at Stonehenge, observing spiritual power and using hallucinatory drugs. UFOs are expected at any given moment in a scenic countryside of Somerset, where, however, the mountain Glastonbury Tor looms large over the plains, casting a spell over those who are susceptible to it.

Mabs and her farmer-husband Tucker oppose the countrified young - and so far childless - couple Liffey and Richard. From the beginning of the novel Weldon uses folklore commonplaces that reveal Mabs' nature as a witch, in touch with supernatural powers: her outward appearance which is ugly and 'manly' and her spiritual connection with Nature have given her a reputation among neighbours of being a witch. In the rural surroundings Puffballs, giant fungi that appear overnight, add to the atmosphere of the uncanny. Mabs is clearly "hooked up to the hot lines of the Universe" (p. 107), nevertheless she has some precise knowledge handed down from her mother, of herbs and natural ingredients by which she can make men more potent or change patterns of sexual behaviour (e.g. p. 159). Thus on the one hand the occult links up with the cosmic and the empirical, whereas on the other it contrasts the scientific. In hardly any other of Weldon's novels is the reader confronted with such an amount of medical knowledge, biology, bio-chemistry and the natural sciences in general. Later in her career *Trouble* (1993), the last novel we shall examine, continues this opposition and "the struggle between reason and unreason, triggered by pregnancy".[13]

Mabs is psychic and acts as a malevolent fairy at the cradle of Liffey's unborn child during pregnancy and birth. The third-person narrator does not doubt her faculties as a non-physical medium – how could the reader dare? Liffey is not sensitive towards "the dance of the universe" (p. 125), although she is part of and instrument in it. Reason cannot forever defeat unreason – Liffey is finally alarmed and sure of Mabs' envious maliciousness, to whose growth she has contributed by giving in to Tucker's seduction. She is linked to both Tucker and Mabs beyond her will-power. Magic beliefs and superstition surrounding pregnancy, menstruation and woman's natural lifeforce revive the belief in home-remedies and bespeaking, an interest widespread today, partly fought by orthodox – that means scientific and rational – medicine, partly integrated into it. Thus the novel mirrors current trends in Western lifestyle. Mabs, however, clearly violates the borders of the real and the rational by being part of nature: "[She] shook her fist at the sky, which provided a flash of lightning and a crack of thunder but little more" (p. 187).

Mabs cannot quite succeed in her death-wish for Liffey's baby, although she sticks needles into Liffey's image made of wax and employs other methods of evil wish-fulfilling. Liffey equally uses psychic charms to harm her enemy Mabs.

Fantasy is interspersed into the text most clearly where instead of a smooth transition from the rational to parapsychology and mild, because widespread, forms of superstition – like "It's unlucky to sew for babies before they're born" (p. 216) – the absurdly unreal makes its appearance: "'Make the lights come on again,' said Tucker to Mabs, half-joking, and no sooner had he spoken than they came on. 'You're a witch,' said Tucker, 'that's your trouble.'" (p. 219) The blunt directness of the narrator and the characters proves most effectful. It includes the hilarious – Liffey survives, but does not know who is the father of her baby.

The intrusion of the marvelous upon our world is brought about by two different strategies, as becomes this "study of opposites"[14], which seem mutually exclusive yet enhance the effect of the narrative: the popular "alternative" lifestyle with its inclusion of spiritual and cosmic forces, regarding man as part of the universe, slightly crazy perhaps to those outside the community of fans but tolerated by Western societies - and the truly occult, rooted in folklore and spiritualistic beliefs, which was proved dangerous to the progress of mankind and thought to be overcome in the eighteenth century by enlightened societies. All this the novel imbeds in long medical discourses on sexuality, begetting of life, pregnancy and childbirth, which makes it leave mimetic literature in favour of the non-mimetic nonfictional discourse. Weldon maintains the tension resulting from this change of paradigm which the reader occasionally meets in Science Fiction as well. Absurdity is one effect, the willing maintenance of disbelief another, sarcasm and the indulgence in man's evil nature on the author's part a further result.

The Gothic and black humour comedy are continued by Fay Weldon in her especially successful novel *The Life and Loves of a She-Devil* (1983), which, like Weldon's first novel *The Fat Woman's Joke* (1967) also explores "the paradoxical female complicity with the structures of patriarchy".[15] The indeterminacy of *She-Devil* which allows a certain number of different readings again exemplifies Weldon's contribution to postmodern fiction.[16] Its predominant functions as "feminine Gothic" and satire remain undisputed. Weldon as a female Swift, not only as Mary Shelley's spiritual heir, never spares her readers the clinical insight into the nature of day-dreams: the woman is the monster, not the overweight and unattractive housewife and mother the protagonist is at first, but the competitive, rancorous, scheming, if externally pleasing and delicate "dream-wife" she becomes, whom nothing can stop from seeking revenge on husband and rival.

The Shrapnel Academy (1986) starts out as a postmodernist historical novel, comparable to, though very different from, those by Rose Tremain or John Fowles. The plot, as the prefatory remark explains, originates in the person of the inventor of the shrapnel, Henry Shrapnel, a British general, who lived from 1761 to 1842. It describes a commemoration dinner at the Shrapnel Academy - somewhere in the rural parts of England, in January some time in the late seventies or early eighties, and frequently refers to current or recent events. Its theme is war - past and future wars. The novel ends with the explosion of the buildings belonging to the Shrapnel Academy late during the same night, causing the death of 331 individuals, with two survivors.

Olga Kenyon calls the book "this gruesome fable on a probable future"[17], and indeed it approaches Science Fiction by being a parable of a global disaster possible in the future. In this satirical parable of war Weldon displays the characteristic segmentation and fragmented narrative of her fiction, including a great number of metafictional paragraphs, which form a continuous comment accompanying the progression of the text, telling the story of the story, in which the narrator addresses the reader and discusses the process of making sense with him/her. Intertextuality assumes the form of parody and playing with the reader's education: he is addressed by "Is that a missile I see before me?" (p. 8) - a reminiscence from *Macbeth*, of course, but for our times a dagger won't do any more - too inefficient!

The surface of chronological order and a sequence of twenty-nine chapters could deceive the reader by hiding a narrative montage that uses discontinuity and constant interruptions. The framework reminds us of famous forerunners like *The Canterbury Tales*, *The Decameron*, or even *The Arabian Nights*: a number of people are brought together at random by outward circumstances, in this case because during the evening of the dinner they are completely snowed in and cannot get away, and each has a different story.

The "Mirror of scorn and pity towards Man" which Tolkien included in his definition of fantasy literature here reflects mostly history, warfare, and greatness. The killing machine mankind has been so eager to bring to perfection doubtless produces lasting fame. The true target is the male shaping of history, resulting in "great events" and "great men". The method applied is parallel story-writing on the one hand and associative thinking on the other, often resulting in polemical comments on our society.

The girl Edna, one of the characters, bears the unusual "Christian" name of Medusa, given to her by a scholarly mother who had confused Medusa with Medea and wanted her baby daughter to be called after the betrayed woman who served their children in a pie to her husband Jason, which, as she thought, served him right. The scholarly mother ended up in an asylum, the daughter became a feminist journalist and, in the narrative present, runs out of petrol trying to reach the Shrapnel Academy to cover the annual ceremony. In similar fashion fragments of biographies of the other characters are introduced. Here mythology serves as the hook which draws the unreal into the real and the not-yet-real.

The narrator's urge to impose order on an otherwise disastrous world becomes visible in Weldon's characteristic lists[18], e.g. of the status scale (p. 46), the menu and the seating plan (p. 85), or the lethality index of weapons (pp. 118 and 124) - the first absurd, the second and third commonplace, and the last fantastic, because it uses imaginary parameters to shape the future disaster of a global arms race. Contemporary obsession with statistics, efficiency and systematization fascinates not only most of the characters in the novel, but certainly many readers also; as in *Puffball* it provides a paradoxical mixture of the fantastic and the scientific in order to present a dream-world containing the scenario for the future.

The narration alternately foregrounds different layers of the story: the guests and their lives, the preparation for the assembly and the dinner, the doings of the servants, towards the end especially the historical discourse, rewriting Napoleon's siege of Moscow and the defeat of his army – an appropriate narrative digression since the occasion is the Eve–of–Waterloo dinner. Homer is quoted as well as Clausewitz, and the theory and practice of war looms large in the fantasies of the guests. Finally at the end of chapter 26 war breaks out in the Shrapnel Academy, resulting in a list of headlines drawn up by the Council of War to guide through the plan of action for the end of the world.

The novel is an example of Science Fiction using history: the author fictionalizes both facts and delusory ideas. It cannot be read as a contribution to feminism proper – it is peculiar, yet thrilling and thought–provoking. Unlike *Puffball* or *She–Devil, The Shrapnel Academy* does not obviously borrow from the Gothic story. It represents an example of the cross–fertilization between postmodernized Science Fiction and mimetic fiction.

Trouble, published in 1993 and Weldon's latest novel, is called "deliciously wicked" by Penguin, and its author "our most powerful describer" by *The Cosmopolitan*. "Description" seems to contradict "fantasy", yet in this work Weldon again achieves an impressive combination of these two elements, one enhancing the other, a trait that establishes a close connection to *Puffball*. There as here juxtaposition of opposed characters and contradictory discourses as narrative method reveal themselves; in the opening lines of the Prologue, where "a gypsy woman [...] Dirty and fat and old", knocks on the door of the heroine "Annette, who was clean, slim, and young" (p. 1), superstition confronts modernity, the fortune–teller opposes the modern woman Annette who falls romantically in love with the hero Spicer, a love affair to be continued ten years later with her pregnancy, during which a mysterious change occurs in Spicer – or is it Annette? Unreason wins over reason, caused by the mystery of pregnancy which links the woman to natural as well as supernatural powers.

Two features strike the critic: the phenomena of contemporary culture – they account for the "descriptive" aspect – and the indebtedness to narrative models – those of the Gothic and the postmodern novel. Here Weldon does not reconcile the heroine to fantasized images of woman as in *The Fat Woman's Joke* or *The Life and Loves of a She–Devil*; instead she insists on uncertainty in both protagonist and reader and a variety of possible readings.[19] Is all the trouble merely fantasized? Or is physical illness the explanation of worries and near catastrophes? Sexual fantasies as well as paranoid fears accompany the heroine's pregnancy; they assume shapes of space-travel (p. 15), astrological superstition and mythological archetypes: "'Vast like a mountain, like a cleft hill, like Lilith, like Medusa. I'm about to flood the world.'" (p. 182) The novel ends with Annette's losing both her husband and her baby and confusing the status of fiction and reality:

> 'Never mind,' said Annette, 'I could put it all into a novel.'
> 'Nobody would believe it,' said Ernie. 'Don't even think of it.' (p. 227)

When early in the novel Annette finds an increasing change in her husband Spicer, six different rational explanations are offered by herself or friends:

1. Spicer feels hurt because Annette told her friend Gilda about their sex-life, Gilda told her husband Steve, and Steve told Spicer (p. 18).
2. Spicer is jealous because Annette is publishing her novel - explanation subsequently offered by Gilda (p. 21).
3. Spicer has recently converted to astrology and become superstitious (p. 28f.).
4. Spicer is overworked and shows symptoms of burn-out syndrome (p. 32).
5. Spicer is having an affair with some other woman (p. 36).

All these solutions are speculative and have no foundation that may be called empirically verifiable. Therefore psychologists take over and explain: Annette is fantasizing and projecting, Spicer insinuates, her preoccupations on him. Vice versa he suspects her of secretly wishing herself involved in an affair with another man.

The reader often remains puzzled whether he shall believe in the rationalizations offered or not. "It's being pregnant. It'll be over soon" (p. 40), seems the most natural explanation which soothes Annette and the reader alike. However, this proves far too simple. As it unfolds, the plot holds several surprises in store: Spicer is seeing a woman therapist who turns him towards astrology, vegetarianism, and his own hidden self. Annette sees the doctor's husband, also a therapist, for cure of her troubles, but he is a sorcerer - or does she merely believe he is? She soon finds herself in violent sexual fantasies about him, culminating in her accusation of sexual assault (delusion, misunderstanding, maliciousness, or illness?), and being herself accused of madness (pp. 90f.). Annette suffers from her husband's supposed lack of understanding:

> 'You always side with my enemies.'
> 'Enemies? A middle-aged middle-class housewife with enemies?' in-

quired Spicer. 'Only if she's a paranoiac. [...] You do see that this can only be the product of a disturbed mind?' (p. 91)

All characters and the reader take refuge in rationality – the need to solve problems in the framework of our contemporary culture. The suppositions of the characters go from bad to worse:

'Either you imagined it [the assault], or if you didn't it's a legitimate therapy and you'll end up sexually liberated.'[...] 'They're brainwashing you,' said Gilda. (pp. 94f.)

A little later, however, Dr. Rhea Marks reveals to Annette that in fact it is Spicer who is very ill – physically. Nevertheless it seems to Annette that he is becoming either crazy or sadistic, seeking unusual sexual practices with her and accusing her of destroying his masculinity (p. 113). Divorce is mentioned for the first time. They try to cope with their marital difficulties by blaming therapy and the therapists of being the cause, not the remedy, of their troubles.

Annette learns about affairs Spicer had in the past, her friend Gilda turns out a converted lesbian and Spicer accuses her of inventing the baby and having a hysterical pregnancy. A medical explanation is especially convincing, to the characters as well as to the enlightened reader. Rationalization, reality and fantasy combine in an acknowledgment of distress and deep loneliness: "'I'm sorry, Gilda,' said Annette. 'It's too personal, isn't it, sorrow? Even more personal than threesomes.'" (p. 137) It becomes impossible in this text, as in *Rosemary's Baby*, to tell the characters' fantasies from fantasy as a verbal signifier of the supernatural. Weldon refuses to create a coherent universe or myth in the novel, nor is there a clear dividing line between the real and the unreal; the eerie appears and disappears often imperceptibly in an otherwise homely and familiar, if bewildering and troubled, world, and it exists merely as an option for the reader to choose – it may or may not be true.

At the point of utter depression in *Trouble* the *deus ex machina* emerges suddenly, offering the ultimate explanation: Spicer nearly went bankrupt. "'He'll give up therapy now, I know he will. It's only when the material world fails that the spiritual one seems so exciting.'" (p. 140)

This sounds like 'last words', but Spicer points to the irreversibility of the development Annette seems to have taken, and assumes the therapist's view: "'your fantasy life is too strong to be ignored; it might slip, might already have slipped, over into real life'" (p. 160). Annette, who is scheduled to talk on her fiction of the unreal *Lucifette Fallen* in the *Oprah Winfrey Show* (p. 162), a really existing originally American talk show broadcast on BBC until this very day, and whose husband freely invented scenarios for the future from his dreams to satisfy his therapist, quite suddenly finds herself in hospital, suffering from toxemia and hemorrhaging, her child dead, she herself barely alive. Now she is restored to sanity, contradictions as well as fears are explained; we may feel compassion for her and anger for those who neither recognized her condition nor offered the medical help she really needed. The reader experiences relief and sympathy for the female protagonist, who is neither disturbed nor malicious or suffering from extreme obsession, when roles are reversed and Spicer turns out to be mad, paranoid, dangerous:

> 'She didn't lose *her* baby, she lost *our* baby', said Spicer. 'She didn't even lose it: she threw it away. You don't understand how disturbed my wife is. Or indeed how powerful. [...] she simply had to will the poor creature's destruction. Dr. Rhea predicted it, Annette. She told me your ambivalence towards Gillian, a girl child, would affect the fetus, and in all probability lead to still birth. It's been the source of so much distress: the [demon] Lilith in you so strong. Lilith Annette, destroyer of man's virility, sapper of male strength, strangler of babies.'" (p. 198)

Annette is well again, Spicer ill and persecuted by haunting spectres inappropriate to the real situation which the reader has learned to accept from a third-person-narrator and finds condensed into a punch-line by friend Gilda: "While everyone was thinking about the state of other people's heads the body was in trouble." (pp. 200f.)

The therapists once more succeed in turning tables on poor Annette: she is the real culprit, guilty of all misfortune, Spicer's and the baby's and, of course, her own: the fate of women in our cultural context. The work of the therapists *and* the novelist aims at disillusionment, unveiling the "reality" of a relationship with relentless cruelty:

> 'You're insane,' said Spicer.' Paranoid. But then, you always were.'
> [...]
> 'You always adored me,' said Spicer, 'that's true enough, but I always rather despised you. I needed someone to look after Jason [his son], so I took you on. I should have known it was a mistake.'
> 'You believe that because Dr. Rhea and Dr. Herman made you believe it, not because it's true. We're together because we fell in love.'
> 'Ah, such romantic fantasy!' breathed Dr. Herman. 'Such Englishness!' (p. 203)

What is 'real'? – is there a prerogative of reality over fantasy, of body over mind, of material over spiritual conditions – of rational explanations over emotional states? Attempt after attempt is made in the novel to establish such a priority, and each fails. This once again brings *Trouble* very close to Pynchon's *The Crying of Lot 49*. The woman emerges as the final victim of ideology and her social environment, accused of terminating her pregnancy, putting career before family, exploiting her husband; she has to ask forgiveness for being sinned against.

And yet: Weldon produced a novel, clinical, feminist, using words as a scalpel to lay bare the bone under the flesh consisting of images each has of the other – *the Other* – and it turns out that below only different images are to be found, more scientific, more rational, yet rationality itself in a postmodern post–Newtonian era becomes a questionable construct and thereby a coherently organized fantasy instead of 'fact', a mode of expression, by no means closer to the true nature of things or more entitled to ultimate explanations than any other mode. Weldon may torment the reader by the subversive effect of fantasy[20], or he may resent the book, but even at its grim ending she offers him black humour, when the protagonist tries to hold fast to empirical reality and to shut out supernatural terrors that only reflect social ones:

> 'Describe the room you're in,' said Gilda.
> 'It's in Yorkshire, I think. It's a square room with whitewashed walls, and the telephone is fixed to the wall. It's an old–fashioned one with a dial. It takes forever for the dial to rattle back after every number. I'm standing at the window looking at some moors and some gray stone walls. I can count twelve sheep. Did you know most grazing animals have to eat for twenty–two hours out of twenty–four to get enough nourishment to survive? I'm really glad I'm not a sheep.'
> 'So am I, Annette.' (p. 210)

Has not a passage like this a beauty unattainable by serious literature? It is funny yet charming, irridescent yet profound. Criticisms of human nature fly not like arrows but upon the wings of sylphs. These words are not mine, they are E.M. Forster's on Fantasy.[21] Fay Weldon's criticism of human nature comes under the shape of arrows more often than of wings.

In *Trouble* the intrusion of the uncanny assumes the shape of the two therapists, especially the man, who – in the protagonist's mind at least – can be Satan or Guardian Angel – the reader cannot determine whether this is true or not. The unreliable narrator confuses him in trying to find an answer.

Weldon's short story writing started after she had already become a successful novelist. She has published three collections: *Watching Me, Watching You* (1981), *Polaris and Other Stories* (1985) which also contains some earlier stories, and *Moon over Minneapolis* (1991). Her short stories have received some attention and a few have been anthologized elsewhere.

"Watching Me, Watching You" is a true Gothic tale, a story with a ghost. It is a work of fantasy about two women in a triangle relationship, one being the betrayed and divorced wife, the other the mistress. A ghost haunts the house the two lovers want to buy. The characters are at first introduced without their names, discernible only by outward appearance and gender. This breaks the ground for their later replacements and switching of positions.

From the beginning of the new relationship between the lovers the ghost watches the eternally recurring cycle of love, quarrels, remorse, desertion, and new love. Instead of satire alone Weldon here emphasizes the uncanny: when Maurice is leaving his second love Vanessa she

> sees a dead woman hanging from a rope, but who is to say where dreams begin and reality ends? [...] and sees the horror of her own life and the swinging body fades, if indeed it was ever there. (p. 165)

Life moves in cycles, the same old stories are repeated over and over again, hardly to be distinguished from each other. Insecurity is created in the character of the woman, uncertainty in the reader by the explicit ambiguities quoted above. The narrator constantly shifts between the poles of the real and the unreal, keeping the reader in doubt and disbelief.

The title story from the collection *Moon Over Minneapolis or Why She Couldn't Stay* (1991) shows a peculiar structure in narrative technique: a client tells the therapist Miss Jacobs in psychotherapy about her problems. The monologue includes reflections of, and comments on, Miss Jacobs' actions or reactions. While this procedure proves very complex, Weldon's characteristic segmentation and interrupted sequential narration is preserved.

In the opening passage the reader finds himself confronted with another ghost story reminiscent of "Watching Me, Watching You". The speaker apparently is a dead woman, killed by her jealous disadvantaged twin sister; her ghost has risen to tell the story. Nevertheless it remains uncertain whether this is meant literally – this would be fantasy – or as metaphor. Whereas the literal interpretation at first seems more likely, the ending supports the metaphorical: the protagonist had been killed in a spiritual sense, destroyed by her twin; she appears revived in the closing words: "I came in dead, I go out living. As I say, thank you." (p. 163) Then the therapist's treatment would have been successful, and instead of a Gothic story which it seemed to be for nine tenths of the text, we have been reading a journey into the mind.

A denial of determinacy is one of the general characteristics of postmodern fiction, and Weldon uses it to ramble between different fictional and nonfictional discourses. Generally her most recent works of fiction display a similarity in interests and focus which seems to point to a direction into which her yet unpublished narratives could develop: the self-conscious narration focusing on the making of the story and the question of invention, associating and "telling the truth", on psychological answers and their ironic treatment, on a variety of relationships, e.g. mother-child, sister-sister, female solidarity, instead of "the battle of the sexes" or the construction of love. If this seems to be the more general direction, the place of a cross-fertilization with fantasy in her future work is yet unpredictable.

"Moon Over Minneapolis", the story seemingly told by a corpse, is a story of destructiveness experienced by its victim. Minnie, the second-born twin, has killed Rosamund, her beautiful, gifted, fortunate sister, who always seemed to do the right thing, who was able to turn misfortune into luck, who was going to marry again after being widowed - or is she a paranoiac who feels persecuted, dreaming a plot against her which she tells her therapist?

> 'I would push myself up and turn my head and look but I daren't: I might see the devil's face, I might see you weren't there at all, just a black cat sitting in your chair, the Dark Thing, and anyway I can't move, I'm dead. Minnie killed me.' (p. 157)

"I might" helps the narrator to signalize the modalisation of uncertainty. Is inner space disclosed to us - or is it a reality beyond the empirical human one? The deliberate indeterminacy the text maintains creates a twilight zone between fantasy literature and fantasies of fictional characters.

Rosamund does not marry her dream-man Tom. She cannot do it, because the moon is not full when their plane approaches the twin cities, Minneapolis/St. Paul. "If this were a film the moon would be full" (p. 162) she says; the romance will not come true, because clichés from fiction defeat reality in the character's mind. Tom has to fly her back to England where Rosamund is going to take care of her aged parents and help Minnie.

Is this the helpful, compensatory function of fantasizing as used in therapy? Once Rosamund has recognized how much Minnie hates her, to the point where she would wish her dead, recognized that her fate is inescapable, "Minnie being part of me, however much I scream and rage" (p. 161), she loses her realistic but obsessive fear of Minnie's eternal envy and jealousy, which made her life miserable. She is emotionally liberated and reborn through her fantasy. Fantastic literature in analogy is often praised as liberating the reader from repressions and anxieties.

Fantasy in Fay Weldon's fiction shows a shift of meaning and emphasis, but no clear pattern or evolution: from mystification and prehistoric cosmic magic through the Gothic, the utopian or science-fictional[22] to the use of fantasy in the sense of the protagonist's constructing a reality, then the author fictionalizing this construct including the constructing process in an "Ellipse of Uncertainty". This borderline fantasy is not so much an escape from mimesis, but rather a penetration of the empirical by the fantastic *for the protagonist*. It uncovers the fantasizing process in the reader, who in the last story had already believed Rosamund physically dead when he discovers that this was a metaphor[23], thereby rendering the story closer to fictions by Borges or Kafka, in spite of Weldon's peculiar satirical strain which these authors do not possess. A continuous crossing between the different modes takes place; the characters gather their fantasies from the fantastic in literature, thereby supporting Oscar Wilde's saying that life imitates art – the fictional characters in their fictive lives are inspired by literature and folklore. Instead of the Uses of Enchantment the reader frequently meets with the Achievement of Disenchantment. Purposefully, however, the author keeps her readers suspended in expectation of a final answer. This becomes a Turn of the Screw rightly recalling Henry James' story with this title, where ghosts can be simultaneously both internal and external.

Notes

1 S. Becker: "Haunted Voices" (1992) und W. Riedel: "Weldon's 'Weekend'" (1993).
2 O. Kenyon: *Women Novelists Today* (1988), p. 105.
3 R. Reginald: *Science Fiction and Fantasy Literature*, entry "Weldon".
4 T. Todorov: *Einführung* (1972), pp. 26, 140.
5 Ibid., p. 140.
6 Quoted from: A. Swinfen: *Defense of Fantasy* (1984), p. 6.
7 Ibid.
8 L. Olsen: *Ellipse of Uncertainty* (1987), p. 18.
9 Ibid., p. 19.
10 Cf. my comparison between Pynchon and a Science Fiction novel in B. Puschmann-Nalenz: *Science Fiction* (1986), pp. 44–61 and O. Kenyon's chapter on Pynchon, in *Women Novelists Today*, pp. 68–83.
11 Olsen: *Ellipse of Uncertainty. An Introduction to Postmodern Fantasy*, p. 21.
12 B. Puschmann-Nalenz: *Science Fiction,* pp. 110f., 174, 185; cf. also English version (1992), "de-metaphorisation", pp. 111–113.
13 O. Kenyon: *Women Novelists*, p. 119.
14 Ibid.
15 Becker: "Voices", p. 109.
16 A paper by Dorrit Einersen (Kopenhagen) at the ESSE/2 conference in Bordeaux in 1993 dealt with the varieties of possible readings of *She-Devil*: as a realistic novel, a feminist novel, a fairy-tale, a satire or fantasy. These different ways of

reading also apply to the novels examined here. To my knowledge Einersen's paper has not yet been published (section "Women's Studies"). – The film of *She-Devil* directed by Susan Seidelman and starring Roseanne Barr and Meryl Streep totally reconstructs it by making Ruth become a mild feminist and undergo marginal physical corrections, instead of the Gothic transformation she deliberately suffers in the novel to conform to the feminine image Mary Fisher represented.

17 Kenyon: *Women Novelists*, p. 123.

18 The story "Christmas Lists – A Seasonal Story" from *Polaris* shows the central thematic use of this idea.

19 B. Puschmann-Nalenz: "Kinder in der Science Fiction", points at this ambiguity in several SF novels and short stories and the similarity to the uncertain ending of *Rosemary's Baby*.

20 R. Jackson calls Fantasy "The Literature of Subversion". Cf. W. Riedel's article on this point. Fantasy in *Trouble* is also creative, whereas its dismantling appears as subversion of happiness.

21 E.M. Forster: *Aspects*, p. 123.

22 *The Cloning of Joanna May* (1989) and *Darcy's Utopia* (1990) are equally relevant in that respect.

23 Cf. Todorov: *Einführung*, pp. 31–33.

Bibliography

I Texts

(Numbers in brackets inserted in the text of this article refer to the respective fictional texts by Fay Weldon.)

Weldon, F.: *The Fat Woman's Joke*. London, 1982 ([1]1967).

–: *Puffball*. London, 1980.

–: *Watching Me, Watching You*. London, 1993 ([1]1981).

–: *The Life and Loves of a She-Devil*. London, 1983.

–: *Polaris and Other Stories*. London, 1986 ([1]1985).

–: *The Shrapnel Academy*. London, 1986.

–: *Moon Over Minneapolis, or why she couldn't stay*. London, 1991.

–: *Trouble*. London,1994 ([1]1993). Originally published in Great Britain under the title *Affliction*.

II Criticism

Becker, S.: "The Haunted Voices of Fay Weldon". *anglistik & englischunterricht* 48, 1992, 99–113.

Forster, E.M.: *Aspects of the Novel*. Repr. London, 1966 ([1]1927).

Kenyon, O.: *Women Novelists Today. A Survey of English Writing in the Seventies and Eighties*. Brighton, 1988.

Olsen, L.: *Ellipse of Uncertainty. An Introduction to Postmodern Fantasy*. New York, 1987.

Puschmann-Nalenz, B.: „Engel oder Teufel? Über die Rolle von Kindern in der modernen Science Fiction". *anglistik & englischunterricht* 2, 1977, 61–80.

–: *Science Fiction und ihre Grenzbereiche. Ein Beitrag zur Gattungsproblematik zeitgenössischer anglo-amerikanischer Erzählliteratur*. Meitingen, 1986 (engl. *Science Fiction and Postmodern Fiction*. New York, Bern, Frankfurt/M., 1992).

Reginald, R.: *Science Fiction and Fantasy Literature, 1975-91*. Detroit, 1992.

Riedel, W. „Fay Weldon's 'Weekend' – eine Geschichte von der subversiven Ironie des Glücks". *anglistik & englischunterricht* 50, 1993, 55–65.

Shattock, J.: *The Oxford Guide to British Women Writers*. Oxford, 1994.

Swinfen, A. *In Defence of Fantasy. A Study of the Genre in English and American Literature since 1945*. London, 1984.

Todorov, T: *Einführung in die fantastische Literatur*. München, 1972.

Unterrichtsreihen Englisch

Reinbert Tabbert, Reutlingen

Englisch mit Monstern: Didaktische Hinweise auf phantastische Bilderbücher

1. Einführung

1.1 Der neue Bilderbuchtyp

Das Medium des Bilderbuchs, seit seiner Entstehung im 19. Jahrhundert fast ausschließlich für Vorschulkinder bestimmt, ist auch für ein anspruchsvolleres Publikum interessant geworden. Es war ein Durchbruch, als 1963 Maurice Sendaks *Where the Wild Things Are* erschien.[1] Was zunächst Kindergärtnerinnen und Kinderbibliothekarinnen als Reise in ein Land der Monster aufschreckte, ist inzwischen vielfach als phantastische Darstellung der kindlichen Innenwelt und als meisterhafte Komposition aus Sprache und Bildern sowohl interpretiert als auch variiert worden. Auch in dem neuen Bilderbuchtyp stehen zwar bevorzugt Kinder im Mittelpunkt, aber nicht mehr als Geschöpfe jenes Schonraums, der seit der Romantik stillschweigende Voraussetzung der Kinderliteratur war und der diese Literatur für ein älteres Publikum schwer genießbar macht. Zugleich gibt es eindrucksvolle Werke, etwa von dem australischen Team Jenny Wagner und Ron Brooks oder von den Amerikanern Chris Van Allsburg und David Wiesner, die ganz ohne kindliche oder kindähnliche Figuren auskommen.

1.2 Ein neues Fremdsprachenmedium?

Einige der jüngeren Bilderbücher aus den USA, aus England und Australien haben ein Anregungspotential, das sie für den Einsatz nicht nur im muttersprachlichen, sondern auch im fremdsprachlichen Englischunterricht empfiehlt. Dabei wird selbst bei moderner Thematik mit Vorbehalten der Lernenden (zumal der männlichen) zu rechnen sein, insofern das Medium mit früher Kindheit assoziiert wird. Günstig wäre es daher, wenn die Bilder in Form von Dias präsentiert würden und/oder in Verbindung mit akzeptierten Medien wie Drucktexten und Filmen.

Das Bilderbuch ist in der Regel ein Spezialfall der Bildergeschichte, von der es heißt:

> Unter der Bildergeschichte verstehen wir eine handlungskohärente Bildsequenz mit oder ohne Sprache, die sich zu einer strukturierten Geschichte mit Einführung, Handlungsaufbau, Geschehenskern und Schluß zusammenfügt und dabei etwas Mitteilenswertes erzählt.[2]

Bei dem Einsatz von Bilderbüchern im Englischunterricht kann es allerdings nicht darum gehen, die im Spracherwerbsprozeß seit langem üblichen Bildsequenzen[3] durch eine reichhaltigere Variante zu ersetzen. Eher schon darum, den kommunikations-stimulierenden Effekt, den Detlef von Ziegesar an mehrdeutigen Bildern aufgezeigt hat, etwa am Typ des Drudels („Schlapphut oder Schlange, die einen Elefanten verschluckt hat")[4], an komplexeren Gebilden fruchtbar zu machen. Ein solcher Effekt kann besonders von der Gattung des phantastischen Bilderbuchs erwartet werden. Margaret und Detlef von Ziegesar haben anhand von Einzelbildern mit Rätselcharakter, die sie aus englischen Kinderzeitschriften zusammengetragen haben, einen ganzen Sprachkurs konzipiert.[5] Gegen eine vergleichbare Didaktisierung würde sich ein anspruchsvolles Bilderbuch allerdings sperren. Wie ein Lied oder ein Gedicht stellt es einen sprachlichen Ernstfall dar, der dazu herausfordert, das bisher erworbene Sprachkönnen zu aktivieren.

Theoretisch und praktisch hat sich in diesem Sinne Karlheinz Hellwig mit dem Einsatz authentischer Bilder im Englischunterricht beschäftigt, doch merkwürdigerweise nie Bilderbücher berücksichtigt - weder in dem ausführlichen, zusammen mit M. Siekmann verfaßten Aufsatz über authentische Bildergeschichten[6], noch in seinen verschiedenen Plädoyers für den fremdsprachendidaktischen Wert von Bildkunst.[7] Als authentische Bildergeschichte ließe sich das künstlerische Bilderbuch gut der von Hellwig und Siekmann aufgezeigten historischen Reihe vom "chapbook" bis zum "cartoon" hinzufügen, wenn es sich auch durch einen höheren Kunstanspruch auszeichnet; und dank diesem wiederum könnte es einen Platz haben neben den unterrichtlich erprobten Gemälden eines Grant Wood oder L.S. Lowry[8], wenn es auch durch seine narrative Struktur und durch seine Kombination von Bildern und Sprache deutlich von Einzelbildern unterschieden ist.

1.3 Besonderheiten anspruchsvoller Bilderbücher

Was anspruchsvolle Bilderbücher zu bieten haben, das können gattungstheoretische und unterrichtspraktische Arbeiten, die in jüngster Zeit erschienen sind, verdeutlichen helfen. Am grundsätzlichsten ist Perry Nodelmans strukturalistisch und semiotisch orientierte Untersuchung *Words about Pictures. The Narrative Art of Children's Picture Books* (1988). Neuere Bilderbücher werden nach Themenkreisen erschlossen in dem Werk *The Picture Book Comes of Age* von Joseph H. und Chava Schwarcz (1991) und durch exemplarische Fallstudien in dem von Jens Thiele herausgegebenen Sammelband *Neue Erzählformen im Bilderbuch* (1991). Vorschläge für den muttersprachlichen Englischunterricht aller Altersstufen machen die Australierinnen Wendy Michaels und Maureen Walsh in der optisch sehr ansprechenden Broschüre *Up and Away. Using Picture Books* (1991). Genannt seien schließlich auch die Bände zweier amerikanischer Zeichner, die ebenso systematisch wie unterhaltsam vor Augen führen, wie Bilder in narrativen Sequenzen hergestellt werden und wie sie funktionieren: Uri Shulevitz' *Writing with Pictures. How to Write and Illustrate Children's Books* (1985) und Scott McClouds *Understanding Comics* (1994).

Wenn die Ballade gemäß Goethe die drei Dichtarten Epik, Dramatik und Lyrik in sich vereint, so gilt Ähnliches für viele moderne Bilderbücher - ein unverkennbarer motivationaler Vorzug. Wie von Sendaks *Wild Things* vorexerziert, zentrieren sie um einen dramatischen Konflikt, der starke Gefühle enthält (im Beispiel: die Auseinandersetzung zwischen Mutter und Kind) und der erzählend entfaltet wird (hier: in einer Traumreise). Mit Blick auf das Publikum stellen Michaels und Walsh fest:

> While picture books do not offer readers the same prolonged identification with a character as longer narrative fiction, what they do offer is a compressed moment in which the character - human, mythical, cartoon or animal - encounters some sort of moral dilemma that needs to be resolved, and in the process the character learns something.[9]

Spezifisch für das Phänomen des Bilderbuchs ist nun, daß nicht nur mittels Sprache erzählt wird, sondern auch mittels Bildern. Dabei ist nach Shulevitz von Belang, ob einem Buch "the story book concept" zugrundeliegt oder "the picture book concept"[10], d.h., ob eine Geschichte auch schon als Text bestehen kann und von Bildern nur begleitet wird (wie Beatrix Potters *Peter Rabbit*) oder ob die Bilder am Zustandekommen einer Geschichte beteiligt sind (wie in Sendaks *Wild Things*). Im Hinblick auf Fremdsprachenanfänger hat das "picture book concept" den Vorteil, daß es zu einer Sprache tendiert, die einfach und knapp ist.

Zum Verhältnis von Sprache und Bild, das fremdsprachendidaktisch von besonderem Interesse ist, führt Nodelman (unabhängig von Shulevitz' Unterscheidung) aus, daß die Sprache vorgibt, wie die Bilder zu lesen sind, und diese ihrerseits konkretisieren und einschränken, was die Wörter bedeuten. So einleuchtend diese Beschreibung klingt, ohne ausgeprägten Kunstverstand ist die wechselseitige Abstimmung von Wort und Bild (noch dazu in der Sequenz) nicht zu erreichen. Bei Nodelman heißt es:

> Because they work together by limiting each other's meanings, words and pictures necessarily have a combative relationship; their complementarity is a matter of opposites completing each other by virtue of their differences. As a result, the relationships between pictures and texts in picture books tend to be ironic: each speaks about matters on which the other is silent.[11]

Im Schaffensprozeß sind mit Wort und Bild zugleich zwei gegensätzliche Arten der Rezeption aufeinander abzustimmen. Bilder erfordern unsere Aufmerksamkeit für den gegenwärtigen Augenblick, der Text als geformte Zeit lenkt sie - vor allem mittels Spannungsführung - auf Kommendes. Die besten Bilderbuchkünstler, meint Nodelman, machen diesen an sich frustrierenden Widerspruch zu einem entscheidenden Faktor ihrer Gestaltung.[12] Man denke etwa daran, wie Sendak in den ekstatischen Szenen seiner *Wild Things* ganz auf die Sprache mit ihrer vorwärtsweisenden Tendenz verzichtet.

Die Verlangsamung, die durch die Bilder in den Rezeptionsprozeß hineinkommt, kann als ein didaktischer Vorteil dieses Mediums gegenüber dem Film angesehen werden (was manche Bilderbücher als Einstieg in die Filmerziehung empfiehlt).[13] Und dank dieser Verlangsamung können weitere Qualitäten der Bilder wirksam werden, wie sie von Nodelman ausführlich beschrieben worden sind: die Emotionalität, die, vor allem durch die Farbgebung, unsere Einstimmung veranlaßt[14]; die Expressivität (oder aber Komik), die unsere Aufmerksamkeit durch den meist karikaturhaften Umriß der dargestellten Figuren auf sich zieht[15]; und die ausgeprägte Tendenz zur Symbolik[16], die (in einem tieferen Sinn als bei den zuvor genannten Drudeln) das Bedürfnis weckt, nachzudenken und sich mitzuteilen. Bilderbücher, die ganz auf Sprache verzichten (wie *Snowman*) oder fast ganz (wie *Tuesday*), scheinen die Betrachtenden umso heftiger zu eigenen Äußerungen zu drängen.[17]

1.4 Phantastik im Bilderbuch

Wie in der rein sprachlichen Literatur für Kinder, so lassen sich auch im Bereich des Bilderbuchs realistische und phantastische Gestaltungen unterscheiden, und von letzteren soll nun im folgenden die Rede sein. Phantastische Literatur, ob mit Bildern oder ohne, ist dadurch gekennzeichnet, daß in ihr das magisch-mythische Weltbild einer frühen Lebens- oder Kulturstufe durch ein rationales Bewußtsein gebrochen erscheint und daß diese Brechung entweder als Zweiteilung der dargestellten Welt hervortritt oder in der Art und Weise, wie sich der Erzähler über bestimmte Sachverhalte äußert.[18] In dieser eingegrenzten Form ist Phantastik freilich unter älteren wie neueren Bilderbüchern nicht häufig anzutreffen (unter den neueren etwa in *Gasazi, Wreck, Tuesday* und *Tunnel*). Es empfiehlt sich daher, mit Gerhard Haas[19] von einem weiten Begriff des Phantastischen auszugehen, dem magisch-mythische Züge als Kennzeichen genügen, ob sie nun explizit durch Rationalität gebrochen sind oder nicht. Vermutlich wird eine solche Brechung noch weithin als Zumutung gegenüber jener Altersstufe empfunden, für die Bilderbücher traditionsgemäß bestimmt sind.

So mag denn das Spektrum phantastischer Bilderbücher reichen von neugestalteten Sagen und Märchen (wie *Bluebonnet, Turramulli* und *Brownes Hansel*) bis hin zu parabelhaften Erzählungen (wie *Not Now* und *One*) und zu den dargestellten Kinderträumen (wie *Wild Things, Gorilla, Shirley, Snowman*), die wegen der psychologischen Erklärbarkeit des Traumgeschehens durchaus auch als realistische Literatur angesehen werden können. Wie schon bei der Sammlung *Great Fantasy Stories* geltend gemacht[20], eignen sich die Grenzfälle des Phantastischen für den Unterricht in besonderer Weise. Hier etwa die dargestellten Kinderträume, insofern in ihnen ein psychisches Problem thematisiert wird.

Eine Voraussetzung für das Interesse an phantastischer Literatur scheint darin zu liegen, daß sie mit Auffassungen und Strukturen arbeitet, die dem eigenen frühen Weltbild[21] entsprechen, einem Weltbild, das stark von Wunsch- und Angstvorstellungen geprägt ist. Wie Kindermärchen ihre jahrhundertealte Wirksamkeit aus dem Spiel mit der Furcht vor verschlingenden Dämonen bezogen haben, das ist von Walter Scherf gründlich belegt worden.[22] In den neueren Bilderbüchern feiern solche Dämonen fröhliche Urständ (und in Filmen wie *Jurassic Park* nicht minder). Wenn denn Lernende auf der Sekundarstufe überhaupt bereit sind, sich auf phantastische Literatur, noch dazu in Bilderbuchform, einzulassen, dann kann daraus das Vergnügen einer Regression auf Zeit entspringen. Die psychologisierenden Bilderbücher machen die frühen Ängste und Wünsche, die ja keineswegs mit der Kinderkleidung abgelegt werden, analysierbar, die komischen machen sie belächelbar. Die dargestellte Welt kann den doppelten Reiz haben, daß sie zunächst von dem

Gewohnten abzuweichen scheint und daß sie doch aus tieferer Erfahrung heraus bekannt ist. Elementare Gefühle und Phantasien im Fremdsprachenunterricht? Sie sind kein geringer Teil des Lebens, um dessen Versprachlichung es geht, und verlebendigend sind sie allemal.

Das Phantastische der dargestellten Welt zeigt sich am unmittelbarsten in den Bildern - nicht nur an Motiven wie Monstern, sprechenden Katzen oder fliegenden Schneemännern, sondern auch an der Bevorzugung einer violetten Farbgebung[23], an einer extrem plastischen Darstellung von Gegenständen[24] oder an einer Spannung zwischen schwerem Strich und Leichtigkeit der Kolorierung oder Schattierung, durch die etwas Schwebendes suggeriert wird.[25] Gelegentlich (wie in *Walk*) tritt das Phantastische überhaupt nur in den Bildern in Erscheinung. Wer einem Kind ein Buch mit solchen Bildern vorliest - die ursprüngliche Vermittlungssituation -, der wird bemerken, welche Rede-, ja Fabulierfreude es auszulösen vermag.

2. *Auswahl*

Mit Vergnügen kann man nur ein Buch vermitteln, das einem selber gefällt. Hier ist eine Auswahl von 30 Bilderbüchern, die für den Englischunterricht von Interesse sein könnten und zu denen im dritten Kapitel Unterrichtsvorschläge gemacht werden. Mindestens vier davon scheinen mir so ergiebig zu sein, daß ich sie zur Anschaffung in der Schule empfehle: im Klassensatz für die Vorweihnachtszeit *Father Christmas*; in Form von Dias nebst Textkopien *Wild Things, Piggybook* und *Bunyip.*

Da im vorausgehenden und im nachfolgenden Kapitel auf alle Bücher in Form eines Kürzels verwiesen wird, werden die Titel hier in alphabetischer Reihenfolge dieser Kürzel aufgeführt. Es erscheinen jeweils: Kürzel des Titels, bibliographische Angaben, Kurzcharakteristik und gegebenenfalls systematisierte Literaturhinweise (wobei die vollständigen Angaben dem Literaturverzeichnis zu entnehmen sind): A = Analysen und Hintergrundinformationen, U = Unterrichtsvorschläge (auch solche für den muttersprachlichen Unterricht, sofern auf den fremdsprachlichen übertragbar). Zu jedem Buch wird neben dem Erscheinungsjahr derjenige Verlag genannt, der das Buch im Februar 1995 im Programm hat, bei mehr als einer Ausgabe die preisgünstigste.[26] *Bunyip* und *Turramulli* sind zu diesem Zeitpunkt in keinem britischen oder amerikanischen Verlag zu haben (möglicherweise in einem australischen). Hinsichtlich der Sekundärliteratur wird kein Anspruch auf Vollständigkeit erhoben. Im Falle von Sendak ist sie so umfangreich, daß bewußt eine Auswahl getroffen wurde. Bilderbücher und Sekundärliteratur sind über Fernleihe erhältlich von: Internationale Jugendbibliothek, Schloß Blutenburg, 81247 München (Tel.089/8912110).

Bluebonnet. Tomie de Paola: *The Legend of the Bluebonnet* (1983). Paperback, Putnam Publishing Group. Eine ätiologische Sage über den Ursprung der wilden Lupinenart, die das Blumenemblem des Staates Texas darstellt. Ein Indianermädchen verbrennt ihren einzigen Besitz, eine Puppe, um ihren Stamm aus einer Dürrekatastrophe zu retten. Aus der Asche entsteht ein Blumenmeer. Landschaft und Indianerleben in elementaren Formen und verhalten leuchtenden Farben.

Brownes Hansel. Brothers Grimm/Anthony Browne: *Hansel and Gretel* (1981). Paperback, Little Mammoth. Das geringfügig vereinfachte Grimmsche Märchen wird durch traurig-schöne Farbbilder ins englische Kleinbürgermilieu der 50er Jahre verlegt. (A: Doonan 1983; Tabbert 1990. U: Michaels & Walsh)

Bunyip. Jenny Wagner/Ron Brooks: *The Bunyip of Berkeley's Creek* (Longman Young Books, 1973). Ein Bunyip, unförmiges Geschöpf der Aborigines-Mythologie, sucht in verschiedenen Begegnungen vergeblich Aufschluß über seine Identität, bis es schließlich auf ein zweites, ein weibliches Bunyip trifft. Dunkelfarbige Bilder von an- und abschwellendem Format, die durch feine Schraffur dynamisiert werden. (A: Schwarcz 1982; Schwarcz, J.& C.; Wagner; Holden; Tabbert 1991. A,U: Bunbury/Tabbert in Tabbert 1991. U: Michaels & Walsh)

Burdick. Chris Van Allsburg: *The Mysteries of Harris Burdick* (1984). Houghton Mifflin. Eine Sammlung von 14 plastisch gezeichneten Schwarzweißbildern suggestionsstarker Situationen. Durch eine zugehörige Zeile und einen Titel werden sie Geschichten zugeordnet, die, wie es im Vorwort heißt, dem Verlag angekündigt, aber nicht zugeschickt worden seien. (A: McKee; Neumeyer. U: Michaels & Walsh)

Cat. Dr.Seuss: *The Cat in the Hat* (1957). Book & cassette. Random House Books for Young Readers. Das Buch ist mit nur 237 Wörtern gezielt als muttersprachliche Anfängerlektüre verfaßt worden und dabei vor allem vergnüglich. Eine sprechende Katze unterhält ein gelangweiltes Geschwisterpaar an einem Regentag, indem sie die Gegenstände des Hauses durcheinanderwirbelt. Mehr noch als die dargestellte Anarchie wirkt deren Darstellung in einprägsamen Reimen und karikaturhaften Illustrationen. (A: Bader; MacDonald; Schmidt)

Dinosaur. Liza Donnelly: *Dinosaur's Halloween* (1987). Scholastic Inc. Der amerikanische Kinderbrauch, an Halloween in der Nachbarschaft Süßigkeiten zu erbitten ("Trick or treat!"), hier mit überraschender Wendung: Als drei Gestalten in Dinosaurierkostümen von bösen Buben überfallen werden, entpuppt sich eine als tatsächlicher Dinosaurier. Kolorierte cartoonhafte Bilder mit jeweils einem Dialogsatz als Unterschrift.

Dumps. Maurice Sendak: *We Are All in the Dumps with Jack and Guy* (1993). Harper Collins. Sendak wird politisch, ohne die Phantastik aufzugeben: Anhand zweier Kinderreime beschwört er in grotesk-phantastischen doppelseitigen Farbbildern das Elend in Kartons lebender Slumkinder. (A: Marcus; Doonan 1994)

Father Christmas. Raymond Briggs: *Father Christmas* (1973). Puffin Books. Der englische Volksglaube, daß Father Christmas mit seinem Rentiergespann die Weihnachtsgeschenke bringt, wird mit einer liebenswürdig-nörglerischen Hauptfigur und in typisch englischem Milieu in Szene gesetzt. Bunte Cartoonbilder von wechselndem Format mit gelegentlichen Sprechblasen. (A: Pearce)

Fred. Posy Simmonds: *Fred* (1987). Puffin Books. Nachdem Sophie und Nick ihren toten Kater Fred begraben haben, finden sie sich unversehens in einem nächtlichen Konzert wieder, das zahllose Katzen zum Gedenken an ihren großen Sänger veranstalten. Bilder in wechselndem Format mit Sprechblasen, witzig gezeichnet und gefühlvoll koloriert von der ehemaligen Guardian-Cartoonistin.

Gasazi. Chris Van Allsburg: *The Garden of Abdul Gasazi* (1979). Houghton Mifflin. Als der junge Alan den Nachbarhund Fritz ausführt, entkommt ihm dieser in den Garten eines Zauberers und wird in eine Ente verwandelt. Zurückgekehrt, findet Alan statt der vorausgeflogenen Ente den Hund vor. Die Nachbarsfrau glaubt Alans Bericht nicht, doch merkwürdigerweise bringt Fritz Alans Mütze herbei, die im Schnabel der Ente war. Durch ganzseitige Bilder mit feinsten Bleistiftschattierungen wird eine ebenso plastische wie phantastische Haus- und Gartenszenerie illusioniert. (A: Schwarcz 1982; Nodelman 1985; 1988; Neumeyer)

Gorilla. Anthony Browne: *Gorilla* (1983). Paperback, Walker Books. Die kleine Hannah, die Gorillas liebt und sich von ihrem Vater vernachlässigt fühlt, wird von einem vaterähnlichen Gorilla auf eine Traumreise in den Zoo mitgenommen. Bei der Geburtstagsgratulation am nächsten Morgen lädt sie endlich auch ihr Vater in den Zoo ein. Choreographisch und farblich ausdrucksstarke Bilder. (A: Tabbert 1990; 1991; Schwarcz, J.& C. U: Michaels & Walsh)

I'm Coming. Tony Ross: *I'm Coming to Get You* (1984). Puffin Books. Ein Monster steuert im Raumschiff auf die Erde zu, wo dem kleinen Tommy gerade eine Geschichte über Monster vorgelesen wird, vor denen er Angst hat. Als er am nächsten Morgen vor das Haus tritt, entpuppt sich das hervorstürzende Ungetüm als lächerlich klein. Ein effektvolles Zusammenspiel von "suspense" und "humour" mit farbig-karikaturhaften Figuren, witzig inszeniert auch auf Nebenschauplätzen. (A: Brisac)

John Brown. Jenny Wagner/Ron Brooks: *John Brown, Rose and the Midnight Cat* (1977). Puffin Books. Das Zusammenleben von Rose, einer australischen Farmerswitwe, und John Brown, ihrem Hund, wird empfindlich gestört, als eines Mitternachts eine Katze auftaucht. Eigentlich eine realistische Geschichte mit kräftig schraffierten Illustrationen, die zart getönt sind, doch allein schon das Wort "midnight cat" läßt Phantastik spürbar werden. (A: Brooks; Wagner; Schwarcz. U: Michaels & Walsh)

Millions. Wanda Gag: *Millions of Cats* (1929). Paperback, Putnam Publishing Group. Ein alter Mann zieht los, um für seine Frau eine Katze aufzutreiben, und kehrt mit unendlich vielen zurück. Der Volkskunst nahe in den rhythmisierten Wiederholungsmustern und in den schwarzweißen Holzschnitten. (A: Bader; Kissel in Nodelman 1989)

M.O.L.E. Russell Hoban/Jan Pienkowski: *M.O.L.E. Much Overworked Little Earthmover* (1993). Cape. Zu 12 Farbtafeln Pienkowskis, die veranschaulichen, wie sich Adam und Eva nach der Vertreibung aus dem Paradies die Erde untertan machen (bis hin zu ihrer Zerstörung), hat Hoban einen Erzähltext um einen weise kommentierenden Maulwurf geschrieben.

Night Kitchen. Maurice Sendak: *In the Night Kitchen* (1970). Picture Lions. In einem nächtlich-traumhaften Manhattan, das aus riesigen Lebensmittelbehältern besteht, landet der kleine Micky im Teig dreier Bäcker mit Oliver-Hardy-Gesichtern und befreit sich, ehe er in den Ofen geschoben wird, in einem rasch gekneteten Teigflugzeug. Farbige Bilder in verfeinertem Comicstil mit eingefügtem Erzähl- und Sprechblasentext, in vielfältiger Weise ausdeutbar. (A: Bader; Lanes; Halbey, Schwarcz in Tabbert 1987; Sendak; Nodelman 1988; Schwarcz, J.& C. U: Michaels & Walsh)

Not Now. David McKee: *Not Now, Bernard* (1980). Paperback, Sparrow Books. Vater und Mutter sind so von ihren Tätigkeiten beansprucht, daß sie keine Zeit haben, ihren kleinen Sohn zu beachten, nicht einmal als er von einem Monster gefressen wird. Alltagsvorgänge in einfacher Sprachform, pointiert durch das stereotype "Not now, Bernard" und veranschaulicht durch farbige, karikaturhaft gedrungene Gestalten. (A: Tabbert 1990; 1991; Schwarcz, J.& C.)

One. Michael Foreman: "One in a Million". In: *The Much Better Story Book* (1992). Red Fox Book. S. 49-54. Ein König läßt vor seinem Palast einen Stern verankern. Ehe dieser als Touristenattraktion Schaden nimmt, gibt er ihn wieder frei, zur Freude eines fernen Kranken. Märchenhafte Umweltparabel in 11 kopierbaren Schwarzweißbildchen.

Outside. Maurice Sendak: *Outside Over There* (1981). Picture Lions. Eingangs- und Schlußvignette zeigen, wie Ida ihr Schwesterchen vor einem Zaun mit Sonnenblumen die ersten Schritte lehrt. Dazwischen wird ins Bild gesetzt - anspielungsreich und im Stil deutschromantischer Malerei -, was sich im Bewußtsein einer Tochter abspielt, der vom fernen Vater Schwester und Mutter zur Obhut anvertraut sind: Die Kleine wird von Kobolden geraubt, aber schließlich von Ida zurückgeholt. (A: Lanes; Thiele, Schwarcz in Tabbert 1987; Sendak; Nodelman 1988; Schwarcz, J.& C.; Tabbert 1991. U: Michaels & Walsh)

Papa. Eric Carle: *Papa, Please Get the Moon for Me* (1986). Saxonville: Picture Book Studio. Ein Vater holt seiner kleinen Tochter den Mond, der in ihren Händen schrumpft, aber wieder wächst, nachdem er zurück am Himmel ist. Der Reiz dieses einfachen Bilderbuchs in farbiger Collagetechnik besteht darin, daß die Seiten entsprechend der Handlung ausklappbar sind. (A: Michaels & Walsh)

Piggybook. Anthony Browne: *Piggybook* (1986). Paperback, Mammoth. Das Titelbild zeigt eine junge Frau, die einen Mann und zwei Jungen huckepack ("piggyback") trägt. Die Geschichte handelt davon, wie sich Mr. Piggot und seine beiden Söhne von Mrs. Piggot bedienen lassen, bis diese eines Tages verschwindet und die Zurückgebliebenen zu Schweinen werden in einem Haus, das verkommt. Bei der Rückkehr der nunmehr Umworbenen haben sie ihre Lektion gelernt. Die graphische Pointe dieser modernen Beispielgeschichte liegt in der phantastischen Schweinwerdung der dargestellten Welt bis hin zu Telefon und Mond. (A: Doornkaat; A,U: Michaels & Walsh)

Ross' Hansel. Tony Ross: *Hansel and Gretel* (1989). Andersen Press. Eine vereinfachende und leicht pointierte Abwandlung des Grimmschen Textes wird begleitet von getuschten, karikaturhaften Illustrationen, die lächelndes

Mitgefühl und durch Nebenschauplätze mit Tierfiguren (eine Katze mit Union Jack!) zusätzliches Interesse wecken.

Shirley. John Burningham: *Come Away from the Water, Shirley* (1977). Red Fox. Während die linken Buchseiten die Eltern auf ihren Klappstühlen am Strand zeigen, beschäftigt mit Tee und Zeitung, und jeweils überschrieben sind mit einem erzieherischen Satz der Mutter, entfalten die rechten die Phantasien der angesprochenen Shirley von der Flucht vor Piraten und der Entdeckung eines Schatzes, wie denn auch rechts die Wasserfarben attraktiver sind als links die Buntstiftfarben. (A: Schwarcz 1982; Scharcz, J.& C.; Rasmussen)

Snowman. Raymond Briggs: *The Snowman* (1978). Puffin Books. Ein textloses Bilderbuch, das in zarten Buntstiftbildchen erzählt, wie ein Junge seinem lebendig gewordenen Schneemann das nächtliche Haus zeigt und dann mit diesem (das Bildformat steigert sich bis zur Doppelseite) zu einem strahlenden Küstenpalast fliegt. Am Morgen ist der wundervolle Freund geschmolzen. (A: Nodelman 1988; Moebius)

Tuesday. David Wiesner: *Tuesday* (1991). Clarion Books, Houghton Mifflin. Bei Einbruch der Nacht schweben Frösche auf Seerosenblättern auf eine gutbürgerliche amerikanische Ansiedlung zu. Vögel und Wachhund fliehen, die Menschen aber sind erst am nächsten Morgen aufgerührt, als die Polizei die Spuren sichert. Farbige hyperrealistische Bilder, als Text lediglich vier Zeitangaben. (A: Macaulay; Wiesner)

Tunnel. Anthony Browne: *The Tunnel* (1989). Paperback, Walker Books. Fußballspielender Bruder und märchenlesende Schwester streiten miteinander. Als der Bruder an einem Müllplatz einen Tunnel erkundet, wird er in Stein verwandelt, aber durch die Umarmung seiner Schwester, die trotz großer Furcht nach ihm gesucht hat, wieder erlöst. Symbolhaltige und anspielungsreiche Farbbilder. (A: Kleinspehn in Thiele)

Turramulli. Percy Trezise/Dick Roughsey: *Turramulli the Giant Quinkin* (Collins Australia, 1982). Der Aboriginal-Künstler Roughsey hat zusammen mit seinem europastämmigen Partner Trezise mehrere Bilderbücher zur Aboriginal-Mythologie gemacht, von denen das vorliegende erzählt, wie zwei Kinder dem Donnerriesen Turramulli entkommen. Veranschaulicht wird der Naturmythos in schönen doppelseitigen Farbtableaus mit australischer Flora und Fauna. (A: Holden; Tabbert 1990. U: Michaels & Walsh)

Walk. Anthony Browne: *A Walk in the Park* (1977). Papermacs. Mr. Smith geht mit Hund und Tochter, Mrs. Smythe mit Hund und Sohn in den Park, wo sich die Erwachsenen langweilen, die Kinder und Hunde aber gut unterhalten. Phantastisches scheint in den Bildern auf: in surrealistischen Einsprengseln in die dargestellte Realität. (A: Moss)

Wild Things. Maurice Sendak: *Where the Wild Things Are* (1963). Picture Lions. Cassette: Harper Collins Audio. Als der zornige kleine Max von seiner Mutter ohne Essen ins Bett geschickt wird, begibt er sich auf eine Traumreise zu den Monstern, deren König er wird, bis er schließlich aus Sehnsucht zurückkehrt und nun sein Essen vorfindet. Bilder von ausdrucksstarker Farbigkeit und Körpersprache, in vollkommener Abstimmung mit dem sparsam-poetischen Text. Die Bilder als Dia-Serie des media-nova-Verlags in Kreisbildstellen ausleihbar, der englische Text abgedruckt in Schelbert und in Tabbert 1982. (A: Schelbert; Bader; Lanes; Shulevitz; Sendak; Tabbert 1987; 1991; Nodelman 1988; Jones in Nodelman 1989; Schwarcz, J.& C. U: Tabbert 1982; Diener; Michaels & Walsh)

Wreck. Chris Van Allsburg: *The Wreck of the Zephyr* (1983). Andersen Press. Auf den Klippen bei einem Fischerdorf stößt der Erzähler auf das Wrack eines Segelboots und erfährt von einem alten Mann, daß einst ein Junge (vielleicht er selbst?) mit diesem Boot in der Luft segelte. Grüne und violette Farbtöne geben der Flugreise, die an Poe und Melville denken läßt, auch in den ganzseitigen Bildern etwas Phantastisch-Mysteriöses. (A: McKee; Nodelman 1988; Neumeyer; Raecke in Thiele. U: Michaels & Walsh)

3. Unterrichtsvorschläge

Die Unterrichtsvorschläge werden in fünf Gruppen zusammengefaßt, deren Anordnung tendenziell einer Steigerung der Schwierigkeiten folgt. Hinweise zur Rezeption sowie zur spielerischen Reproduktion und Produktion beziehen sich auf die Anfängersituation, doch können sie auch für den fortgeschrittenen Unterricht von Interesse sein, wie andererseits die vergleichend-analytischen Fragestellungen, die traditionell auf der Oberstufe ihren Platz haben, ansatzweise schon früher berücksichtigt werden können. Eine genaue Zuordnung zu einem bestimmten Kenntnisstand ist an dieser Stelle ohnehin nicht möglich. Bücher wie die besonders empfohlenen *Wild Things*, *Piggybook, Bunyip* und *Father Christmas* sind auf allen Klassenstufen einsetzbar. Eine Liste möglicher Verfahren beim fremdsprachlichen Umgang mit authentischen Bildsequenzen haben Hellwig & Siekmann zusammengestellt.[27]

3.1 Hören und Sehen, Sprechen und Spielen

Besonders fruchtbar für den Einsatz von Bilderbüchern ist das zweite Lernjahr, wenn das Erzähltempus "past tense" eingeführt ist und wenn die Lernenden begierig sind, an authentischen Materialien ihre frischen Kenntnisse der fremden Sprache zu erproben. In einem vorwiegend mündlichen und lehrerzentrierten Unterricht können hier die sprachbezogenen Illustrationen dazu dienen, Hörverstehen zu erleichtern, unbekannte Wörter zu erklären, eine Nacherzählung der Geschichte zu lenken und womöglich Vor-Bilder für eine spielerische Wiedergabe zu sein, die von Gestik und Mimik begleitet wird und vielleicht sogar zu einer szenischen Darstellung führt.

Wild Things, Not Now, Piggybook und (zu einem etwas späteren Zeitpunkt) *Bunyip* sind in dieser Weise einsetzbar - die Bilder als Dias und der Text zunächst mündlich und dann als zusammenhängender Druck. Auf die jeweils zugrundeliegenden Beziehungsprobleme auf englisch einzugehen ist noch zu schwierig. Aber die in der Bildwelt von *Wild Things* und *Piggybook* auffallenden Verwandlungen sind in der Fremdsprache artikulierbar. Nach Einführung des "present perfect" können sie Anlaß sein, die Formulierungen "has changed into" oder "has turned into" durchzuspielen.

Als Alternative zum bildflankierten Textvortrag gibt es die Möglichkeit, im fragend-entwickelnden Verfahren langsam von Dia zu Dia fortzuschreiten und erst in einem zweiten Durchgang die Geschichte zusammenhängend vorzutragen, im Falle von *Wild Things* eventuell auch die vorhandene Kassette vorzuspielen. Auf diese Weise würden die bei Bild und Text unterschiedlichen Rezeptionsformen auf zwei Unterrichtsphasen verteilt werden. Beatrix Diener praktiziert dieses Verfahren in ihren Vorschlägen zur Behandlung der deutschen Fassung von *Wild Things* in der Grundschule[28], die bei starker sprachlicher Steuerung übertragbar sind auf den Englischunterricht einer 6. Klasse.

Das umfangreichere Buch *Cat*, in dem Text und Bilder ineinander verschränkt erscheinen, wäre am besten auf Folien zu kopieren, die mit dem Tageslichtprojektor gezeigt werden, und zwar in wohldosierten Einheiten. Da sich der Text vorzüglich zum Sprechen eignet (auch eine Kassette davon vorliegt), könnte er, aufgeteilt auf mehrere Sprecher, eingeübt und - beispielsweise für einen Elternabend - effektvoll inszeniert werden.

Das "pop-up book" *Papa* bietet sich in bezug auf eine kleinere Anfängergruppe für eine Art der Präsentation an, die den vorgetragenen Text durch Ausklappen der zugehörigen Buchteile dramatisiert, wobei sich die Erklärung neuer Wörter ("ladder", "mountain") fast von selbst ergibt. Anschlußaufgabe: Aus dem bisherigen Wortschatz und drei oder vier Pappbögen werden englische Geschichten nebst ähnlichen Klappeffekten hergestellt und (nach sprachlicher Korrektur) vorgeführt.

3.2 Lesen und Schreiben

In ihrer ursprünglichen Gestalt sind Bilderbücher gezielt von Nutzen in einem Englischunterricht, in dem nach Leistung oder nach thematischem Interesse differenziert wird. Für Lernende, die eine schriftliche Arbeit schneller als die Mehrheit erledigen, wäre die Bilderbuchlektüre eine unterhaltsame Zusatzbeschäftigung, und für Lernende, die in differenzierend angelegten Stillesephasen Schwierigkeiten haben, enthielten Bilderbücher eine natürliche Verständnishilfe. Lehrerinnen und Lehrer, die sich zu "freier Arbeit im Rahmen eines Themenplanes"[29] entschlossen haben, werden besonders zu schätzen wissen, welchen Wert Bilderbücher für die selbständige Schülerarbeit haben.

An alle Bildfolgen lassen sich Schreibaufgaben anknüpfen aus einem Spektrum, das von stark gelenkt bis sehr frei reicht. Zu beiden Extremen sei ein Beispiel genannt, das von Michaels & Walsh für den Unterricht in der Muttersprache vorgesehen ist, aber ebenso in der Fremdsprache zu bewältigen wäre: ein Clozetext zu *Piggybook*[30] und (ab dem vierten Englischjahr) die Erfindung von Geschichten zu *Burdick*, und zwar dergestalt, daß zwei Schüler je einen Text zu einem der suggestionsstarken Bilder schreiben, ihn sich gegenseitig vorlesen, inhaltlich und sprachlich überarbeiten und dann auch der ganzen Klasse zum besten geben.[31]

Janet & Allan Ahlbergs reizvolles Bilderbuch *The Jolly Postman* (Heinemann, 1986), das aus der Korrespondenz populärer Märchenfiguren besteht, ist inhaltlich kaum für die Sekundarstufe geeignet, wohl aber als methodisches Modell: Warum nicht auch Figuren aus einem Bilderbuch oder gar aus verschiedenen Bilderbüchern einander Briefe schreiben lassen? Zum Beispiel die Mütter aus *Wild Things* und *Not Now* über die Erfahrungen, die ihre Söhne mit Monstern gemacht haben (alternativer Schluß bei *Not Now* erwünscht), oder die Geschwister in *Cat* und in *Fred* über ihr erstaunliches Erlebnis mit einer Katze oder das Mädchen in *Gorilla* und den Jungen in *Snowman* über ihre Begegnung mit einem nächtlichen Besucher.

3.3 Themenreihen

Wem daran gelegen ist, den Unterricht nicht nur durch ein einzelnes ergiebiges Bilderbuch anzureichern, sondern durch die Verschiedenartigkeit mehrerer, könnte Zusammenstellungen nach Themen vornehmen. Anregungen hierzu bietet Joseph H. und Chava Schwarcz' Band *The Picture Book Comes of Age*, der z.B. in dem Kapitel "Longing for Love, Contending for Love" *Gorilla, Wild Things* und *Not Now* berücksichtigt und in dem Kapitel "The Emergence of Identity" *Shirley* und *Bunyip*.

Hier seien nun Themen vorgeschlagen, die - gleichsam als Kern dargestellter Phantastik - jeweils für die Struktur mehrerer Bücher zentral sind, so daß Gruppenarbeit trotz Verschiedenheit der betrachteten Bücher gemeinsam vorbereitet werden kann: zum einen durch Aktivierung eines themagemäßen Vokabulars (z.B. Sachgruppe "transformation"), zum andern als Ausrichtung der Arbeit aller Gruppen auf anschließende Vergleiche. Solche Vergleiche können explizit und analytisch sein oder aber die Form eines produktiven In-Beziehung-Setzens verschiedener Bücher haben, wie bereits als Möglichkeit eines fiktiven Briefwechsels vorgeschlagen.

In jeder der nachfolgenden Themenreihen sind die Bücher nach steigendem Schwierigkeitsgrad aufgeführt. Einzelne Bücher sind thematisch so vielschichtig, daß sie mehrfach genannt werden.

"Fantastic journeys" (wobei die ersten vier Beispiele dem alten Muster der "quest story" folgen): *Papa, Wild Things, Bunyip, Millions, Snowman, Gasazi, Night Kitchen, Wreck.*

"Difficult relationships": *Not Now* (Sohn - Eltern), *Wild Things* (Sohn - Mutter), *Piggybook* (männlich - weiblich), *Shirley* (Tochter - Mutter), *Gorilla* (Tochter - Vater), *Tunnel* (Schwester - Bruder), *John Brown* (Frau/Hund - Katze), *Outside* (Mädchen zwischen kleiner Schwester und Eltern).

"Transformations": *Wild Things, Piggybook, Snowman, Gorilla, Tunnel, Bluebonnet, Gasazi.*

"Strange occurrences": *Cat, Dinosaur, Walk, Tuesday, Fred, I'm Coming, Burdick, Turramulli.*

Als begrenztere Themen wären denkbar: "strange visitors" *(Cat, John Brown, Snowman, Tuesday* und *I'm Coming*) oder "cats" (*Cat, Fred, John Brown, Millions*). Zwar werden in phantastischen Bilderbüchern private und allgemeinmenschliche Themen bevorzugt, doch sind gesellschaftliche und ökologische nicht ausgeschlossen. Sie ließen sich zur Sprache bringen anhand von *One, M.O.L.E. und Dumps.*

3.4 Landeskunde

Landeskundlich aufschlußreich und aus jahreszeitlichem Anlaß einsetzbar sind Bilderbücher, die von einem Feiertag handeln, der sich durch tradierte Riten und Mythen auszeichnet. So schildert *Dinosaur* einfach, aber pointiert das amerikanische Halloween und *Father Christmas* detailreich und humorvoll den englischen Christmas Eve. Philippa Pearce, die große englische Kinderbuchautorin, hat in einer Umfrage *Father Christmas* als modernen Kinderklassiker gerühmt: "We've all known the present-receiving end of the story: what we still needed was an authentic portrait of F. Christmas himself, with an account of his working day (December 24) and a peep into his house and its routines."[32] Eine gemeinsame Betrachtung des Buches läßt Heranwachsende nicht nur an englischen Weihnachtsmythen Anteil haben, sondern überdies an englischer Lebensart einschließlich des Humors.

Wenn Mythen kennzeichnend sind für phantastische Bilderbücher, dann braucht es nicht zu verwundern, daß auch tradierte Vorstellungen anderer ethnischer Gruppierungen Eingang in diese Gattung gefunden haben: ein Mythos der Comanche-Indianer in *Bluebonnet*, ein Mythos der North-Queensland Aborigines in *Turramulli* und eine Verschmelzung von Aborigines- und Einwanderermythos in *Bunyip*. Landeskundeeinheiten über Native Americans, über Aborigines und über Australien[33], die in den meisten Englischlehrwerken vorgesehen sind, können durch die genannten Bilderbücher spürbar belebt werden.

Reizvoll wäre es auch, auf der Oberstufe kulturellen Transfer am Beispiel von Bilderbuchadaptionen zu thematisieren: das ach so deutsche Märchen „Hänsel und Gretel" ins England der 50er Jahre verlegt in *Brownes Hansel* und in englischen Humor getaucht in Ross' Hansel. Wollte man gar Übersetzung als kulturellen Transfer studieren, so wäre es lohnend, Max Velthuijs' bebilderte "quest story" *Klein-Mannchen hat kein Haus* mit seiner englischen und seiner französischen Fassung zu vergleichen, alle drei 1983 bei Nord-Süd erschienen und alle drei in der Sprachgebung charakteristisch für das Selbstbild der jeweiligen kulturellen Zielgruppe.[34]

3.5 Literaturunterricht

Wegen ihrer Prägnanz und Überschaubarkeit eignen sich Bilderbücher gut dazu, entweder der Anbahnung oder dem Transfer von Erkenntnissen zu dienen, die an umfangreicheren und komplexeren Werken zu gewinnen sind.

Hier sei beispielhaft auf einige Werke der erzählenden und der dramatischen Literatur hingewiesen, die sich unterrichtlich bewährt haben.

Am einleuchtendsten ist es vielleicht, Bilderbücher in Unterrichtseinheiten einzubeziehen, die dem Kindheitsthema gewidmet sind. Was zu dem Verhältnis von Mutter und Sohn in Salingers Kurzgeschichte *Down at the Dinghy* erarbeitet wird[35], davon ließe sich ein Bogen schlagen zu *Wild Things*, zumal Salinger und Sendak darin übereinstimmen, daß sie sowohl von dem idealistischen Kindheitsbild William Blakes als auch von dem realistischen Kindheitsbild Sigmund Freuds beeinflußt sind.[36] Aber es müssen nicht nur Kindergestalten sein, die zu einem Vergleich realistischer Kurzgeschichten mit Bilderbüchern Anlaß geben. Auch Katzen haben ihren Reiz - als unheimliche Bedrohung in Poes *The Black Cat* und in *John Brown* oder als Objekt ungestillter Sehnsucht in Hemingways *Cat in the Rain* und in *Millions*.

Die Verwandtschaft der Bilderbuch- mit der Theaterkunst ist oft betont worden, und so lassen sich denn auch gemeinsame Themen in Bühnenwerken und modernen Bilderbüchern feststellen: die Ironisierung der Geschlechterrollen in Ayckbourns Einakter *Mother Figure* und in *Piggybook* und die Variationen der Kommunikationsproblematik, sei es in Ayckbourns Einakter *A Talk in the Park* und in *Walk*, sei es in kurzen und langen Stücken Pinters wie *Request Stop* und *Caretaker* und in Bilderbüchern wie *Not Now, Gorilla* oder *Shirley*.

Michaels & Walsh haben ein ganzes Kapitel voller Vorschläge, wie sich Aspekte von Shakespeares Dramen anhand von Bilderbüchern erhellen lassen.[37] Diesen sei die (mit Studierenden erprobte) Anregung hinzugefügt, *A Midsummer Night's Dream* als einen Umschlagplatz zu deuten, an dem die Verinnerlichung von Magie zu Imagination ablesbar ist, nachdem man sich einleitend Magie als Teil eines kollektiven Weltbilds bewußt gemacht hat an dem Märchen *Childe Rowland* und kontrastierend dazu als private Phantasie an dem Bilderbuch *Wild Things* ("he tamed them with the magic trick ...").[38]

Aber nicht nur Weltbilder und Themen lassen sich an Bilderbüchern phantastischen Zuschnitts herausarbeiten, sondern auch Schlüsselkonzepte der Literatur: Ironie an *Shirley*, Spannung und Komik an *I'm Coming*, Erzählperspektive an *Wreck*, Symbolik an *John Brown*, erlebte Zeit an *Outside* und Interpretierbarkeit durch Inszenierung an der Bildausstattung von *Brownes Hansel* und *Ross' Hansel*.

Abschließend die zwei Anregungen: Bilderbücher sollten nicht fehlen bei einer Kooperation der Fächer Deutsch, Englisch und Kunst zum Thema

Phantastik[39] und auch nicht bei der Aufgabenstellung für Facharbeiten auf der Oberstufe, bei der sich Sendaks Werke schon bewährt haben, aber die eines Van Allsburg, Browne und Briggs ebenso in Frage kommen.

Anmerkungen

1 Im folgenden wird auf Bilderbuchtitel in Form eines Kürzels verwiesen. Genaue Angaben einschließlich einer Kurzcharakteristik des jeweiligen Buches können dem zweiten Kapitel entnommen werden.

2 K. Hellwig, M. Siekmann: „Authentische Bildergeschichten", S. 474. Es gibt allerdings auch Bilderbücher postmoderner Art, die die „Handlungskohärenz" in Frage stellen. Vgl. W. Moss: "Metafiction", S. 51-58.

3 Vgl. C. Mieth: „Darbietungstechniken der Bildgeschichte".

4 D. von Ziegesar: „Das Bild als Motivation".

5 M. und D. von Ziegesar: *Practise with Puzzles!*.

6 Hellwig/Siekmann: „Authentische Bildergeschichten".

7 Vgl. bes. K. Hellwig: „Bildkunst im Fremdsprachenunterricht" und „Anschauen und Sprechen".

8 Hellwig: „Bildkunst", S. 7f.

9 W. Michaels, M. Walsh: *Up and Away*, S. 35.

10 U. Shulevitz: *Writing with Pictures*, S. 16.

11 P. Nodelman: *Words about Pictures*, S. 221.

12 Ebd., S. 246.

13 Zu Übereinstimmungen und Unterschieden vgl. ebd., S. 222f., 231.

14 Ebd., S. 42, 60.

15 Ebd., S. 99, 158.

16 Ebd., S. 107.

17 Ebd., S. 186. D. Wiesner berichtet über sein Buch *Tuesday*: "Teachers of English as a second language tell me that wordless books are particularly useful in helping students express their thoughts in English." D. Wiesner: "Caldecott Acceptance Speech", S. 422.

18 G. Haas, G. Klingberg, R. Tabbert: „Phantastische Kinder- und Jugendliteratur", S. 285. Englische Definitionsversuche in Tabbert: *Great Fantasy Stories*, S. 20f.

19 G. Haas: *Kinder- und Jugendliteratur*, S. 9.

20 R. Tabbert: *Great Fantasy Stories* , S. 6f.

21 Vgl. S.J. Stohler unter Bezug auf J. Piaget u.a.

22 W. Scherf: *Die Herausforderung des Dämons*.

23 P. Nodelman: *Words about Pictures*, S. 62 (zu *Wreck, Wild Things,Snowman*).

24 Ebd., S. 68 (zu *Gasazi*).
25 Ebd., S. 169f. (zu *Wild Things* u. *Gasazi*).
26 Ich danke der Osianderschen Buchhandlung, Tübingen, für die Auskunft.
27 Hellwig/Siekmann: „Authentische Bildergeschichten", S. 390f.
28 B. Diener: „Didaktisch-methodische Hinweise".
29 G. Krüsmann: *Topic English*, S. 50.
30 Michaels/Walsh: *Up and Away*, S. 89.
31 Ebd., S. 50.
32 P. Pearce: "Choosing a Modern Classic".
33 Eine Unterrichtseinheit über nationale Mythen am Beispiel Australiens ist Tabbert: "Australian Songs", gut ergänzbar durch eine Stunde über *Bunyip* (dazu Tabbert: *Kinderbuchanalysen II*).
34 Tabbert: *Kinderbuchanalysen II*, S. 134f.
35 Unterrichtseinheit in T. Karst, R. Overbeck, R. Tabbert: *Kindheit in der modernen Literatur*, S. 182-211.
36 R. Tabbert: *Maurice Sendak*, S. 17f.
37 Michaels/Walsh: *Up and Away*, S. 90-96.
38 Märchen und Bilderbuchtext samt Deutungen in Tabbert: *Great Fantasy Stories*.
39 Vgl. die Themenhefte: Phantasie und Phantastik. *Praxis Deutsch* 54, 1982 u. Das Phantastische. *Kunstpädagogik* 6, 1982.

Literaturverzeichnis

Bader, B.: *American Picture Books from Noah's Ark to the Beast Within*. New York, 1976.

-: Bildkunst und Sprache. *Der fremdsprachliche Unterricht* 93, 1989.

Brisac, G.: "Tête à tête: Tony Ross". *La revue des livres pour enfants* 97, 1984, 28-29.

Brooks, R.: "John Brown". *Reading Time* Juli 1978, 5-10.

Das Phantastische. *Kunstpädagogik* 6, 1982.

Diener, B.: *Didaktisch-methodische Hinweise zu „Wo die wilden Kerle wohnen"*. Eine Diareihe nach dem Bilderbuch von Maurice Sendak. Gräfelfing: media nova Verlag, 1989.

Doonan, J.: "Talking Pictures: A New Look at 'Hansel and Gretel'". *Signal* 42, 1983, 123-131.

-: "'Outside Over There': A Journey in Style". Part One: *Signal* 50, Mai 1986, 92-103. Part Two: *Signal* 51, Sept.1986, 172-187.

-: "Into the Dangerous World: 'We Are All in the Dumps with Jack and Guy' by Maurice Sendak". *Signal* 75, 1994, 155-171.

Doornkaat, H. ten: „Bildsprache in der Bildfolge“. *Jugendliteratur* 3, 1989, 6-20.

Faehnrich, B.: “Raymond Briggs: When the Wind Blows. Comic, Hörspiel und Film in einer Unterrichtsreihe in der Sekundarstufe II”. *Praxis des neusprachlichen Unterrichts* 35,4, 1988, 356-367.

Haas, G. (Ed.): *Kinder- und Jugendliteratur. Ein Handbuch.* Stuttgart, 1984.

Haas, G., Klingberg, G., Tabbert, R.: „Phantastische Kinder- und Jugendliteratur“.- In G. Haas (Ed.): *Kinder- und Jugendliteratur. Ein Handbuch.* Stuttgart, [3]1984, 267-295.

Hellwig, K., Siekmann, M.: „Authentische Bildergeschichten im Englischunterricht. I. „Theoretische Grundlegung“; „II. Praktische Anwendung“. *Die Neueren Sprachen* 86,6, 1987, 474-499; 87,4, 1988, 386-404.

Hellwig, K.: „Bildkunst im Fremdsprachenunterricht?“ *Der fremdsprachliche Unter richt* 93, 1989, 4-9.

-: „Anschauen und Sprechen - freie und gelenkte Sprachwirkungen durch künstlerische Bilder bei Lernern des Englischen“. *Die Neueren Sprachen* 89,4, 1990, 334-361.

Holden, R.: *Koalas, Kangaroos and Kookaburras. 200 Australian Children's Books and Illustrators 1857-1988.* Sydney, 1988.

Karst, T., Overbeck, R., Tabbert, R.: *Kindheit in der modernen Literatur.* Interpretations- und Unterrichtsmodelle zur deutsch-, englisch- und französischsprachigen Prosa. Kronberg, 1976.

Krüsmann, G.: *Topic English. Praxishandbuch für den Englischunterricht.* Essen, 1991.

Lanes, S.G.: *The Art of Maurice Sendak.* New York, 1980.

Macaulay, D.: “David Wiesner”. *The Horn Book Magazine* 68,4, 1992, 423-428.

MacDonald, R.: *Dr. Seuss.* Boston, 1988.

Marcus, L.S.: “Why is Maurice Sendak So Incredibly Angry? An Interview”. *Parenting* Okt. 1993, 79-83 (über Dumps).

Martin, D.: *The Telling Line. Essays on Fifteen Contemporary Book Illustrators.* London, 1989 (über Briggs, Browne, Burningham, Foreman, Pienkowski u.a.).

McCloud, S.: *Understanding Comics. The Invisible Art.* New York, 1994.

McKee, B.: “Van Allsburg: From a Different Perspective”. *Hornbook Magazine* Sept./Okt. 1986, 566-571.

Michaels, W., Walsh, M.: *Up and Away: Using Picture Books.* Melbourne: Oxford Australia, 1991.

Mieth, C.: „Darbietungstechniken der Bildgeschichte“; „Arbeits- und Übungstechniken der Bildgeschichte“. - In H. Gutschow (Ed.): *Englisch Reprints 2.* Berlin, 1976, 62-64, 65-68.

Moebius, W.: “Room with a View: Bedroom Scenes in Picture Books”. *Children's Literature* 19, 1991, 53-74.

Moss, G.: “Metafiction, Illustration, and the Poetics of Children's Literature”. - In P. Hunt (Ed.): *Literature for Children. Contemporary Criticism.* London, New York, 1992, 44-66.

Neumeyer, P.F: "How Picture Books Mean: The Case of Chris Van Allsburg". *Children's Literature Association Quarterly* 15,1, 1990, 2-8.

Nodelman, P.: "Expectations: Titles, Stories, Pictures". *Children's Literature Association Quarterly* 10,1, 1985, 9-13 (über Gasazi).

-: *Words About Pictures. The Narrative Art of Children's Picture Books.* Athens, London, 1988.

- (Ed.): *Touchstones: Reflections on the Best in Children's Literature. Vol. 3: Picture Books.* Purdue, 1989 (darin Kissel über Millions, Jones über Wild Things).

Phantasie und Phantastik. *Praxis Deutsch* 54, 1982.

Pearce, Philippa: "Choosing a Modern Classic". *Times Literary Supplement*, Nov. 25, 1983, 1311.

Rasmussen, B.: "Irony in Picture Books. Some Examples". *Orana* Nov. 1987, 180-186.

Schelbert, T.: „Die gehörnte Eigenheit der Sprache. Linguistische Überlegungen zu 'Where the Wild Things Are' von Maurice Sendak". *Sprache im technischen Zeitalter* 53, 1975, 59-74.

Scherf, W.: *Die Herausforderung des Dämons. Form und Funktion grausiger Kindermärchen.* Mit einer Auswahl bildlicher Darstellungen von E. Scherf. München u.a., 1987.

Schmidt, G.D.: "Playing to the Audience: A Critical Look at Dr. Seuss". *Children's Literature Association Quarterly* 16,1, 1991, 41-42.

Schwarcz, J.H.: *Ways of the Illustrator. Visual Communication in Children's Literature.* Chicago, 1982.

Schwarcz, J.H., Schwarcz, Ch.: *The Picture Book Comes of Age. Looking at Child hood through the Art of Illustration.* Chicago, London, 1991.

Sendak, M.: *Caldecott & Co. Notes on Books and Pictures.* New York, 1988.

Shulevitz, U.: *Writing with Pictures. How to Write and Illustrate Children's Books.* New York, 1985.

Stohler, S.J.: "The Mythic World of Childhood". *Children's Literature Association Quarterly* 12, 1987, 28-32.

Tabbert, R.: *Great Fantasy Stories. Model Interpretations.* Stuttgart, 1982.

- (Ed.): *Maurice Sendak, Bilderbuchkünstler.* Bonn, 1987 (darin Schwarcz über Trilogie, Thiele über *Outside*, Halbey über *Night Kitchen*, Tabbert über *Wild Things*).

-: *Kinderbuchanalysen. Autoren - Themen - Gattungen.* Frankfurt, 1990 (darin "Australien für junge Leserinnen und Leser", Interviews mit Browne u. McKee).

-: *Kinderbuchanalysen II. Wirkung - Kultureller Kontext - Unterricht.* Frankfurt, 1991 (darin „Gemalte Kindheit - für Erwachsene?", „Bilderbücher zwischen zwei Kulturen", „Vom Nutzen der Kinderliteratur für den Fremdsprachenunterricht", Bunbury/Tabbert: „Ein Bunyip ist vieles, aber kein Umir").

-: "Australian Songs, Australian Myths". *RAAbits Englisch.* Heidelberg, 1994 (Loseblattsammlung).

Thiele, J. (Ed.): *Neue Erzählformen im Bilderbuch.* Oldenburg, 1991 (darin Klein spehn über *Tunnel*, Raecke über *Wreck*).

Wagner, J.: "Layers of an Onion". - In Alderman, B., Reeder, S.O. (Eds.): *The Inside Story. Creating Children's Books.* Canberra, 1987, 173-184.

Weinrebe, H.: *Märchen - Bilder - Bücher. Illustrierte Märchenbücher der Brüder Grimm im Unterricht.* Frankfurt, 1988.

Wiesner, D.: "Caldecott Acceptance Speech". *The Horn Book Magazine* 68,4, 1992, 416-422.

Ziegesar, D. von: „Das Bild als Motivation zum kommunikativen Sprechen". *Englisch* 1, 1978, 7-15.

Ziegesar, M. von, Ziegesar,D. von: *Practise with Puzzles!* 2 vols. Oxford, 1978/1980.

Publications Received

Alexander, Michael & James McGonigal (Eds.): *Sons of Ezra*. British Poets and Ezra Pound. Amsterdam - Atlanta, GA: Editions Rodopi, 1995, 183 S., Hfl. DM 35,-

This book is about the impact of Ezra Pound upon British poets writing today. Michael Alexander and James McGonigal invited British poets to whom Pound has meant something to reflect, and to testify. To the older writers he was a presence, but the youngest contributors were born at the time that Pound fell silent about 1960, and to them he is an historical figure, "the greatest poetic influence since Wordsworth", whose ambition seems an example to avoid as much as to follow.

Anglistentag 1994, Graz. Proceedings. Ed. by Wolfgang Riehle and Hugo Keiper, Tübingen, Max Niemeyer Verlag, 1995, 616 S., DM 174,-

This volume contains the papers presented at the annual conference of the German Association of University Teachers of English in Graz/Austria in September 1994. Papers are published within five sections on Ireland; Tense, Aspect and Modality; New Developments in Literary Aesthetics; Contemporary Plays in English in the *Gymnasiale Oberstufe*, and a concluding section on Varia.

Boie, Vera: *Writing Sexual Revolutions*. Novel of Manners und Sexualität im Romanwerk von Sinclair Lewis und John Updike. Würzburg: Königshausen und Neumann, 1995, 415 S., DM 86,- [Kieler Beiträge zur Anglistik und Amerikanistik, Bd. 9]

Zwei Vertreter der Novel of Manners, Sinclair Lewis und John Updike, haben sich der beiden sexuellen Revolutionen dieses Jahrhunderts angenommen. Ihre Romane (u.a. *Main Street*, Lewis und *Roman Couples*, Updike) greifen in ihren männlichen wie weiblichen Figuren zeitgenössische Fragen, Antworten und Verunsicherungen auf. Das Spektrum reicht von der sexuellen und sozialen Revolution der Frau bis zu den ökonomischen, ideologischen und metaphysischen Implikationen männlicher Sexualität. Bezüge zwischen den Romanen und der zeitgenössischen Wirklichkeit werden mit Hilfe historischer, sozial- und sexualwissenschaftlicher wie feministischer Forschung erschlossen. Theoretischer Ausgangspunkt ist die Kategorie 'gender'. Erkenntnisleitende Konzepte sind im einzelnen 'separate spheres', 'passionlessness' und 'double standard', 'New Woman' und 'Women's Lib' sowie 'Protestant Ethic', 'Social Ethic', 'Sozialrevolutionäres Denken' und 'Jugendrevolte'.

Carpenter, Kevin (Ed.): *Robin Hood.* Kibum Sonderausstellung 1995. Oldenburg: BIS, 1995, 303 S., DM 40,-

Robin Hood ist einer der langlebigsten Helden der populären Kultur, seit seine Taten zum ersten Mal in mittelalterlichen englischen Balladen gefeiert wurden. Der beständige Strom von Büchern und Filmen der letzten Jahre über diesen „edlen Räuber" belegt die anhaltende weltweite Beliebtheit der Legende sowie ihre erstaunliche Eignung für neue Interpretationen. Der erste Teil des Bandes enthält vierzehn Beiträge, die die Legende aus unterschiedlichen Blickwinkeln beleuchten. Der zweite Teil besteht aus dem Katalog einer Wanderausstellung, die 1995-97 in sechs europäischen Ländern zu sehen sein wird.

Davidson, Peter: *Ezra Pound and Roman Poetry.* A Preliminary Survey. Amsterdam - Atlanta, GA: Editions Rodopi, 1995, 167 S., Hfl. DM 55,- [Studies in comparative literature 4].

Ezra Pound and Roman Poetry is an examination of a crucial phase in the development of Pound as translator and, therefore, of creative translation in the twentieth century. The book provides a survey of Pound's attempt to appropriate the poetry of Classical Rome, by tracing the histories of the poet's involvement with Horace, Virgil, Catallus, Ovid and Propertius, in order to express his own marginal position within London during the First World War. No extensive critical discussion is attempted, but attention is given to Pound's critical writings on the Latin Poets as well as his translations from their work. Dr Davidson also treats other aspects of Pound's problematic relation to the Classical Tradition: the use and abuse of dictionaries; Laforgue and Baudelaire as a "third term" haunting Pound's translations; the difficult monolith of English classicism; the invention of an oppositional *romanitas*.

Jehmlich, Reimer: *Jane Austen.* Darmstadt: Wissenschaftliche Buchgesellschaft, 1995, 180 S., DM 39,80. [Erträge der Forschung; Bd. 286]

Ein erster umfassender kritischer Überblick über die Wege, Motive und Erträge der Austenforschung und ihrer Vorstufen im Zeitraum von 1812 bis heute. Neben der englischen und amerikanischen wird auch die deutsche Forschung berücksichtigt. Besondere Beachtung finden die methodischen Eigenheiten im Kontext der „regulären" literaturwissenschaftlichen Entwicklung sowie der Relevanz ihrer Ergebnisse für die moderne Fiktions- und Frauenforschung.

Klaus, Gustav, H. (Ed.): *Strong Words, Brave Deeds.* The Poetry, Life and Times of Thomas O' Brian, Volunteer in the Spanish Civil War. Dublin: The O' Brian Press Ltd., 1994, 271 S., £ 15.99.

This book is a collection of Thomas O' Brian' s poems and plays, and an account of his life. It also contains letters, both personal and political, sent to the war front, as well as memoirs and essays by various contributors which outline the social climate of pre-World War Two Dublin and tell of a forgotten but powerful socialist culture.

Nowak, Helge: *"Completeness is all"*. Fortsetzungen und andere Weiterführungen britischer Romane als Beispiel zeitübergreifender und interkultureller Rezeption. Frankfurt am Main, Berlin, Bern, New York, Paris, Wien: Verlag Peter Lang, 1994, 446 S., DM 74,- [Sprache und Literatur. Regensburger Arbeiten zur Anglistik und Amerikanistik; Bd. 39].

Immer wieder haben Autoren bewußt die Werke ihrer Vorgänger vollendet, fortgesetzt oder aus einem anderen Blickwinkel neu erzählt. Im englischen Sprachraum ist dies in den letzten Jahrzehnten besonders häufig der Fall gewesen, nicht zuletzt auch in den neuen, postkolonialen Literaturen. In diesem Buch werden zuerst Entstehung, Textgestalt und Rezeption solcher Werke systematisch betrachtet. Auf der Grundlage eines Theoriemodells, das Intertextualität, produktive Rezeption und interkulturelle Kommunikation miteinander verbindet, werden dann in den letzten Jahrzehnten erschienene, repräsentative Typen von Weiterführungen untersucht. Ihre Vorlagen sind britische Roman"klassiker" aus dem Zeitraum zwischen 1719 und 1901 (u.a. von Defoe, Fielding, Austen, den Brontës, Dickens, Stevenson, und Kipling).

Railsback, Brian E.: *Parallel Expeditions*. Charles Darwin and the Art of John Steinbeck. Moscow, Idaho: University of Idaho Press, 1995, 156 S., $ 24.95s.

This study of Darwin's influence on John Steinbeck covers the entire body of his œuvre. Examining both fiction and non-fiction works from a Darwinian viewpoint, the author considers them as a careful dramatisation of the human as animal. In a 'parallel expedition', the novelists view of homo sapiens within the natural scheme, his portrayal of women and men and the dominating issues of their relationships - sex, violence, compassion, and brutality - is found to be 'revolution in literature' reflecting Darwin's revolution in science.

Schröder, Hans-Christoph: *Englische Geschichte*. München: Beck, 1995, 136 S., DM 14,80 [Beck'sche Reihe 2016]

Das Buch bietet einen gedrängten Überblick über die Geschichte Englands von der angelsächsischen Zeit bis zur Regierung John Majors. Im Zentrum der Darstellung steht die Sozial- und Verfassungsgeschichte, denn daran wird besonders deutlich, wodurch sich die Geschichte Englands von der der kontinental-europäischen Staaten unterscheidet. Aber selbstverständlich wird auch die politische Geschichte behandelt.

Die Schlußkapitel behandeln das heutige Großbritannien mit seinen spezifischen politischen, sozialen und wirtschaftlichen Problemen. Eine ausführlich kommentierte Bibliographie ergänzt den Band.

Standop, Ewald: *Aufsätze zur englischen Versdichtung*. Von Chaucer bis Dylan Thomas. Hrsg. von Michael Hanke. Würzburg: Königshausen und Neumann, 1995, 155 S., DM 38,- [Kieler Beiträge zur Anglistik und Amerikanistik; Bd. 11]

Diese Aufsatzsammlung enthält zehn Arbeiten zur englischsprachigen Versdichtung, die im Laufe von mehr als 30 Jahren entstanden sind. Die Reihe der behandelten Dichter reicht von Chaucer über Shakespeare und Keats bis zu John Crowe Ransom, T.S. Eliot und Dylan Thomas. Sie alle eröffnen überraschende, für den einen oder anderen Leser vielleicht auch provozierende Perspektiven auf literarische Meisterwerke und behandeln darüber hinaus einige erstaunliche, aber, wie es scheint, keineswegs seltene Interpretationsfehler.

Zelter, Joachim: *Sinnhafte Fiktion und Wahrheit*. Untersuchungen zur ästhetischen und epistemologischen Problematik des Fiktionsbegriffs im Kontext europäischer Ideen- und englischer Literaturgeschichte. Tübingen, Max Niemeyer Verlag, 1994, 349 S., DM 168,- [Studien zur englischen Philologie; Bd. 32]

Die Studie ist das Ergebnis von Untersuchungen, die der Autor in den Jahren 1990 bis 1993 unternommen hat. Sie eruiert - unter dem grundsätzlichen Aspekt der Wechselbeziehungen von Literatur und Philosophie - die Rolle des Fiktiven als ästhetisches und epistemologisches Problem in der europäischen Ideen- und englischen Literaturgeschichte. Dahinter steht die Überlegung, daß das Fiktive nicht nur konstitutiv für die Literatur, sondern gleichermaßen für extraliterarische Welterklärungsmodelle ist, eine Prämisse, die gegen Ende des 19. Jahrhunderts in der Als-Ob-Philosophie genauso produktiv wurde wie im literarischen Werke Oscar Wildes. Die Studie untersucht die ideen- und literaturgeschichtlichen Stadien dieses Gedankens.

Anschriften der AutorInnen

Dr. Jens Peter Becker. Englisches Seminar, Christian Albrechts Universität Kiel. Leibnizstraße 10, 24098 Kiel.

Prof. Dr. Raimund Borgmeier. Institut für Anglistik und Amerikanistik, Justus-Liebig-Universität Gießen. Otto-Behagel-Str.10, 35394 Gießen

Dr. Doris Feldmann. Englisches Seminar, Westfälische Wilhelms-Universität Münster. Johannisstraße 12-20, 48143 Münster.

Prof. Dr. Wolfgang Karrer. FB 7, Universität Osnabrück. Neuer Graben 40, 49074 Osnabrück.

Prof. Dr. Anne Koenen. Institut für Amerikanistik, Universität Leipzig. Augustusplatz 9, 04109 Leipzig.

Prof. Dr. Dieter Petzold. Institut für Anglistik und Amerikanistik, Universität Erlangen-Nürnberg. Bismarckstr. 1, 91054 Erlangen.

Dr. Barbara Puschmann-Nalenz. Englisches Seminar, Ruhr-Universität Bochum. Universitätsstr. 150, 44780 Bochum.

Dr. Monika Reif-Hülser. Phil. Fakultät, Universität Konstanz. Postfach 5560, 78434 Konstanz.

Prof. Dr. Elmar Schenkel. Institut für Anglistik und Amerikanistik, Universität Leipzig. Augustusplatz 9, 04109 Leipzig.

Dr. Eckart Voigts-Virchow. Institut für Anglistik und Amerikanistik, Universität Giessen, 35394 Giessen.

Prof. a.D. Reinbert Tabbert. Hans-Grischkat-Str. 3, 72766 Reutlingen.